KB199369

2000년 전의 비밀! 돈을 이룬 사람들

사마천의
화식열전

富

❶

사마천의 화식열전

초판 1쇄 발행 2014년 8월 27일
초판 7쇄 인쇄 2020년 11월 15일

지은이 우승택
펴낸이 이규만
편집디자인 박현희
펴낸곳 참글세상

출판등록 2009년 3월 11일(제300-2009-24호)
주소 서울시 종로구 인사동 7길 12 백상빌딩 1305호
전화 02-730-2500
팩스 02-723-5961
이메일 kyoon1003@hanmail.net

ISBN 978-89-963038-6-2 04320

2000년 전의 비밀! 富를 이룬 사람들

사마천의 화식열전

①

富

참글세상

사마천의 〈화식열전〉을 들어가기에 앞서서

제가 이 책을 만난 것이 행운이라고 여겼던 것처럼, 독자 여러분께서도 이 책을 공부하는 것이 행운의 시작이 되길 바랍니다. 저는 경영학과를 졸업하고 항공회사 경리부에 근무했으며, 증권회사를 다닌 지 23년 되었습니다. 그리고 경영대학원에서 MBA와 석사학위를 받았고, 경영대학원에서 학생들을 가르치는 것도 이미 5년째입니다.

그런데 어느 날 돈에 대해서 아무 것도 아는 것이 없다는 자각을 했을 때, '세상이란 무엇일까?' '시장이란 무엇일까?' '인간이란 무엇일까?' 등등의 소위 근본적인 것에 의문이 들었습니다. 이 세상은 수천억 가지의 물질로 가득 차 있습니다. 그 물질을 형태로 분류하면 기체, 액체 혹은 고체 중 하나의 형태로 자신의 모습을 나타내고 있습니다. 돈은 무엇입니까? 돈도 이 세상에 존재하는 물질임에 분명하고 많은 사람이 원하고 찾고 갈구하는 것입니다. 그런데 그 물질이 어떤 형체입니까?

그 정체와 실체를 알아야 가지거나 줍거나 담거나 훔치거나 하는 것 아닌가요?

"나는 누구일까?"

몇 년도에 태어났고, 몇 년도에 취직을 했고, 몇 년도에 장가가서 지금은 아이도 있고, 아내도 있고, 가정도 있고, 회사에서는 고참 직원이고, 후배들이 부러워하는 자리에서 근무해 보기도 하고, 후배들이 원하지 않는 한직에 있어 보기도 하였습니다. 스스로 생각하기에 어느 때는 제가 스마트하고 잘난 것 같기도 하고, 어느 때는 겁먹고 소심하고 무책임한 것도 같습니다. 또 어떤 때는 능력이 출중해 앞으로도 수십 년은 생활전선에서 활약할 것도 같고, 어떤 때는 회사를 그만두면 아무 것도 할 수 없을 것 같다는 생각이 들기도 합니다. 저는 제가 누구인지 알 수가 없다는 사실에 너무나 놀랐습니다.

결국은 주어(나)도 모르고, 목적어(돈)도 모르는 채, 동사(취직한다. 저금한다. 투자한다. 공부한다 등등)만 다르게 바꾸어 가며 살고 있는 것입니다. 그러다가 보니 《손자병법》의 "나를 모르고 적을 모르니 싸우는 족족 매전필패(每戰必敗)라!"는 말처럼 하는 것마다 안 되는 것이 당연한 것 아닐까요? 사람들은 이것은 젖혀두고 토정비결을 보기도 하고, 용한 점쟁이를 찾아다니기도 하고, 학원도 다니고, 자격증도 따는 등 나름대로 바쁘게 살아갑니다.

우리는 자기 자신이 누구인 줄 모릅니다. 정말로 문제가 어디서부터 시작하는지 모르기에 그 문제를 풀려면 어떻게 해야 하는지도 모릅니다. 최근 들어 학생 대상 성범죄가 늘어나자 학교길이 위험하다고 신문과 지상방송 등에서 공개토론회를 하며 성범죄 처벌 수위를 높여야 한다고 강경하게 이야기합니다. 사실 문제는 그 범죄자의 범행시간은 대개 오후 3시에서 5시의 신(申)시이거나, 5시에서 7시의 유(酉)시입니다. 이 지구상에 존재하는 거의 모든 동물의 교미시간은 신시부터 해 질 무렵까지인 경우가 많습니다. 닭은 유시가 되면 수탉이 암탉 등에 올라탑니다. 어린 시절 하굣길에 수소가 암소 등에 올라타거나 수캐와 암캐가 서로 꼬리가 붙어 있는 것을 많이 보셨을 것입니다. 바로 그 시간대에 아무런 할 일이 없는 사람이 자신의 동물적 욕구로 인해 성범죄를 저지르는 것입니다. 그러나 회사를 다니거나 사회생활을 하는 사람들은 그 시간대가 하루를 마감해야 하는 급박한 시간대이기에 그런 욕구가 발동해도 잊고 있을 뿐입니다. 성범죄는 등하교 시간만 바꾸어도 현저하게 줄어들게 되어 있습니다. 그것이 바로 인간입니다.

이것이 사마천의 〈화식열전〉에서의 가르침입니다. 세상의 이치를 알면 인간의 이치를 알고, 인간의 이치를 알면 자연히 돈의 이치도 아는 것이라고 합니다. 자연의 이치, 사업의 이치, 흥하고 망하는 이치가 다 있는데 그것을 아는 사람이 교자(巧者)이고 그것을 모르는 사람은 졸자(拙者)라고 하여, 이 이치를 모르는 무늬만 부자인 사람은 아무리 돈이 많아도 항상 부족하게 산다고 합니다. 그러나 뒤돌아서서 생각해보면 저는 돈을 모르는 사람이 돈을 안다고 착각하고 살아온 것입니다.

이제 독자 여러분을 사마천의 〈화식열전〉의 세계로 모십니다. 이 책은 1권에 이어 2권과 3권으로 구성되어 있습니다. 저는 독자 여러분들이 자신과 세계와 경제에 대해서 밝은 혜안이 열리어, 이제 100살 이상 살아가는 이 장수 시대에 재미있고 여유로운 노년 풍족의 시기를 만드시고, 경제교육을 받지 못하고 자란 아들딸, 손자 손녀, 그리고 후배들에게 이러한 것을 가르쳐 주시는 분들이 되시기를 기원합니다. 끝으로 이 책이 나오는데 많은 도움을 주신 문화관광부의 이병두 선생님과 주요 등장인물의 삽화를 그려준 우수희 양, 그리고 자료검색, 교정까지 꼼꼼히 챙겨준 삼성증권 PB연구소 박기형 수석연구원, 노무라 증권교육 자료로 저를 도와준 이승후 연구원, 자료를 찾아서 만들고 다듬어주어 이 책이 나오게 결정적으로 도움을 준 윤원재 연구원께 진심으로 감사를 표합니다. 고맙습니다.

2010년 8월
향엄 우승택

차례

1. 나는 누구인가? 사람이란 어떤 존재인가?

《사기》전편에 걸쳐서 인간의 역사와 흥망성쇠를 성난 파도처럼 서술해오던 사마천은 〈화식열전〉이라는 무관의 제왕들에 대한 기록을 남깁니다. 《사기열전》은 재능(才能) 있는 사람들이거나 하늘에게서 명을 받은 사람들에 대한 이야기입니다. 그래서 많은 영웅들과 성인·현자들, 입담 재주꾼, 미래 예측 점성가 등에 관해서 서술되어 있습니다. 재능이 있는 사람들이 그 재능으로 명예를 가지기도 하고, 권력을 가지기도 하고 부(富)를 가지기도 합니다. 그러나 이상하게도 재능과 부가 일치하지는 않습니다. 그래서 당황하고 타락하고 서두르고 하다가 실패하는 사람들이 많습니다. 사마천은 그 이유를 그들이 '돈의 이치'를 몰라서 그렇다고 합니다. 일반적으로 부자라 함은 재화가 풍족한 사람들을 말합니다. 재화에서 재(財)는 돈을 의미하는 조개 패(貝)와 재능 재(才)라는 글자가 합쳐진 것이고, 화(貨)는 돈을 의미하는 조개 패(貝)와 변화할 화(化)라는 글자가 결합된 것입니다. 그래서 사마천은 《사기열전》의 마지막을 '재식열전'이라고 하지 않고 '화식열전'이라고 하였습니다. 우리 조상님들도 조개(貝)를 화폐로 사용했고, 조개 패 자는 눈 목(目) 자와 발(八)이 두 개 있어서 돈에도 눈이 있고 발이 있다고 했습니다.

모든 것은 고정되어 있지 않고 변한다는 사실은 적어도 동양인들에게는 상식이라고 할 수 있습니다. 그러나 그 변화는 예측이 어렵습니다. 그래서 그 변화 이전의 어떠한 징후나 징조 혹은 하늘의 계시를 찾고 구했습니다. 하지만 재능으로 재물을 쌓는 것은 어렵지 않으나, 변화하는 '돈' '화폐'는 마치 신기루와 같아서 잡을 수 없는 것입니다. 예나 지금이나 일반적으로 작은 것을 모아서 큰돈을 만들어야지 부동산이나 보석 같은 물건을 살 수 있습니다. 하루 벌어 하루 먹고 사는 사람은 땅이나 전답, 거주할 집 같은 부동산, 그리고 재어두고 사용할 물건 등을 창고에 가지지 못합니다. 그래서 재물이 쌓이지 않습니다. 재물을 쌓기 위해서는 변화하는 화(貨)를 먼저 알아야 하며, 그 눈에 보이지 않는 무형자산인 화(貨)가 증식되고 번식되어야 드디어 눈에 보이는 땅이나 부동산, 농장, 금, 은 등의 유형자산을 가질 수 있는 것입니다.

　무형자산인 화를 증식하여 유형자산인 재를 구하는 것! 그것이 〈화식열전〉의 가르침입니다. 사람들은 부자가 되고 싶고 돈을 벌고 싶어 하지만, 그 대상의 존재형태도 모르고 무작정 좋아하기만 합니다. 그래서 문제를 이해하지 못하고 답을 찍으려 하던 학창시절의 문제점이 사회에 나와서도 고스란히 적용되는 것입니다. 그런 것을 팔자(八字)라고 하는 것인지도 모릅니다. 그렇지만 그것은 사실 문제점을 파악하지 못하는 무명(無明)!, 곧 '세상의 이치에 밝지 못하다'라는 것임을 사마천은 밝히고 있습니다.
　사마천은 〈화식열전〉에서 눈에 보이지 않는 무형의 재산을 가진 사람은 왕이나 영주 같은 부하들이나 군대·가신을 거느린 봉건 영주가 아니더라도 그들처럼 될 수 있다고 하여 '소봉(素封)'이라는 단어를 사용했습니다. 그리고 부자와 가난함은 누가 준다고 해서 가난한 사람이 부자가 되는 것이 아니며, 누가 빼앗아 간다고 해서 부자가 가난해지지 않는다는 요즘 사람들이 들으면 이해가 안 될 이야기를 하고 있습니다. 사마천은 세상의 이치를 알면 여유롭게 사는 부자가 되며, 세상의 이치를 모르면 항상 쪼달리는 가난한 사람이 된다고 합니다. 그래서 부자가 되기 위해서 가장 중요한 것은 '세상의 이치'를 아는 것입니다.

사마천은 세상의 이치를 자연의 이치, 물질의 이치, 그리고 인간의 이치 순으로 나누어 설명합니다. 그 중의 첫 번째는 역시 '자연의 이치'입니다. 인간이라는 것은 무엇이고, 돈이라는 것은 무엇일까요? 인간과 돈도 자연을 구성하는 그 일부이기에 그렇습니다.

〈화식열전〉의 '화'는 현대적인 의미로 '돈'입니다. 사람들은 돈을 만질 수 있고, 볼 수 있다고 생각합니다. 그러나 그것은 일시적인 현상이고, 잠시 그렇게 그 존재를 드러내는 것일 뿐입니다. 돈은 보이지 않고 만져지지 않고, 간혹 숫자로 표현되기도 하는 공기 같고 물 같고 유령 같은 존재입니다. 이것을 모르시는 분들은 아무리 큰 재산을 일구셨다고 하더라고 언젠가 그 재산이 흩어져 버립니다. 그것을 볼 수 있고 만질 수 있는 존재라고 생각을 해서 가두고 포장해서 자녀에게 물려준들 부패하고 썩거나 흘러나가고 새어나가는 것이 '돈'의 이치이고 '화(貨)'의 이치입니다. 이러한 현상을 두고 우리 조상들은 돈에도 눈이 있고, 발이 있다고 한 것입니다. 그래서 〈화식열전〉은 이러한 자연의 이치를 잘 알고 있는 노자의 이야기에서부터 시작됩니다.

史記 卷一百二十九
貨殖列傳 第六十九

老子曰(노자왈) : 노자가 말했다.
至治之極(지치지극) : 다스림이 최고의 극치에 달하면
鄰國相望(인국상망) : 가까운 나라끼리 서로 보이고,
鷄狗之聲相聞(계구지성상문) : 닭 우는 소리와 개 짖는 소리가 서로 들릴 정도로 가까워도
民各甘其食(민각감기식) : 백성들이 각기 자기네들 음식을 달게 먹고,
美其服(미기복) : 자기네들 복장을 아름답다고 여기고
安其俗(안기속) : 자기네 풍속이 편안하다고 여겨서
樂其業(요기업) : 자기네 생업을 즐기면서
至老死不相往來(지노사불상왕래) : 늙어서 죽을 때까지라도 서로 왕래하지 않는다.

이것이 노자의 입을 빌어서 사마천이 말하는 사람의 이치입니다. 한 마디로 사람들은 구하는 것이 있고 부족한 것이 있을 때 여기저기 왔다 갔다

하는 것이지, 등허리 붙일 방바닥 따뜻하고 배가 불러 터질 듯하면 무엇을 구한답시고 수고로이 왔다 갔다 하지 않는다는 것입니다. 서울의 인구가 1,000만이 넘어서고, 과거 지방행정도시가 있던 부산, 광주, 대구, 대전, 청주, 전주, 춘천, 강릉 등의 인구가 줄고, 그 반면에 창원, 거제, 울산, 포항 같은 산업도시들은 사람 수가 점점 늘어납니다. 그들은 먹고 살기 위하여, 혹은 자녀들 세대에 가서도 먹고 사는 일이 지장이 없도록 교육과 돈 벌이와 취직이 되는 곳을 향하여 정든 고향을 등지고 돌아선 사람들입니다. 만약에 고향 땅을 지키며 살더라도 교육이나 생업에 아무런 문제가 없다면 떠나지 않았을 사람들입니다. 5000년 우리 역사를 보아도, 객지 타향이 제아무리 닭 우는 소리와 개 짖는 소리가 들릴 정도로 가까워도 가지 않는다는 노자의 말은 급격한 산업발전을 경험한 우리들 자신의 역사와 바다 건너 중국의 산업화에 따른 인구이동을 보기만 해도 너무나 잘 알 수 있습니다.

그러나 그렇게 이사를 간다고 해서 생활이 좋아지거나 부자가 안 될 사람이 부자가 되는 것은 아닙니다. 그 이유는 우리가 인간이기에 그렇습니다. 그리고 돈은 공기와 물 같은 것이기에 그렇습니다. 사람은 무엇인가를 먹습니다. 주로 음식과 맑은 산소를 포함한 공기입니다. 그러나 아무리 많이 먹고 싶어도 자기의 몸에 저장할 수 있는 공간과 소통해서 내보낼 수 있는 시간이라는 것이 있습니다. 그 본래의 그릇과 몸집과 폐활량과 순환기 계통을 확장시키지 않으면 어느 정도 이상은 다 배설됩니다. 배설하지 않으면 병이 들거나 심하면 죽습니다. 사실 돈도 그러합니다. 사람들이 그 이치를 모르고 이리 저리 구하러 다닐 뿐입니다. 부자가 되고 싶으면 돈을 담을 수 있는 그릇부터 키워야 하는 것입니다. 그릇이 작으면서 계속 돈을 구하고, 그렇게 구해서 번다고 할지라도 저절로 새어 나가거나 넘쳐서 흘러 버립니다. 그것이 넘치는 과정에서 본인이나 가족이 병이 나기도 하고, 화를 당하기도 하고, 심하면 죽기도 합니다. 그것이 인간과 돈의 이치입니다. 옛 어른들 말에 의하면 이 이치는 나이가 80살이 넘거나 전 인구의 5% 정도만이 안다고 합니다. 오랜 사람의 경험이나 남다른 지혜가 필요하다는 말일 것입니다. 그래서 이 이치를 이해 못하는 사람들이 헛된 노력을 하며 인생을 망치는 경우가 많아 쓸데없이 욕심내지 말라는 의미에서 "가난한 자와 부자는 하늘이 정한다."고 말하는 것인지도 모릅니다. 사마천은 전 인구의 5%만이 아는 상식을 우리에게 전해주고 있습니다.

노자(老子)의 사상은 정치사상입니다. 무지렁이 백성들은 모른다고 해도 최소한 지도자들은 이 이치를 깨달아서 능력도 없이 혈기만 왕성한 순진한 사람들과 아직 5%에 도달하지 못한 사람들인 일반 백성들을 잘 살게 해주어야 합니다. 그래야 그 사람들이 열심히 살고, 부족함이 없이 살아 이 동네 저 동네 왔다 갔다 하지 않으면서 잘 살 터인데, 그러한 지도자를 찾아보기 힘들다고 노자는 탄식합니다. 그 한탄이 아래 구절입니다.

必用此爲務(필용차위무) : 필히 이런 가르침을 활용하여 그 의무를 다하면

輓近世塗民耳目(만근세도민이목) : 근세의 도탄에 빠진 백성들의 눈과 귀를 끌 텐데

則幾無行矣(즉기무행의) : 그 낌새로 보아 행해지는 바가 없는 것 같다.

《사기열전》 전편에 걸쳐서 많은 영웅호걸이 등장합니다. 《손자병법》의 손무(孫武), 《오자병법》의 오기(吳起), 위대한 상인이자 학자인 진시황의 아버지 여불위(呂不韋), 그리고 수많은 나라를 세우고 이름을 역사에 남긴 명재상들! 그 사람들이 나라를 망치고 본인들의 목숨과 가족마저 지키지 못한 것은 대부분 재물을 탐하거나 여인을 탐하거나 남자를 탐하거나 명예를 탐해서 입니다.

사마천은 지도자들에게 말합니다. 돈은 그렇게 버는 것도 아니고, 그렇게 갖는 것도 아니고, 그렇게 쓰는 것도 아니라고 말입니다. 인간의 이치에 맞게 돈과 이성과 명예를 갖고, 그에 맞게 돈과 이성과 명예를 사용해야 소통과 순환이 되어 몸과 국가와 그 이름이 건강해지는 것이라고 말입니다.

그런데 사(士) 계급의 지도자들이 돈을 증식하는 방법은 그 자리와 위치에 맞게 사림(士林)이라는 말처럼 숲을 가꾸거나 이루는 사대부 혹은 선비가 되거나, 일본의 무사계급처럼 세금을 거두어 부

진시황

17

자가 되라는 것입니다. 세금을 거두어들이려면 인구수가 많아야 합니다. 인구수가 늘어나려면 먹고 살 것이 풍부해야 합니다. 먹고 살 것이 풍부하면 사람들은 고향을 떠나지 않고, 도리어 더 몰려듭니다. 사람들이 몰려들면 세금을 더 거두어들이거나 세율을 낮추어 선정을 베풀 수도 있습니다. 그렇게 자신의 이치를 알고 제대로만 행하면, 여기저기 떠도는 도탄에 빠진 백성들의 눈과 귀를 끌어 인구수가 늘어날 것인데 그 간단한 것을 못한다고 합니다. 더군다나 소위 위정자라는 사람들의 식견이나 안목이나 됨됨이나 인간성을 보니 그러한 낌새조차 찾기 힘들다는 것입니다.

이 말은 한 마디로 자기가 누구인지 알고, 판을 읽고, 패를 읽을 줄 알아야 한다는 의미입니다. 까치는 까치집을 짓고 살며, 제비는 제비집을 짓고 삽니다. 자연 세계의 모든 동물들은 저 마다의 사정에 따라 집 짓는 위치도 다르고 먹고 사는 방법과 먹이도 다릅니다. 사마천은《사기》전편에 걸쳐서 인간의 위대함을 이야기합니다. 인간은 자기가 선택하는 것을 위하여 변해야 한다는 가르침과 그렇게 산 사람들의 위대함을 말합니다. 사람은 돼지나 물고기처럼 살 수도 있고, 봉황처럼 살 수도 있습니다. 그것은 스스로 변화하면 됩니다. 그리고 그렇게 행동하기만 하면 됩니다. 변화하는 세상의 이치를 알면 바닷가에 살아도 부자가 되고, 깊은 산에 살아도 부자가 되고, 귀양을 가고 여자로 태어나고 저급한 일을 하여도 부자가 된다고 하였습니다. 그러나 남의 윗자리에 서는 사(士) 계급들은 그 자리에 맞는 방법대로 살아야 하며, 그 방법은 '사람들을 모이게 하는 것'이라고 했습니다. 그런데 그렇게 하지 않는다는 것입니다.

이 〈화식열전〉은 우리 조상들에 의해서 철저히 외면당했습니다. 그 이유는 공자님에 대한 비난이 나오기 때문이라고 저는 생각합니다. 물론 사마천도 공자님의 '인의(仁義)'라는 가치를 무엇보다도 높게 생각했습니다. 그러나 인의라는 것은 당장 먹고 살 것이 없어서 여기저기 다니는 서민들이 행하여야 할 것이 아니라 이미 모든 것을 가진 자들의 책무라는 것입니다. 사마천은 고기를 잡으려면 통발이나 어망을 사용하고, 사냥을 하려면 활이나 창이 필요하다고 했습니다. 당장 먹을 것이 없어서 온 가족이 굶어 죽을 판에 인의를 가르친다고 배고프고 숨넘어가는 인간의 기본욕망이 해결된다고 보는 위선을 사마천은 참지 못하겠다는 것입니다.

太史公曰(태사공왈) : 나 태사공은 말한다.

夫神農以前(부신농이전) : 무릇 신농씨 이전의 일에 관해서는

吾不知已(오불지이) : 우리들은 알지 못한다.

至若《詩》·《書》所述, 虞夏以來(지약시서소술우하이래) : 우와 하 이후의 일에 관해서는 《시경》과 《서경》에 설해 놓은 바와 같이

耳目欲極聲色之好(이목욕극성색지호) : 사람들의 눈과 귀가 좋은 소리와 형상을 지극히 바라고,

口欲窮芻豢之味(구욕궁추환지미) : 입은 추환의 고기 맛을 끝까지 바라고,

身安逸樂(신안일락) : 일신은 편안함과 안일함과 쾌락을 바라고,

而心誇矜勢能之榮(이심과긍세능지영) : 또한 마음은 자신의 세력과

능력으로 얻은 영화로움을 과시하고 자랑하고 싶어하니,

使俗之漸民久矣(사속지점민구의) : 이러한 풍속이 백성들에게 물든 지 오래되었다.

雖戶說以眇論(수호설이묘론) : 아무리 가가호호 다니며 눈 가리고 한쪽만 열심히 논하여도

終不能化(종불능화) : 결국은 교화가 불가능한 것이다.

　　사마천의 《사기》는 역사서이기에 인문서적이라고 할 수 있습니다. 그리고 천문, 지리, 공업, 농업 등 인간 역사의 발전을 서술한 것을 보면, 그가 자연과학에도 상당한 조예가 있음을 알 수 있습니다. 인간은 자연 그 자체는 아니지만 자연의 일부이기에 그렇습니다. 특히 인간과 우주와 자연의 이치는 따로 존재하는 것이 아닙니다. 그럼에도 불구하고 인간의 위대함과 인간의 도리와 인간이 하늘의 명을 받는다는 천명(天命)사상으로 인해 인위

사마천

적으로 도덕과 윤리와 예를 만들어 '이래야 한다. 저래야 한다'고 가르치는데 그래서는 교화가 불가능하다는 것입니다. 이러한 유학자들의 천명사상은 실제로 자연과학의 토대가 되는 오행설이 발전하면서 춘추시대의 새로운 사조가 됩니다. 춘추시대의 오행설은 다윈의 진화론처럼 '이기지 못하면 그것을 따라서 변화해야한다'는 가르침으로 시작합니다. 사마천은

우주의 움직임인 오행사상을 무척이나 신봉했다고 여겨집니다. 아마 별과 땅을 관측했던 그의 집안 내력이 밑바탕이 되었던 것 같습니다.

특히 오행설 이전의 천명사상은 애당초 검증이 불가능한 옛날 옛적 요순 시절의 이야기를 하며, 하늘의 도와 성인의 도를 가르치려면 인간의 기본욕 망을 모르고서는 소귀에 경 읽기라는 것입니다. 여기서 태사공은 사마천 본 인을 말합니다. 그래서 역사기록 이전인 신농씨에 관해서는 자신은 모르겠 다고 선을 긋는 것입니다. 그 대신 역사기록 이후인 《시경(詩經)》과 《서경(書 經)》을 보니 사람은 각자 자신을 위하여 살고, 또한 그럴 수밖에 없다는 것 입니다. 그럼에도 불구하고 집집마다 다니면서 '즐거움을 버려라.' '맛있는 것을 탐하지 마라.' '남의 것을 탐하지 마라.' 하고 가르친다거나, 잘난 사람 이나 성공한 사람이 자랑을 하고 싶어 한다거나, 높은 권좌에 올라 영화로 움을 누리는 자나 성공을 하여 가문과 본인의 이름이 높아진 사람에게 그렇 게 행동하지 말라고 해도 그 말이 통하지 않는다는 것입니다.

얼마 전에 '무소유'를 너무나 사랑하셨고 본인이 몸소 실천하셨던 법정 스님이 열반하셨습니다. 법정 스님의 책은 우리나라에서 450만 권이 팔렸 다고 하니 한 가구에 4인이라고 해도 2000만 명이 읽었거나 알고 있는 책 이라고 할 것입니다. 그리고 자신이 좋아하는 책 중에 《무소유》를 꼽으시는 분은 지금의 현직 대통령부터 고등학생에 이르기까지 거의 전 국민이라고 합니다. 아무 것도 가지지 않았을 때의 그 편안함, 그리고 가지고 있는 것을 놓아 버리거나 주어 버렸을 때의 그 통쾌함과 즐거움은 해본 이들은 잘 알고 있습니다. 저도 그 중의 한 사람입니다. 그러나 그런 즐거움을 모른 상태에서 이미 부모를 만났고, 결혼을 했습니다. 그리고 가족을 이루었고 회사에 다닙니다. 회사에는 조직이 있고, 제가 맡고 있는 일을 보고 해야 할 상사가 있고, 제가 이끌어야 갈 조직이 있습니다. 가족을 위하여, 그리고 저를 믿고 일을 맡긴 회사와 상사, 그리고 저를 믿고 따라오는 동료와 부하·후배 직원들을 보고 저는 버릴 것도 버리지 못하고 소유하고 싶지 않은 것도 소유합니다. 재물도 소유하고, 경쟁심도 소유하고, 사람도 소유하고, 미움도 소유하고, 때로는 증오심과 원망심도 소유합니다. 그래서 요즘은 《무소유》라는 책을 좋아한다고 말하지 못합니다. 독자 여러분들도 그와 같을 것입니다. 그래서 모든 종교가 이렇듯이 알면서도 행하지 못하고, 배워도 행하지 못하는 사람들을 위하여 회개나 참회를 하게 하거나 절을 하게 하는 것인지도 모르겠습니다. 그런데 우리의 사마천은 말합니다. 그렇게 해보아야 종불능화(終不能化), 종국에 가서는 결국 교화가 되지 않더라는 것입니다. 저 역시 교화가 되지 않았습니다. 무서울 정도로 정확한 표현이 아닌가 싶습니다. 그는 이 문제에 대해서 정확한 진단과 대책을 〈화식열전〉에서 해주고 있는 것입니다.

그런데 모든 지도자가 그런 것이 아니라고 해도 세상의 이치와 인간의 이치와 먹고 사는 이치를 경험이나 지혜로 아는 사람들이 있고, 그것도 그 수준과 급(級)과 격(格)이 있다고 합니다. 이제 아주 중요한 이야기가 나옵니다. 어쩌면 사마천은 《사기열전》 130편 중 〈화식열전〉이 나오기 전까지의

128편에 걸쳐서 나오는 수많은 영웅, 호걸, 책사, 모사, 현자, 성인군자 등의 성공과 실패를 이 다섯 가지 스타일로 분류하기 위해서 상세히 묘사했을지도 모른다는 생각이 듭니다.

저는 이 구절을 가지고 많은 고민을 했습니다. 그래서 〈화식열전〉이 나오는 《사기》는 다 읽어 보았습니다. 제 개인적인 생각이지만 중국의 고대 서적을 공부할 때, 공자님 맹자님의 유교적 가치관을 설하는 경우를 제외한 모든 경우에 오행이라는 우주의 이치, 자연의 이치, 인간의 이치를 알지 못하면 단지 글을 읽을 뿐 그 뜻을 취하지 못한다는 것이었습니다. 사마천은 음양오행으로 모든 것을 맞추는 어리석음을 범하지는 않았지만, 오행의 섭리를 무척이나 소중히 공부한 사람이었다고 저는 생각합니다. 실제로 사마천도 오행설을 정리한 추연(鄒衍)을 비난하면서도 '추연의 본 마음은 인의에 있었던 것 같다'라는 평을 하기도 합니다.

사마천은 위에서 분명히 《시경》과 《서경》을 읽었다고 하였습니다. 《서경》의 〈홍범〉편에는 하늘이 우왕에게 전해 주었다는 천하를 다스리는 이치인 "홍범구주(洪範九疇)"가 나옵니다. 그 아홉 가지 조목 중의 첫 번째가 바로 오행론(五行論)입니다. 그 당시의 오행은 천하를 다스리는 이치이기에 지금처럼 인간의 길흉이나 운명을 보는 오행과는 그 순서가 다릅니다. 한나라 이후의 오행의 순서는 목(木) − 화(火) − 토(土) − 금(金) − 수(水)이지만, 사마천이 천하를 다스리는 이치와 부자가 되는 법을 가르쳐 주는 순서는 수 − 화 − 목 − 금 − 토입니다. 사마천 당시의 오행론은 '자연의 모든 것은 그 본성대로 유지하여 이기지 못하면 그 이기지 못함을 따라서 변화한다'는 것입니다. 자연의 진화론은 동물들에 의해서 무의식적으로 행해지지만, 인간의 진화론은 이렇듯 깨달음과 학문으로 가능하다고 주장하는 것 같습니다. 그것이 자연의 순리이기에 그렇습니다. 만물의 기본인 물(水)은 흘러감을 그 본성으로 하고, 그 흘러감은 불길(火)처럼 널리 퍼져나가야 하고, 그렇게 퍼져나가서 만물을 나무(木)처럼 움트고 자라나야 합니다. 그래서 산소를 생성하고, 우주의 다른 생명에게 도움을 줍니다. 그래서 쇠(金)처럼 단단하게 되어 진동과 파장이 생겨 그 울림이 전 우주에 새로운 파동을 만들어냅니다. 그러나 쇠도 나무가 만들어낸 산소 때문에 다시 산화되어 푸석푸석해지면 흙(土)으로 돌아갑니다. 그 흙은 다시 물을 저장합니다. 그것이 우주의 순환이치이며, 그 순서가 수 - 화 - 목 - 금 - 토입니다. 이러한 것을 성(成)-주(住)-괴(壞)-공(空)이라고도 하고, 흥망성쇠(興亡盛衰)라고도 합니다. 우주에 영원한 존재는 없습니다.

생명체가 존재하는 곳에서는 물이 반드시 존재합니다. 물이 없으면 생명이 살 수 없습니다. 돈도 하나의 생명체입니다. 그래서 돈이라는 것은 물과 같은 것이고, 그 물은 항상 흘러야 합니다. 그러다가 흐름이 막히면 변해야 하는데 불로 변하는 것이 섭리라고 합니다. 불은 번지고 펼쳐져야 합니다. 그러나 번짐이 막히면 나무로 변해야 한다고 합니다. 나무는 휘어지고 굽어지는 유연성을 가지는 것을 그 본성으로 합니다. 그러나 그 휘어짐이 안 되면 부러져 버리니 또 변해야 합니다. 다름 아닌 쇠로 변해야 한다고 합니다.

쇠는 진동과 파동을 그 본성으로 하고 있는 물질로 울리기도 하고 굽어지기도 하고 변화를 인위적으로 줄 수 있습니다. 그러나 쇠는 녹아버리는 문제가 있습니다. 그러면 흙이 됩니다. 흙은 모든 것을 막고 가두고 그러면서도 성장하게 합니다. 사마천은 지도자의 레벨도 이렇게 나누었습니다.

> 故善者因之(고선자인지) : 그러므로 지극히 좋은 정치는 그 원인을 치유시키는 것이고

먼저 물과 같은 지도자를 말합니다. 모든 물자와 사람과 산물을 잘 흘러다니게 하고 막힘이 없고, 부족함이 없게 하여 항상 흐르게 하는 지도자를 말합니다. 그래서 강태공, 관중, 그리고 범려(范蠡) 등 중국 제나라의 지도자들과 부를 일군 사람들을 이야기합니다. 사물의 이치를 알아 백성들을 부유하게 하고, 백성들이 부유해지고 일거리가 늘어나자 전국에서 바퀴통에 바퀴살이 모여들듯이 사람과 물자가 모여든다고 하였습니다. 자연히 물건에는 물품세, 사람에는 소득세를 부과하고 지도자들은 다른 사람을 행복하게 하여 본인과 국가가 다 부유하게 합니다. 그러나 이 지구는 천당이나 극락이 아닙니다. 그래서 수(水)의 기운은 흐름이 멈추고 밑으로 빠져버리는 날이 오고야 맙니다.

> 其次利道之(기차이도지) : 그 다음으로는 먹고 사는 도를 가르쳐 이익을 얻게 하는 것이고

그 다음으로는 불과 같은 지도자를 말합니다. 불은 그 본성이 어둠을 밝히고, 퍼져나감, 밀려나감의 성질을 가지고 있습니다. 그래서 세상 이치의 도(道)·살림살이의 도, 그리고 부자가 되고 가난함이 초래되는 이치와 도를 가르쳐 사람들 스스로 하게끔 하는 것입니다. 〈화식열전〉에서 이 불과 같은 부자는 2권에 나오는 백규(白圭)입니다. 백규는 나라를 군사를 부리듯이 절도 있고, 절약하고 타의 모범이 되도록 모든 행동을 한 사람입니다. 그러나 그는 부자 되는 방법을 아무에게나 가르쳐 주지 않겠다고 공언을 한 사람입니다. 도라는 것은 말하기는 쉬워도 터득하기는 어려운 것인데, 사이비 도사들이 백규한테 배운 방법이라며 돈 버는 도를 마구 사용하다가 남도 해롭게 하고, 자신도 해로워지는 것이라고 생각했기에 그렇습니다. 제가 〈화식열전〉 강의를 그만 둔 것도 제 나름대로 "돈의 정체"를 보았기 때문입니다. 돈 이야기는 백규처럼 아무 데서나 할 수 있는 이야기가 아니라는 것을 알았을 때 즐거움 보다 두려움이 먼저 밀려들었습니다. 지금도 중국 사람들은 《삼국지》의 관운장(關雲長)과 백규를 재물의 신으로 모시고, 향을 올리고 공양을 올립니다. 관운장은 재물을 지켜주는 신이고, 백규는 재물을 불러 모으는 신으로 모십니다.

　백규는 돈과 장사에 관한 한 최고의 도인이라고 합니다. 저는 이 백규의 가르침을 이해하지 못해서 〈화식열전〉을 못 읽은 사람입니다. 그러나 2년 공부한 후 그의 가르침의 맥을 잡을 수 있었습니다. 1권에 이어 2권에 가서 말씀드리겠습니다. 그의 가르침은 영화등급제처럼 19세 이하에게는 가르쳐 줄 수 없는 내용이기도 합니다. 여하간 우리가 사는 이 지구는 천당이나 극락이 아닙니다. 그래서 화(火)의 기운인 뻗치는 기운이 멈추고 어딘가에 부딪혀 위로 치솟아 올라버리는 날이 오고야 맙니다.

> 其次敎誨之(기차교회지) : 그 다음은 반성하는 마음을 갖게 하여 가르치는 것이고

그것이 여의치 않다면 다음은 나무와 같은 성질을 가진 지도자를 말합니다. 나무는 그 특성이 유연합니다, 한 쪽으로 자라다가 그 쪽으로 자라지 못하게 하면 다른 쪽으로 방향을 돌려서 가지를 뻗습니다. 반성하는 마음을 갖게 하여 먹고 사는 올바른 법을 가르친다는 것은 백성들을 나무처럼 다룬다는 것을 말합니다. 나무는 분재처럼 원하는 모습으로 키울 수도 있는데, 흙에서도 자라고, 돌에서도 자라고, 물에서도 자랍니다. 사람들은 재물을 갖고 싶어 하고 잘 살고 싶어 합니다. 그러나 그 원하는 것을 취하는 방법을 모릅니다. 그래서 가르치고(敎), 잘못 알고 잘못 사용하던 방법을 후회하고(悔), 반성하게 하여 원하는 것을 얻을 수 있도록 가르치면 그대로 잘 합니다. 그러나 잊지 마십시오. 지구는 천당이나 극락이 아닙니다. 그래서 목(木)의 기운이 멈추고 부러지는 날이 오고야 맙니다.

> 其次整齊之(기차정제지) : 그 다음으로는 욕망을 경계시켜 민심을 정비하는 것이고

그렇게 해서도 안 되면 쇠와 같은 지도자가 되라고 합니다. 쇠는 금(金)이라고 표현합니다. 그리고 대표적인 상징물은 종(鍾)입니다. 종은 널리 울리고 많은 사람에게 동시에 퍼져 나가게 하기 위해서 만듭니다. 그리고 그 소리는 맑고 아름다워야 합니다. 차정제지라 함은 백성들을 틀에 가두어 바둑판의 돌처럼, 혹은 도토리 키 재기처럼 고만고만하게 만들어 다스리고 말 잘 듣게 하는 방법입니다. 공산주의와 독재 스타일입니다. 하라는 것만 하고 마음대로 아무 것도 못합니다. 학생들에게 교복을 입히고, 규율을 부여하고, 법을 만들기도 합니다. 그 대신 학생들은 크게 잘못될 염려가 없고 목숨을 잃을 위험도 없습니다. 공부도 어느 정도는 다 합니다. 하다 못해 국민교육헌장이라도 무조건 외워야 합니다. 반대로 자유주의가 되면 '가진 자'와 '못 가진 자'로 나누어집니다. 공부 잘 하는 아이와 공부와는 전혀 담 쌓는 아이도 생깁니다. 그래서 지도자가 쇠와 같다고 함은 인간의 욕망을 강제로 절제시켜서 굶게 하는 사람은 없게 하고, 이 나라 저 나라로 떠돌게 하는 사람은 없게 하겠다는 것입니다. 이것을 성공한 사람이 마오쩌뚱입니다. 그리고 베트남의 호치민, 한국의 박정희 대통령입니다. 반대로 아프리카, 중남미, 동유럽의 공산주의와 사회주의국가들은 국민들도 가난하게 되고 나라도 가난하게 살았다는 것은 역사를 통해서 아실 것입니다. 그 이유가 다음에 나옵니다. 그러나 또 잊지 마십시오. 우리가 사는 별이 천당이나 극락이 아니라는 사실을……. 금(金)의 기운은 언젠가 녹아버린다는 사실도 말입니다. 민주화의 불길, 자유의 불길에 녹아버립니다.

最下者與之爭(최하자여지쟁) : 최하의 정치는 백성들과 서로 차지하려고 경쟁하는 것이다

그렇게 해도 안 되면 흙과 같은 지도자가 된다고 합니다. 흙의 본성은 흐름을 막는 것입니다. 흙으로 제방을 쌓고 흙으로 성을 쌓고 흙으로 집을 짓습니다. 가두고 막은 다음, 그곳에서만 잘 먹고 잘사는 것이 흙의 본성입니다. 가뭄이 들면 내 논에 있는 물이 다른 사람의 논으로 흘러가지 않도록 논두렁을 높이던 사람의 심리를 소위 지도자라는 사람이 갖고 있다고 생각해보십시오. 얼마나 끔직한 일일까요? 그 이유는 하나입니다. 남보다 내가 더 가져야 하겠다는 마음입니다. 내 말 잘 듣는 놈은 더 주고, 내 말 안 듣는 놈은 굶어 죽건 말라 죽건 상관없다는 생각입니다. 이러한 지도자는 역사에 그 수를 꼽을 수 없을 만치 많습니다. 이러한 것을 사마천은 앞에서 "而心誇矜勢能之榮(이심과긍세능지영), 지도자라는 사람의 마음이 자신의 세력과 능력으로 얻은 영화로움을 아래백성들에게 과시하고 자랑하고 싶어 하니 그들에게 무슨 기대를 할 것이냐?"라고 했습니다. 그러나 너무 걱정하지 마시고 세상의 이치를 믿으시기 바랍니다. 이러한 토(土)의 기운도 물을 만나면 강도가 약해지고 질퍽해져서 결국은 다 새어나간다는 사실을 말입니다. 그리고 그 다음을 준비하고 기다리시라는 것이 사마천의 가르침이기도 합니다.

사마천 당시에는 오행설이 지식층 사이에 상당히 넓고 깊게 자리를 차지하고 있었지만, 상생과 상극이론은 완전히 자리 잡았다고 할 수는 없습니

다. 《사기》의 〈천관서(天官書)〉나 〈역서(曆書)〉에는 상생, 상극과 관련된 설명을 볼 수 있으나 구체적이지는 않습니다. 위의 수 – 화 – 목 – 금 – 토의 설명은 그렇게 안 되면 그 다음 방법으로 천하를 통치하라는 것입니다. 그러나 불행히도 우리가 사는 지구라는 별은 얻는 자와 얻지 못하는 자, 성공하는 자와 실패하는 자가 양립할 수밖에 없습니다. 다시 말해서 모든 사람이 동시에 행복해지고 부자가 되는 일은 이 지구상에는 없다는 것이 필자의 생각입니다. 이 이치를 알아야 '교자유여 졸자부족(巧者有餘 拙者不足)'의 교자(巧者)가 된다는 사실을 명심하시고, 스스로 이 가르침을 자신의 삶에 접목하시기를 바랍니다.

위 구절을 종합해서 다시 설명하면 다음과 같습니다.

故善者因之(고선자인지) : 그러므로 지극히 좋은 정치는 그 원인을 치유시키는 것이고 – 수(水)

其次利道之(기차이도지) : 그 다음으로는 먹고 사는 도를 가르쳐 이익을 얻게 하는 것이고 – 화(火)

其次教誨之(기차교회지) : 그 다음은 반성하는 마음을 갖게 하여 가르치는 것이고 – 목(木)

其次整齊之(기차정제지) : 그 다음으로는 욕망을 경계시켜 민심을 정비하는 것이고 – 금(金)

最下者與之爭(최하자여지쟁) : 최하의 정치는 백성들과 서로 가지려고 경쟁하는 것이다 – 토(土)

이것을 개인들에게 적용해보면 이렇습니다.

후대에 주역(周易)이나 음양오행설이 개인들의 길흉과 흥망을 점치는 도구로 전락하면서 무엇이든지 5가지 카테고리로 묶어버리는 문제가 생기기 이전에는 사마천이 말하는 수 – 화 – 목 – 금 – 토의 순서는 무슨 일을 하든지 세상사의 순서입니다. 사실 이 세상의 모든 물질은 물, 불, 나무, 금속, 그리고 흙의 변형입니다. 만약 하나 빠진 것이 있다면 그것은 공기입니다. 그 공기는 우주에서 생기며 하늘의 이치를 담고 있습니다. 저는 이 공기가 바람(風)이며, 인간의 욕망 혹은 '쏠림 현상'이라고 생각합니다. 경제나 상업에서의 추세, 소위 트렌드가 바람이고 공기입니다. 뒤에 나오는 범려(范蠡)나 계연(計然)은 이 하늘의 이치와 땅의 이치마저 터득하고 그래서 자연의 이치를 완벽히 터득하여 인간 세상에 적용한 사람들입니다. 하늘의 이치는 천문(天文)이라 하여 학문으로 공부하면 되는 것이고, 땅의 이치는 지리(地理)라 하여 경험과 세월의 힘으로 인간들이 배우고 듣고 물어서 알 수 있습니다. 현대 금융시장이건, 사업이건, 장사건, 다 같다고 저는 생각합니다.

먼저 수(水)인 물입니다. 그런데 풍수지리라는 말처럼 바람이 물을 움직입니다. 도(道)는 물과 같아야 하고 항상 흘러야 합니다. 사람도 그러해야 합니다. 사람의 마음과 생각도 물처럼 흘러야 합니다. 물에는 물길이라는 것이 있습니다. 그 물길을 경제생활에서나 사회생활에서는 트렌드(Trend)라고 합니다. 이 트렌드에 올라타야지 시세의 흐름을 알게 되고 싸게 샀다가 비싸게 파는 방법을 아시게 됩니다. 이 트렌드를 아셔야 장사를 해도 아는 업종의 장사를 할 수 있는 것이고, 점포를 구해도 물이 흘러가는 곳과 물이 고이는 곳과 같이 사람이 흘러가고 사람이 모이는 곳에 장사 터를 잡을 수 있는 것입니다. 이미 한국의 부동산은 땅값 상승지역과 어디에다가 상가를 열어야 시세도 올라가고 장사도 잘 되는지 알 수 있습니다. 주식시장도 트렌드가 제일 중요합니다. 중국 증권시장에 투자하는 것이 시장의 트렌드인데 애국심으로 똘똘 뭉쳐 "대~한~민~국!" 하시며 한국 주식을 사시면 못 올라가고, 안 올라갑니다. 주식이 트렌드인데 부동산을 사시거나 채권을 사시면 안 올라갑니다. 펀드가 트렌드이고 물길인데 은행에 예금을 하시면 안 되는 것이고, 은행예금이나 적금이 트렌드인데 주식을 하시거나 펀드를 가입하시면 고생하는 것이 다 같은 이치입니다. 인간 욕망의 '바람길'을 알면 물길은 저절로 알게 됩니다.

과거에는 일본이나 한국이나 시내 중심가, 그 중에서도 백화점이 있는 곳을 중심으로 상권이 발달하였습니다. 당연히 그 지역에 백화점보다 싼 비슷한 물건의 가게와 음식점, 옷가게 등이 모이게 됩니다. 그 다음으로는 역 근처가 중심가였습니다. 역 근처에는 선물가게, 술장사·옷장사 등 온갖 장사를 하기에 다 좋은 곳이었습니다. 그러나 요즘은 트렌드가 '문화'입니다. 청담동의 고급명품거리인 로데오 거리, 젊은이들의 모임터인 강남역, 외국인들이 많이 방문하는 인사동 거리, 그리고 재즈 바와 와인 바가 들어서는 홍익대 앞, 그리고 요사이 2~3년 사이에는 가회동 일대의 북촌 한옥

지역이 사람이 모이고 새로운 상권이 만들어지고 장사가 잘 되는 지역입니다. 그런 것이 트렌드이고, 트렌드는 바로 물길입니다. 이 물길을 만드는 것이 바람입니다. 바람은 광고에 의해서도 만들어지고, 자연히 만들어지기도 합니다. 조심하실 것은 TV, 신문, 혹은 부동산 개발회사 등에서 억지로 만드는 일시적인 바람에 물길이 만들어진다고 생각하시면 큰 오산입니다.

그 물길이 만들어진 다음에는 화(火)의 기운인 불처럼 사방으로 번져나가는 기운이 있어야 합니다. 일본에서 만들어진 것이 한국으로도 오고 부산에서 만들어진 것이 대구로 서울로, 광주에서 만들어진 것이 대전으로 서울로 확확 번질 수 있는 것이면 더더욱 좋습니다. 만약에 물길은 터졌는데 불길처럼 번지지 않는다면 세상 물정을 모르면서 그때의 분위기만 보고 집을 사러 오거나 가게를 사러 오는 사람에게 냉큼 팔아야 합니다. 주식투자도 그렇게 하는 것이고, 부동산 투자도 그렇게 하는 것이고, 술장사·옷장사도 그렇게 하는 것입니다. 여기서 '기운'이 후에 오행의 상생과 상극으로 분화되어 순행과 역행이 나타납니다.

물길도 터지고 그 물길 위에서 어떤 것이 사방으로 번져 나간다면 그곳에는 생명의 기운이 싹트는 목의 기운인 나무나 풀처럼 해야 합니다. 나무나 풀은 물기가 많아야 하고, 그 특성은 유연성입니다. 이리로도 휘고 저리로도 휘어야 합니다. 상인은 돈에 생각이 굳어서는 안 됩니다. 생각의 유연성으로 차이를 만들기도 하고, 불균형으로 벌어진 차이를 메우기도 해야 합니다. 무엇보다도 나무의 중요한 성질은 이 지구상의 모든 생물들에게 산소를 공급한다는 사실에 있습니다. 미운 사람, 고운 사람, 좋아하는 사람, 싫어하는 사람 없이 사람들이 필요로 하는 것은 공급할 수 있다는 생각, 전쟁 중에는 적에게도 무료시술을 하는 적십자처럼 모든 생각과 행동이 열려 있어야 합니다. 6.25 전쟁 때 영국은 한반도에서 중국과 싸웠습니다. 그러면서도 영국은 자국 지배하의 홍콩을 통해서 물자를 공급하고 있었습니다. 앵글로 색슨족과 중국인의 상인기질이 무섭다고 하는 데에는 다 이유가 있습니다. 실제로 영국과 중국은 최전방에서 싸우는 경우가 많지 않았습니다. 우리 한국인 체질에 안 맞기는 하지만 상업에는 나무처럼 유연하게 삶을 영위하셔야 합니다.

그 다음으로는 금(金)의 성질을 가진 쇠입니다. 쇠는 보신각종이나 에밀레종을 생각하시면 쉽습니다. 종이나 징과 같은 금속성의 악기는 울림과 진동을 그 본성으로 합니다. 장사를 하건, 사업을 하건, 무엇을 하건 간에 '이름'이 나야 소위 브랜드 경영이라는 것입니다. 그 울림도 맑은 울림이면 더 더욱 좋습니다. 금의 성질은 나무와 달리 꺾어지지는 않습니다. 휘어지거나 구부러집니다. 속으로 단단하기에 내실이 있고, 금·은·동·백금처럼 귀한 존재가 됩니다. 그리고 다른 것과 잘 섞이지 않습니다. 독보적인 존재가 되고, 군계일학이 되는 것입니다. 그리고 그 생명은 어느 것보다도 깁니다.

마지막이 토(土)의 기운인 흙입니다. 흙은 막음, 즉 새어나가지 않음을 그 본성으로 합니다. 흙으로 둑도 만들고, 산사태도 막고, 그릇도 만들고, 항아리도 만들고, 도자기도 만듭니다. 새어나가지 않습니다. 빈틈없이 지킵니다. 이것만 지켜도 큰 부자는 되지 않아도 작은 부자는 되는 것이 당연한 원리입니다. 그리고 그 흙은 모든 것을 생성시키고 번영시킵니다. 마음도 넉넉합니다. 가족이 아무리 많아도 밥 굶는 법이 없습니다.

사마천의 〈화식열전〉은 '세상의 이치를 아는 사람이 재화를 증식하더라'는 것입니다. 그래서 변화를 읽을 줄 알아야 하고, 변화해야 하고, 심지어는 변화를 만들어야 하는 것입니다.

그래서 첫 번째의 지도자가 세상을 다스려 모든 경제상황이나 국가의 상황이나 사회적 환경이 물과 같이 잘 흐르고 원활할지라도 언제인가는 땅이나 바다로 빨려 들어가는 상황이 옵니다. 그것이 세상의 이치입니다. 그때는 그러한 상황이 온다는 것을 미리 알고, 다섯 번째의 지도자가 하던 방법으로 물의 상극인 흙의 기운으로 막고 가두고 해야 합니다. 내가 돈이 많을 때는 내 주변의 사람들도 돈이 많고, 내가 돈이 없을 때는 내 주변도 돈이 없는 것이 유유상종인 세상의 원리입니다. 그래서 돈이 많을 때 돈을 가두고 막고 지켜야 합니다. 그것이 흙의 기운으로 물의 기운을 이긴다는 토극수(土克水)이고, 나중에 물이 빠졌을 때 기회를 잡는 것입니다.

두 번째의 방법으로 도를 가르쳐 이익을 얻게 하는 지도자가 나오는 경우는 불같이 **뻗쳐** 나가고, 밀치고 나가고, 불길처럼 번지는 화(火)의 기운이라고 하였습니다. 그러나 인간의 기운이라는 것은 그 한계가 있습니다. 그러면 불길을 위로 올라가 버립니다. 불길은 위로 올라가면 촛불이나 횃불이 되는 경우를 제외하고는 아무 쓸모가 없는 것이 됩니다. 주식시장이거나 투기시장에서 투자열기가 몰아치고 사람들이 흥분과 광분의 상태가 되면 불의 상극인 물같이 세상을 다스리는 두 번째의 지도자처럼 유유히 그 흐름에서 **빠져나올** 준비를 하셔야 합니다. 물은 아래로 흐르는 성질이 있기 때문입니다. 그것이 물의 기운이 불의 기운을 이긴다는 수극화(水克火)의 원리이며, 이 세상의 이치를 아는 자들의 행동입니다.

세 번째 지도자가 쓰는 방법은 사람들의 경제활동의 방법과 개념과 원리를 가르쳐 주어 잘살게 하는 방법입니다. 목(木)의 성질입니다. 유연하고 체계적입니다. 그러나 이 지구상에서 모두 배운다고 모두 부자 되는 것도 아니고, 유학 갔다 온다고, 명문대학 나온다고 다 성공하는 것이 아닙니다. 그 이유는 목의 성품이 간혹 부러진다는 데 있습니다. 특히 물이 부족해 유연성이 떨어지면 부러지는 것이 문제입니다. 그래서 내내 잘하다가 휘거나 부러집니다. 배운 대로 안 하고 방향을 틀기도 합니다. 이 목의 약점인 굳어버림과 부러짐은 주로 쇠인 금(金)의 기운에서 옵니다. 그것이 쇠의 기운이 목의 기운을 이긴다는 금극목(金克木)입니다. 이 세상 이치를 아는 자들이 그 이치를 잘 모르는 초짜들을 부러뜨립니다. 쇠의 상품은 울리고 진동하고 퍼져 나가는 것입니다. TV나 방송, 신문 등에서 나팔을 불면 초심을 잃고 방향을 틀어 버립니다. 북한이 한국에 즐겨 쓰는 방법이고, 말 폭탄이나 과대광고 등이 다 그러합니다. 세상의 이치를 아는 사람들이 다 선량한 사람들이 아닙니다. 교활한 자들도 많다는 것을 아셔야 합니다. 이것을 사용하는 지도자는 네 번째 지도자이므로 사람들과 시장과 자신들의 먹이터를 가두고 규격화시키고 정형화하려 합니다.

네 번째 지도자가 쓰는 방법으로 주변 모두가 한 방향으로 나아가면 얼떨결에 남이 장에 가면 나도 똥장군이라도 어깨에 지고 따라가는 것이 인간의 심리입니다. 바람 불 때 노 젓는다는 말처럼 그렇습니다. 정치인들의 바람몰이, 신문의 여론몰이 등이 그러합니다. 한탕 위주의 장사꾼들이 많이 사용하며 호객을 하기 위해 여기 저기 빵빵 울려댑니다. 그러나 금의 기운인 쇠의 문제는 가끔 녹아버린다는 것입니다. 잘못하면 다 녹아내립니다. 휩쓸리기 쉽습니다. 부디 독자님들만이라도 그러한 경우에는 화극금(火克金)이라! 불의 기운으로 쇠의 기운을 이긴다는 이치입니다. 두 번째 지도자가 쓰던 도의 가르침으로 볼 때, 불의 기운으로 그곳에서 멀리 멀리 떨어지셔야 합니다. 세상의 이치를 모르는 사람이라도 눈치라도 빠른 사람들은 많은 사람이 가는 꽃길은 쉽사리 부서진다는 사실을 알아야 합니다. 그런 사람들이 사마천이 말하는 세상의 이치에 교(巧)한 사람이라는 교자입니다. 생각이 세상의 이치에 정교해야 합니다. 이 정도 되면 도인입니다. 도인은 세상 사람들과 떨어져 있는 경우가 많습니다.

다섯 번째 지도자가 쓰는 방법은 아끼고 나눠 쓰고 바꾸어 쓰는 알뜰살 뜰 형입니다. 경기 침체기나 디플레이션 시기에는 평소에 그렇지 않은 사람들까지도 그렇게 움츠려 듭니다. 지갑을 잠그고 통장을 잠궈 버립니다. 그러나 인간이 언제나 그럴 수는 없습니다. 토(土)의 기운은 물이 뚫고 들어올 때 질퍽해져서 더 이상 막는 기능이 없어집니다. 그것이 세상의 이치입니다. 그때 흙을 뚫고 나오는 것은 나무입니다. 그래서 세 번째 지도자가 쓰는 방법인 가르치고 반성하게 하는 사람들이 다 나오게 되어 있습니다. 이럴 때는 모든 물건이 싸고, 살 때도 경쟁자가 거의 없고 싸고 좋은 물건이 많이 나옵니다. 그럴 때 나무처럼 자신을 성장시킬 기회를 잡는 것입니다. 그것이 나무의 속성이 흙의 속성을 이긴다는 목극토(木克土)의 원리이고, 나무처럼 뚫고 나와서 나무처럼 그렇게 기다리시고 참으셔야 한다는 것을 말합니다.

태사공은 인간의 이치와 지도자들의 이치를 위와 같이 설명해 놓았습니다. 그리고 어리석은 사람들의 목전의 상황만 보아서 그렇지 시각을 좀 더 넓게 가지라고 말하며 자연의 이치를 말합니다. 이 자연에는 모든 것이 다 널려 있습니다. 소금기 많은 바닷가에서 농사를 지을 수 없고, 철이 많이 나는 광산지역에서 소나 양을 키우는 바보짓을 하지 말라고 말합니다.
　그래서 부자와 가난함의 이치는 세상의 이치를 알면 여유롭게 살고, 세상의 이치를 모르면 부족하게 산다고 하는 것입니다. 세상은 이렇듯 자연과 인간과 물질로 이루어져 있습니다.

2. 자연의 이치

    사마천은 오행의 이치로 중국을 다섯 지역으로 나누어 자연의 이치를 설합니다. 먼저 은(殷)나라, 주(周)나라 지역에서 시작한 한족 출신인 사마천은 고향 쪽인 채도문화권(彩陶文化圈)인 산서 지역을 말하고, 춘추5패의 첫 패권국인 제나라가 있던 흑도문화권(黑陶文化圈)인 동이족의 산동 지역을 말하고, 그리고 오랑캐들이라고 멸시했지만 월나라, 초나라 등의 패권국이 등장한 강남 지역을 말합니다. 그 다음으로 만리장성까지의 용문·갈석의 북쪽 지역을 거론하며, 마지막으로 전체 중국을 아우르는 중앙토로서의 중국 전역을 거론합니다.

    전국시대의 중국지도를 보면 지금의 중국보다 아주 작음에 놀라게 됩니다. 전국시대의 유명한 학자이던 추연(騶衍)이라는 사람은 오덕종시설(五德終始說)이라고 하는 오행론의 체계를 잡았으며, 공자님과는 달리 그 당시 제후들의 사랑과 존경을 독차지하던 학자였습니다. 그의 이론에 의하면 당시 전체 세계는 9개의 땅덩어리로 나뉘어져 있는데 중국은 전체 세계 땅덩이의 1/9인 적현신주(赤縣神州)에 속해 있으며, 그 적현신주의 1/9이 중국 땅으로서 그 넓이는 전체 세계 넓이의 1/81이라고 한 바 있습니다. 실제로 당시 지도를 보면, 천안통이 열린 수준이라고 할 정도로 정확하며, 실제 춘추시대 이전의 중국은 한반도의 3배 정도라고 보시면 됩니다.

그렇다면 사마천은 여기서 무엇을 말하고 싶었을까요? 리카르도 (Ricardo)의 비교우위무역처럼 각 지역마다 다른 특성, 즉 그 '다름'과 '차이'를 이용해서 장사를 하고 물자를 유통시키자고 한 것입니다. 노자를 사랑하고 돈의 중요성을 인식한 사마천은 돈은 물과 같이 흘러 다녀야함을 잘 알고 있었던 사람입니다. 노자도 도는 물과 같이 흐르는 것이라고 하였습니다. 이 흐름의 물길을 트는 사람이 바로 상인입니다. 그리고 장사입니다.

여기서 용문·갈석이란 지금의 산해관(山海關)을 말합니다. 산해관은 중국의 만리장성의 동쪽 끝으로 용문·갈석 이북은 고조선, 고구려, 부여 등의 국가를 세웠던 우리 선조들(거란, 말갈, 여진, 몽고)의 나라가 있던 지역입니다. 연암 박지원 선생은 조선을 떠나 청나라 건륭제의 생일축하 사절단으로 가며, 우리나라 역사와 인문, 과학의 불후의 명저인 《열하일기(熱河日記)》라는 일기문 형식의 기록을 남깁니다. 여러분들이 잘 아시는 〈양반전〉, 〈허생전〉, 〈호질〉 등이 다 《열하일기》에 나오는 이야기들입니다. 지금도 중국과 북한의 국경이 압록강 이북에도 있다고 합니다. 압록강 너머가 중국 땅, 압록강 이남은 북한 땅이 아니라 압록강 이북의 일부 지역은 아직도 북한 땅이라고 합니다.

《열하일기》에 의하면 1780년 당시 중국과 조선의 국경은 지금의 '단동(丹

東)'을 지나 '책문(柵門)'에 국경경비대가 있으며, 요즘 말로 책문의 출입국 관리소에서 허가를 받고 중국 땅에 입성하는 감개무량한 이야기가 나옵니다. 처음 그 사실을 알았을 때 조금 놀랐습니다. 또 김정호 선생의 대동여지도(大東輿地圖)를 보면 압록강까지 나와 있고, 대마도는 우리 땅으로 나와 있습니다. 임진왜란때 우리나라에 쳐들어왔던 왜군의 제 1진 대장인 고니시는 당시 대마도 도주의 사위여서 조선 침공을 강력히 반대한 바 있는데, 사실 대마도는 한국 땅도 아니고 일본 땅도 아니었다고 합니다. 대마도는 근대에 와서 오키나와처럼 일본의 영토가 된 것입니다. 여하간 우리는 나라를 피폐시킨 조선의 유림들과 그로 인한 일본의 강점과 우리 힘이 아닌 연합국에 의한 해방으로 인해 전승국인 중국에 땅을 많이 떼어준 것 같습니다. 그나마 윤봉길 의사께서 상하이 홍구공원에서 폭탄을 던져 대한남아의 기개를 떨치고, 그 당시 중국의 지도자인 장개석을 깜작 놀라게 해서 한국의 존재를 알린 덕에 2차 대전 이후의 영토를 처리하는 포츠담 선언에서 장개석 주석이 "조선은 독립시킨다."라는 구절이 들어갔지, 조선은 역대로 중국의 속국이었으므로 중국의 관할 하에 둔다고 했으면 우리는 지금도 독립운동 하느라 생고생을 하고 있을지도 모릅니다.

여하간 당시 중국과 조선의 국경은 지금처럼 압록강 이남의 의주(義州)가 아니라 압록강 이북의 '단동(丹東)'을 지나 한참을 더 가서 '책문(柵門)'이라는 것입니다.

연암 박지원 선생은 책문 앞에서 "이제 이 문을 지나서 한 발자국 옮기면 중국 땅이다. 고국 소식은 여기서부터 끊길 참이다."라는 감개무량한 한 마디를 남기고 마침내 중국 땅에 들어섭니다. 그리고 중국의 문물을 접하기 시작하면서 연암은 거의 울고 싶어서 다시 고국으로 돌아가고 싶다고 합니다. 지지리도 가난한 조선의 백성들이 불쌍해서 말입니다. "아, 정말 울기에는 딱 좋은 곳이구나. 한번 소리쳐 울만하구나!" 하고 소리칩니다.

아마 오늘날 인민을 진정으로 사랑하는 북한관리나 사람이 중국에 가서 개방에 성공한 중국과 아직 개방을 못하고 있는 북한의 차이를 생각하면 울고 싶을 정도일텐데, 300년 전의 우리 조상이 이미 가슴 아파하고 계셨던 것입니다. 300년이 지난 오늘 북한이 그 같은 상황임을 생각하면 가슴이 답답해 옴을 느낍니다. 그 연암 선생이 고구려를 생각하며 넘었던 산해관(山海關)이 〈화식열전〉의 이 구절에 나오는 '갈석(碣石)'에 있습니다.

사마천은 여기에서 장소의 차이로 인한 문물의 차이를 말합니다. 지역이 다르고, 산물이 다르고, 많고 적음과 풍부함과 부족함이 다르다는 것입니다. 그래서 교환을 하여 유통을 시키면 돈을 벌 수 있다는 이야기를 하고 싶은 것입니다. 연암이 가슴 아파하던 조선의 우리 선조들은 생각만 해도 열불이 나는 사람들입니다. 물자의 유통을 막고, 신분과 주거지의 이동을 막고, 여자의 재혼도 막고, 자기들이 소실을 두어서 낳은 자식을 서얼 출신이라고 막고, 중국문물도, 그리고 왜국과의 교류도 그런 식으로 모든 것을 막아놓고 변하지 않으려고 합니다. 그러면서도 '변화의 학문'인 《역경(易經)》을 공부하고, 그것도 부족해서 《주역(周易)》은 과거시험 배점이 다른 과목에 비해 2배였다고 하니, 도대체 그들은 '무슨 생각을 하던 사람이었을까?' '무슨 변화를 알고 싶었을까?' 하는 생각이 듭니다. 아마도 자신의 기득권이 변하는가, 변하지 않는가의 길흉만을 알고자 한 것이 아닌가 싶습니다.

우리는 학창시절 역사 공부를 할 때 역사적 사실만을 배웠지 역사의 흐름을 배우지는 않았습니다. 그리고 일본이나 중국만이 역사 왜곡을 하는 것은 아닌 것 같습니다. 임진왜란도 그렇습니다. 우리가 평화롭게 잘 사는데 갑자기 도요토미 히데요시(豊臣秀吉)가 우리를 쳐들어 온 것이 아닙니다. 일본은 1467년 오닌의 난 이후 도요토미 히데요시가 일본 천하를 통일하기 이전인 100년간 일본은 전국시대라는 대혼란기를 겪습니다. 자고 나면 주인이 바뀌고, 영주와 영주의 대리인인 사무라이 눈 밖에 나면 온 가족이 다 죽는 경우도 허다했습니다. 그리고 전쟁준비도 하고, 각 영지마다 새로이 성을 쌓고 무기를 구입하면서 소작료가 생산량의 7할에 달했다고 합니다. 일 년 죽어라고 농사지어 7할을 거두어 가고 나머지 3할로 살아야 하니 어떻겠습니까? 우리가 조선시대 말기나 일제시대 때 만주로 중국으로 먹고 살기 위해서 온 가족이 떠나갔듯이, 일본의 수많은 난민들이 100년간 조선으로 피난 와서 충청도, 전라도, 경상도 일대에 득실득실하여 정부에서는 골머리를 앓고 있었습니다. 우리는 그들을 괄시하고 핍박하며 다시 사지(死地)인 바다로 쫓아 보내기도 하고, 일정한 검사를 통하여 왜관을 설치하고 그들만의 거주지를 마련해 주기도 하였습니다. 그 멸시의 분풀이를 삼남의 왜인들과 대마도 거주 왜인들이 전국통일 후 논공행상할 영지가 부족하자 조선을 침략하고, 앞잡이가 된 것입니다. 이 이야기는 사명대사 전기에 나오는데 임진왜란 이후 조선의 유림들이 도요토미 히데요시의 뒤를 이은 도쿠가와 이에야스(德川家康) 한데 잡혀간 포로들을 데리고 와야 하는데, 그 규모가 100명 단위의 너무 소수이고 협상도 원활하게 이루어지지 않았습니다. 정토종의 신자로서 《나무묘법연화경》을 좋아하던 가토 기요마사(加藤淸正)와 인연이 있는 사명대사가 일본에 협상하러 가서, "미안한 것은 미안한 것이다."라고 역사적 배경을 설명하고, "그래도 이놈들아! 너희들이 감히 이럴 수 있느냐?"라고 하면서 협상에 성공하여 조선인 3,000명을 데리고 귀국했다고 합니다.

역사를 공부하며 참으로 이상한 것은 지금도 전 세계 사람들이 존경하는 일본을 우리는 너무 무시하는 것 아닌가 싶습니다. 임진왜란 이후에도 일본이 조선에게 사정사정을 하면 20년, 30년마다 사신을 보내주고, 임진왜란 이후에 신흥세력인 후금은 무시하고, 다 망한 명나라에는 매년 사신을 보내다가 결국 청나라의 침입을 받고야 맙니다. 그 후에도 일본에는 사신을 계속 안 보내다가 결국은 강제적으로 일본의 침략과 병합을 당하고야 마는 것입니다. 정말 대책 안서는 유림들입니다. 이미 박제가, 박지원, 정약용 선생 등은 그 유림들을 허유(虛儒)라고 하고 새로운 유학을 실학(實學)

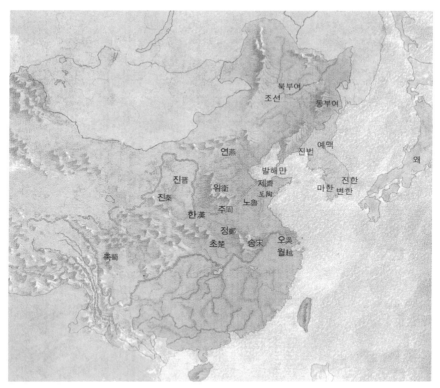

전국시대

이라고 하며 뒤늦게 발동을 걸었지만 결국 기존의 허유들이 나라를 망치고

맙니다.

夫<u>山西</u>饒材·竹·穀·纑·旄·玉石(부산서요재죽곡로모옥석) ：대략
적으로 보아 산서 지역에는 목재나 대나무 잡곡류의 곡물, 닥종이
나무, 삼베, 긴 털 가진 소꼬리와 옥석 등이 풍부하게 생산되고,

山東多魚·鹽·漆·絲·聲色(산동다어염칠사성색) : 산동지역에는 생
선이나 소금, 그리고 옻칠, 누에고치의 명주실과 소리내기 좋은 목
재나 만들기 좋은 나무제품 등이 많이 난다.

江南出枬·梓·薑·桂·金·錫·連·丹沙·犀·瑇·珠璣·齒·革(강남출남
재강계금석연단사서대모주기치혁) : 강남지역에서는 매실나무, 가래
나무, 생강나무, 계수나무, 금, 주석, 아연, 단사(주사 혹은 수은),
무소, 바다거북, 진주, 상아와 가죽제품이 나온다.

龍門·碣石(용문갈석) : 용문과 갈석 인근의

北多馬·牛·羊·旃·裘·筋·角(북다마우양전구근각) : 북쪽에는 말,
소, 양, 모직물, 가죽 옷, 동물들의 힘줄, 동물 뿔이 많이 난다.

銅·鐵則千里往往山出棊置(동·철칙천리왕왕산출기치) : 동과 철은
사방천리에 걸쳐서 바둑돌처럼 늘어져 있다.

此其大較也(차기대교야) : 이것이 지역별 큰 비교이다.

皆中國人民所喜好(개중국인민소희호) : 이것들은 모두 제후국 사람
들이 좋아하고 기뻐하는 물건들이다.

謠俗被服飲食奉生送死之具也(요속피복음식봉생송사지구야) : 소
문과 풍속상 산 사람을 봉양 할 때나 죽은 사람을 보낼 때 갖추어야
하는 옷과 음식들이다.

역시 사마천은 중앙제후국을 중심으로 동서남북으로 중국 각지의 물산
을 설명하고 있습니다.

소위 산물이나 재화(財貨)의 출산지를 나열한 것입니다. 여기에 사마천이 거론하는 모든 재화는 유형의 재산입니다. 형태가 있고 만질 수 있고 볼 수 있는 물건들이라는 의미입니다.

사마천은 《사기열전》의 돈과 관련된 《사기》 제129권의 이름을 '재식열전'이라고 하지 않고, '화식열전'이라고 하였습니다. 소비재, 생산재, 재벌, 재산, 재산세 등의 재식열전이라고 하지 않고, 통화량, 화폐금융론, 금융통화위원회라고 할 때의 '화'라는 단어를 사용해서 '화식열전'이라고 하였습니다. 이 부분은 상당히 의미가 있다고 할 것입니다. '화(貨)'는 '재(財)'를 통하여 증식시키는 것이 기본이기에 그렇습니다. 결국 〈화식열전〉은 없는 것을 만들어 내는 것이 아니라 있는 것을 활용하는 방법을 가르쳐주는 책입니다. 그 '방법을 안다'라는 것이 요사이 말로 하면 Know-how이고, 정주영 회장이나 이병철 회장처럼 도처에 돈이 보인다는 경지의 '돈을 보는 안목'이라고도 하는 것으로 자기만의 무형의 재산을 찾아야 하는 것입니다. 독자님들은 여러분들의 인생과 경험 속에 녹아있는 무형의 재산을 개발하시어 유형의 재산을 증식시키는 방법을 사마천에게 배우고 계신 것입니다.

다시 한 번 이야기하지만 재화(財貨)라고 할 때의 재(財)는 돈을 의미하는 조개 패(貝)에 재능 재(才)라는 글자가 합성된 글자입니다. 반면에 화(貨)는 조개 패(貝)에 변화할 화(化)를 합성한 글자입니다. 즉 재는 만질 수 있고 볼 수 있으며, 꺼내서 자랑도 할 수 있는 유형의 재산을 말합니다. 반면에 화는 만질 수 없고 볼 수 없으며, 단지 숫자로 표시되거나 종이에 적을 수밖에 없는 형체가 없는 무형의 자산을 말합니다. 우리 조상들은 큰 부자는 하늘이 내고 작은 부자는 근면함이 만든다고 하였습니다. 그리고 돈에는 눈이 있어서 사람 보고 쫓아오고, 또 돈에는 발이 있어서 사람하고 맞지 않으면 제 발로 걸어 나간다고 했습니다. 아주 중요하고 정확한 이야기입니다. 그러나 사람들은 부자와 가난한 자의 기준이 없습니다. 대부분의 사람들은 사마천 〈화식열전〉의 핵심단어인 '빈부지도 막지탈여(貧富之道 莫之奪子)'에서 어떤 상태를 부자라고 하고 어떤 상태를 가난하다고 하는지 모릅니다. 결국 사람들은 자기가 누구인지도 모르고, 부자와 가난한 것이 어떠한 상황인지도 모르고, 더구나 돈이 무엇인지도 모르면서 그저 많이 가지려고만 합니다.

우리 조상들의 이야기는 아주 정확합니다. 큰 부자는 하늘이 냅니다. 작은 부자는 근면함이 낸다는 것은 많은 정답 중에서 사람들이 제일 밑천 안 들이고 실천하기 좋은 가르침입니다. 그런데 사람들에게는 큰 부자와 작은 부자의 기준이 없습니다. 그 기준은 무엇인가요? 백만장자인 12억인가요? 억만장자인 1,200억인가요? 아니면 그냥 20억이나 100억인가요? 정답이 있는 것은 아닙니다. 그러나 기준은 있어야 합니다.

사람들이 경제, 특히 국제경제를 공부하다가 보면 잘 이해하지 못하는 나라가 있습니다. 바로 일본입니다. 세계 제2위 경제대국이고, 한 때 미국을 넘볼 정도까지 가기도 했습니다. 그리고 지금도 막강한 무역흑자를 내며

잘하고 있습니다. 소니 등 전자화사들이 한국에 패권을 내어주고 자동차마저도 한국의 현대차·기아차에 밀릴지도 모른다고 합니다. 그러나 일본 사람들은 우리보다 잘 살고, 부유하고 돈도 많습니다. 그런데 일본의 주식값은 오르지 않습니다. 도대체 그 이유를 모르겠다는 것입니다.

일본의 부실은 토요타나 소니와 같은 개별기업의 부실이 아닙니다. 일본의 부실은 경제용어로 '대차대조표 부실'이라고 합니다. 기업이 작성하는 재무제표 중의 대차대조표는 그 기업이 100년 전에 생겼건 70년 전에 생겼건 3년 전에 생겼건, 그 회사의 설립 이래의 모든 자산과 부채와 자본금을 기록해 놓은 것입니다. 각 개인으로 이야기하면 조상 대대로 물려받은 집과 토지와 패물이 다 대차대조표에 나오는 것입니다. 한 마디로 조상님의 음덕과 선세의 복덕이 있는 사람이고 큰 부자라고 하는 것입니다. 그런데 일본이 대차대조표가 부실하다는 의미는 예를 들면 대차대조표에 자산을 기록할 때 과거에 100억을 주고 산 건물이지만 지금 팔면 20억 수준 밖에 안 되는 것을 그냥 100억으로 두고, 소위 자산재평가를 안 하고 있다는 것입니다. 혹은 외상매출금 500억 원이라고 되어 있더라도 거래 상대방이 이미 돈을 지급할 수가 없어서 실제로 받을 수 있는 돈은 100억임에도 그냥 500억으로 두고 있다는 의미입니다.

반면에 재무제표 중의 또 다른 하나인 손익계산서는 일정기간 그 회사의 손익을 나타내는 것입니다. 개인으로 이야기하면 부모나 조상한테 물려받은 재산일지라도 그 재산으로 인하여 발생되는 수익이나 비용만을 기재하고, 나머지는 다 자기의 노력에서 발생한 수익이나 비용입니다. 문제는 손익계산서상의 정산 후에 남는 당기순이익이나 당기순손실이 대차대조표의 당기순이익이나 당기순손실과 같다고 해서 '그게 그거 아니냐?' '결론이 같으면 되지 뭐!'가 저 – 얼 – 대 아니라는 사실입니다. 손익계산서상의 부자를 작은 부자라고 하는 것입니다.

결국 묵은 재산이 있어서 항아리에 물 떠먹듯이 필요하면 떠먹을 수 있는 사람이 큰 부자이고, 자기가 필요하면 약간의 시간차는 걸리지만 얼마든지 조달해서 사용할 수 있는 사람이 작은 부자입니다. 반면에 하고 싶고, 쓰고 싶고, 사고 싶고, 갖고 싶은데 그 소망을 이룰 수 있는 방안이 없는 사람이 가난한 사람입니다. 그것이 사마천이 말하는 빈부이고, 그 작은 부자와 같은 사람이 되는 것이 화식입니다. 사마천은 그러한 사람을 소박한 봉건영주라고 하여 소봉(素封)이라고 하였습니다. 결국 이 책은 사람들에게 돈이 1000만원 필요하건, 100억이 필요하건, 1000억이 필요하건 그 필요한 것을 구할 수 있고, 얻을 수 있고, 가질 수 있게 하는 방법을 가르쳐 주는 것입니다. 그것이 화(貨)의 진정한 의미입니다. 그러나 이렇게 벌은 돈은 자녀한테 온전히 다 물려줄 수가 없습니다. 화라는 것은 누가 누구에게 줄 수 있는 것도 아니고 누가 누구에게 빼앗아 갈 수 있는 것이 아닙니다. 만약에 자녀한테 물려주고 싶으면 화(貨)를 재(財)로 만든 다음, 자녀의 생각 그릇을 키운 후에 그 그릇의 크기만큼 물려주실 수 있습니다. 자세한 것은 빈부지도가 나오는 세상의 이치를 설명할 때 말씀드리겠습니다.

China: Industry

현대 중국의 물자지도는 어떠할까요?

최근 중국의 산업지도입니다. 바둑알처럼 여기저기 흩어져 있는 철과 구리는 지금도 그러하고 아연과 납 역시 예나 지금이나 마찬가지입니다. 양자강 이남은 여전히 농업이 지배적입니다. 그리고 중국의 산동지역에 섬유산업이 발달되어 있는 것도 사마천 당시와 유사합니다. 그때는 없었던 전자산업, 조선업이 오랑캐들 땅이라고 했던 오지에 보이고 공인이 만든다는 기계공업은 도처에 있습니다. 화공회사와 시멘트 산업도 〈화식열전〉과 맞추어

보시면 중국의 산업발전이 〈화식열전〉을 설한 사마천의 가르침과 크게 다르지 않습니다.

중국 동부와 중부가 사마천의 춘추전국시대의 영역이며, 양자강 이남의 초나라·월나라는 예나 지금이나 인구밀도도 낮고 산업도 다양하지 않습니다. 그래서 당시 중국은 월나라·초나라를 중국이라고 생각도 안 하고 오랑캐라고 했습니다. 우리나라 건너편의 제나라가 있던 산동반도도 동쪽 오랑캐라는 의미의 동이족 땅이라고 했습니다. 바다 건너 대만은 중국과 아무런 상관도 없다가 18세기 청나라 건륭제에 이르러서야 청나라에 귀속됩니다. 사마천의 《사기열전》 130편 중에 〈조선열전〉이 들어가 있는 이유를 아시나요? 한국은 중국인들에게 결코 작은 나라가 아닙니다. 그런데 인구가 한반도의 20배라니 이상하지 않으시나요? 그것이 중국의 힘입니다. 중국인, 특히 한족의 포용력이 중국을 그렇게 키운 것입니다. 우리 역사를 보더라도 우리는 사실 한 종족이면서 말갈족, 거란족, 여진족, 몽고족을 엄청나게 싫어했습니다. 다 같은 고구려, 부여의 자손이면서 말입니다. 그래서 많은 사람들이 만주와 한반도를 버리고 중국으로 갑니다. 제 중국인 친구도 5대조가 한국 사람이고, 그 이후에 만주로 왔다가 다시 광저우로 가서 살다가 자기 할아버지 대에 와서부터 홍콩에 거주한다는 친구가 있습니다. 그래서 중국인이지만 한국을 참 좋아합니다.

신라가 한반도의 주 세력이 되고부터는 '골품제'라는 것이 있어 성골(聖骨)·진골(眞骨)만 그들만의 리그에서 자기들끼리 잘 살며 백성을 괴롭혔고, 6두품·5두품 출신의 고운(孤雲) 최치원(崔致遠) 선생이나 해상왕국을 세운 장보고(張寶高) 장군 등은 철저히 왕따를 시키고 죽이기도 했습니다. 고려시대에 와서도 같은 종족인 신라의 후손인 금나라(사실 신라 경순왕의 성을 딴 金나라입니다)가 고려에 쳐들어왔을 때 경순왕 묘에 참배를 하고 조용히 물러나기도 합니다. 후대에 이르러 후금을 세우고 나중에 국호를 청으로 바꾸는 청나라도 김 씨들의 후손입니다. 그들의 성은 애신각라(愛新覺羅 : 신라를 사랑하고 신라는 잊지 않는 종족이라는 의미입니다)였습니다. 그럼에도 불구하고 혈족인 금나라는 깔보고 중화를 섬긴답시고 송나라만을 섬기다가, 몽고의 침입을 받으니 한국의 비주류계층들이 대거 원나라에 귀화를 해버립니다. 조선시대에 와서는 망해가는 명나라는 섬기면서도 압록강 건너 청나라는 멸시합니다. 그래서 평안도·함경도 일대에 살던 고구려의 후손, 발해의 후손들이 대거 중국으로 건너갑니다. 후기 조선시대에 이르러서도 많은 실학자들이 청나라로 가버립니다. 그래서 중국은 땅덩이에 비해 사람이 많습니다. 우리는 삼천리 금수강산이지만 사람 수가 적습니다. 결코 전쟁이나 외침 때문에 그런 것이 아니라고 생각합니다. 텃세와 기득권, 그리고 자기 이익을 위해서 행동하는 사람들이 우리 역사에는 너무나 많았습니다. 그러나 실제 그 꿈을 이룬 사람은 많지 않고, 일족이 패망하는 경우가 더 많았습니다. 조선이 일본에 패망하고 한국의 당대 귀족들이 족두리 쓴 부인들을 대동하고 일본에 가서 찍은 사진이 있습니다. 마치 우리 수학여행 단체사진 같은 것입니다. 거기에 나오는 사람들이 조선을 말아먹은 당파싸움 짓만 하던 노론(老論) 계통의 허망한 유학자들과 그 부인들입니다. 그리고 일제 강압기에 자작이니 백작이니 하는 칭호로 살기도 합니다. 그 꼴 보기 싫어 하와이로, 만주로, 중국으로 간 것입니다. 그래서 한반도에는 사람이 생각보다 적은 것입니다. 일본보다도, 중국보다도 비례적으로 보면 그렇습니다. 우리 민족에게는 똑똑하지만 단기적이고 근시안적인 면이 있어서 그릇이 작고 큰 부자도 없습니다.

3. 물질의 이치

故待農而食之(고대농이식지) : 그러므로 먹으려면 농부가 농사짓기를 기다리고
虞而出之(우이출지) : 산과 물에서 나오는 물자를 가지려면 우인이 출하하기를 기다리고
工而成之(공이성지) : 완성된 물건을 가지려면 공인이 물건을 만들기를 기다리고
商而通之(상이통지) : 유통되는 물건을 사려면 상인이 나서기를 기다리는 것이지
此寧有政敎發徵期會哉(차녕유정교발징기회재) : 어찌 이런 일들이 위정자가 정령을 내리고, 억지로 가르치고, 강제로 징발하고, 기일을 정해서 모이게 하는 것이겠는가?

　천문과 지리를 공부하며 아버지를 따라 천하를 주유하였던 자연과학자이자 인문과학자인 사마천의 오행론에 입각한 사상은 여기서도 여실히 드러납니다. 사실 우인(虞人)이라는 말에는 익숙하지 않은 분들이 많을 것입니다. 그러나 사마천은 화식을 하는 방법으로 우인을 넣어 5가지로 분류했습니다. 그래서 사 – 농 – 공 – 상 – 우입니다. 그리고 우리의 인간 세상에는 수 – 화 – 목 – 금 – 토의 어느 한 기운이라도 없으면 살 수 없고 균형이 깨어진다는 것입니다. 그 흐름을 해주는 사람은 물의 기운을 가진 상인들이라는 것이지 절대로 사의 계급에 속하는 힘을 가진 위정자들의 불같은 화의 기운으로는 되지 않는다는 생각을 합니다. 자세히 보면 다음과 같습니다.

사(士)는 화(火)의 성질을 가지고 있습니다. 그래서 영토를 넓히고 확장하고 퍼져나가야 제 할 일을 하는 것입니다.

농인(農人)은 목(木)의 성질을 가지고 있어야 합니다. 그래야 유연하고 성장하고 토양에 뿌리를 내리어 번창합니다.

공인(工人)은 금(金)의 기운인 쇠의 성질을 가지고 있어야 합니다. 그래서 강하고 정확하고 단련되어야 합니다.

상인(商人)은 수(水)의 기운인 물의 성질을 가지고 있어야 합니다. 쉼 없이 흐르고 난관을 만나면 돌아가고 끊임없이 흘러가야 번창합니다.

우인(虞人)은 흙의 기운인 토(土)의 성질을 가진 직업입니다. 흐름을 막고 가두고 모든 것이 그 안으로 몰려들어야 합니다. 가두고 지키는 것이 본성이어야 합니다.

이렇듯이 세상일이라는 것은 어느 누구 잘나서 되는 것이 아니고 서로 물고 물리고, 돌고 돌리고 하듯이 순환되어야 한다는 것입니다. 상인이 사인처럼 불같이 확장만 하려고 한다든지 농인이 공인처럼 구부러지기는 해도 변하지는 않는다는 식으로 농사를 짓는다던지, 사인이 우인처럼 가두고 지키고만 있다면 나라는 경제도 민생도 엉망이 되는 것입니다. 2차 대전 이후의 종족과 부족의 구분도 없고 문화와 언어의 습성도 다른 아프리카 각국을 서방 제국주의자들이 지도에서 자와 줄을 대고 금을 그어 국경을 정하고 지도자를 정했습니다. 그 이후 아프리카는 피폐해질 때로 피폐해지고 아직도 굶는 사람이 아프리카인의 1/3이 된다고 하니 우주의 이치와 인간의 이치를 모르는 사람들이 지도자가 되면 얼마나 많은 사람을 불행의 구렁텅이로 몰아버리는지 잘 아실 것입니다. 그래서 〈화식열전〉의 이 구절은 아무 것도 아닌 이야기 같지만 19세기 말의 오스트리아 경제학파의 주장과 같은, 아니 거의 2000년 이상 앞선 대단한 안목인 것입니다.

오스트리아 학파는 현대경제학에서 한계효용이라는 개념을 처음 도입한 학자들입니다. 그들은 생산물의 가치를 결정하는 것은 그 생산물에 대한 소비자의 만족감이라고 하여 사람들의 가치개념이 완전히 주관적인 것이라고 보았습니다. 각자 자기 이익을 위해서 그렇게 한다는 것입니다. 〈화식열전〉 식으로 해석하면 농 – 공 – 상 – 우인들이 생산하는 물건의 가치는 지도자가 정하는 것도 아니고, 하늘이 정하는 것도 아니고, 저절로 사람들이 각자의 만족에 따라 알아서 한다는 것입니다. 그것을 사마천은 아래와 같이 간단하게 정의하였습니다.

人各任其能(인각임기능) : 사람들은 각기 그 맡은바 능력에 따라

竭其力(갈기력) : 그 힘을 다하고

以得所欲(이득소욕) : 그럼으로 해서 원하는 것을 얻는다.

故物賤之徵貴(고물천지징귀) : 그러므로 물건이 흔해지면 장차 귀해질 징조가 되며

貴之徵賤(귀지징천) : 귀해지면 흔해질 징조가 된다.

各勸其業(각권기업) : 각자가 자기의 업을 열심히 하다 보면

樂其事(요기사) : 그 일을 즐기게 되는 것이고

若水之趨下(약수지추하) : 마치 물이 아래로 흐르듯이

日夜無休時(일야무휴시) : 낮과 밤을 가리지 않고 쉬지도 않고 일하는 것이다.

不召而自來(불소이자래) : 그래서 사람들은 오라고 부르지 않아도 자기 발로 오고

不求而民出之(불구이민출지) : 일부러 시키지 않아도 자기들이 물건을 내는 것이다.

豈非道之所符(기비도지소부) : 이것이 모두 이치에 부합되는 바가 아닐 것이며

而自然之驗邪(이자연지험사) : '스스로 그러함'이라는 이치의 효험한 바가 아니겠는가?

사마천은 여기서 "세상의 이치가 이러하므로 사람들이 만드는 물자의 이

치가 그러하다는 것이고, 이것의 자연의 이치라는 것입니다. 그러니 자연의 이치가 얼마나 신묘한지 경험해보지 않았는가?"라고 묻고 있는 것입니다.

> "사람들은 각기 그 맡은 바 능력에 따라 그 힘을 다하고 그럼으로써 원하는 것을 얻는다. 그래서 물건이 흔해지면 장차 귀해질 징조가 되며 귀해지면 흔해질 징조가 된다."

이것은 오스트리아 학파의 '한계효용(限界效用)의 법칙'으로 설명되기도 하고, 아담 스미스의 '보이지 않는 손'으로 설명되기도 한 기존의 〈화식열전〉을 해설한 분들에 의해서 널리 알려진 부분입니다. 그렇지만 학교공부가 다 그렇듯 실전에 사용하려면 사용법이 애매하기만 합니다. 나이 92세까지 현역으로 뛰셨으며, 증권시장의 역사에서 혜안이 열린 전문투자자로 제가 존경하는 앙드레 코스탈라니라는 사람의 달걀이론으로 사마천의 가르침을 금융시장에 접목시켜보겠습니다.

앙드레 코스탈라니는 우리들보고 뒤에 나오는 교자유여파(巧者有餘派)처럼 살라고 합니다. 졸자부족파(拙者不足派) 사람들과 달리 행동하는 것을 권합니다. 사마천은 부자와 가난한 자로 세상을 나눈 것이 아닙니다. 그는 세상의 이치도 알고 돈도 많은 사람을 '부자(富者)'라고 하고, 쌓아둔 돈을 그다지 많지 않으나 세상의 이치를 알아서 돈을 쓰는 데는 아무런 문제가 없는 사람을 '교자(巧者)'라 했고, 남들이 보기에는 돈이 있을지라도 세상의 이치를 몰라서 항상 부족해 하는 사람들은 '빈자(貧者)'라고 했고, 세상의 이치도 모르고 돈도 없는 사람을 '졸자(拙者)'라고 했습니다. 비록 저와 여러분은 아직은 마음과 주머니·지갑 상태가 졸자 수준이지만 앞으로 여러분께서 돈을 운용하실 때는 교자처럼 하시기 바랍니다. 설사 여러분들이 안 하시더라도 〈화식열전〉 공부는 철저히 하시어 자녀들에게 혹은 손자들에게 이 노하우를 전해주시길 바랍니다. 그렇지 않으면 자녀와 손자 대에

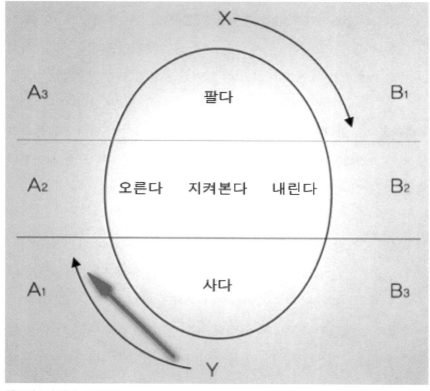

앙드레 코스탈라니의 달걀

가서 사마천이 말하고, 노자가 말하는 것처럼 근본적으로 타고난 무식한 욕망이 망아지처럼 날뛰어 그들의 인생을 힘들게 만들어 버릴지도 모릅니다. 최근 2~3년의 주식시장을 예로 들겠습니다.

사마천은 물건이 흔해지면 귀해질 징조가 되며, 물건이 귀해지면 흔해질 징조라고 이야기 했습니다. 이것은 다른 말로 해서 물건이 싸지면 비싸질 것이고 물건이 비싸지면 싸질 것이라는 소리입니다. 〈화식열전〉에 상세히 나오지만 사마천이나 뒤에 나오는 범려나 계연은 장차 부패해서 없어지거나 상해서 없어질 물건은 애당초 경제이론에 포함시키지를 않았습니다. 그래서 저도 특정 회사가 아닌 종합주가지수로 말씀을 드리겠습니다.

위의 그림에서 Y지점은 2008년 세계적인 서브프라임 모기지 사건과 그로 인한 미국의 리먼 브라더스 파산사태로 종합주가지수가 900으로 떨어진 그 무렵이라고 생각하시면 이해가 쉽습니다. 그 당시엔 모두들 참으로 힘들었습니다. 자동차 값, 집값, 특히 중고차 값이 형편없이 떨어지는 시기입니다. 심지어 창고 재고 값이 더 무서워 웬만한 소비재는 다 덤핑입니다. 그런데 사람들은 여자들이 애기 낳을 때 그 고통을 잊어버리는 것처럼 그 소중한 기억을 잊어버립니다. 증권시장에서는 종합주가지수가 1200이 무너지면서, B3지점에 들어왔다고 판단한 저는 고객들에게 '팔지 마세요'라고 하거나, 제가 없을 때 팔겠다고 주문을 내신 분들에게 다시 전화를 드려 '파신 것을 취소하라'고 이야기하곤 했습니다. 왜 그러냐고 물으시는 분들에게 차분히 설명해드리면 그렇게 하시겠다고 하시곤 하였습니다.

사실 이때는 상위 1%대에 속하는 '세상의 이치를 아는 큰 부자들'이 사기 시작하는 때입니다. 그들에게는 입질입니다. 바닥(Point)에서 사겠다는 무식이 아닌(Zone)에서 사는 것이 세상의 이치에 맞고 돈의 규모도 크기에 그렇습니다. 그것이 1%의 법칙입니다.

그러나 B3 진입시점에서 Y까지는 세상의 이치를 모르는 사람들에게는 마치 Y지점이 종합주가지수 1000이나 900이 아니라 500, 혹은 400 아니면 IMF 당시처럼 300까지 덜어질 것 같은 공포심이 밀려오기 마련입니다. 더더구나 주변에 험악한 소리는 모든 상황을 경제가 가장 싫어하는 Deflation 상황이 됩니다. 모든 재화 및 사람의 값이 떨어집니다. 더구나 원화 값이 폭락하고 해외여행 및 면세점이 텅텅 비기 시작합니다. 그래서 종합주가지수가 1000이 내리고 900까지 밀려올 때는 제가 팔 것을 취소했던 고객들의 항의가 밀물처럼 몰려왔습니다. 내가 팔려고 했는데 당신 때문에 못 팔았으니 내 돈 물어내라는 분도 계셨습니다. 그 분들은 수백억 대 재산가이신데 아마 운이 좋으셔서 그렇지 세상 이치를 아는 분은 아니었다고 생각합니다. 혹은 공포라는 것은 그러한 것인지도 모릅니다. 월급쟁이로 간신히 사는 형편에 수억, 수십억 고객의 돈을 물어줄 수도 없는 일이고, 공포에 떠시는 고객들과 다툴 수도 없는 상황의 연속이었습니다. 그러나 저는 알고 있었습니다, 물건 값이 싸지면 그것도 아주 싸지면 다시 올라갈 수밖에 없다는 사마천의 가르침을 저는 알고 있었기에 욕을 먹어가면서도 고객들을 말릴 수밖에 없었습니다.

그래도 세상은 종말론을 믿지 않는 한 항상 바닥은 있게 마련이고 Y지점에서 A1지점으로 상승하기 마련입니다. 이미 정부는 은행금리나 정책금리를 거의 '유사 이래 최저'라는 표현을 써가면서 최대한 낮추고 돈을 왕창 풀어놓은 시점입니다. 그것도 자연의 이치입니다. 이 국면에서 교자파 투자자들은 천천히 그러면서도 꾸준히 우량기업과 코스피 200지수가 출렁거릴 때마다 사기 시작합니다. 조금씩, 조금씩 말입니다. 그럴 때 졸자파 사람들은 팔리지 않던 주식들이 팔리기 시작하니까 하느님이나 부처님이나 조상님이 자신을 도와준 줄 알고 냉큼 냉큼 팔아버립니다. '내 다시는 다음에 투자나 펀드 하나 봐라!'라고 하면서 말입니다. 그리고는 속 쓰린 마음을 달랠 길 없어 조상님 산소도 가고, 교회도 가고, 절에 가기도 합니다. 그럴 때 제일 많이 팔리는 책이 얼마 전에 열반하신 법정 스님의 《무소유》일 것입니다. 그들은 세상의 이치를 모르는 사람들입니다.

이 국면에서 시장에 대한 지식이나 세상에 대한 이치여부를 떠나, 제가 경험적으로 느끼고 있는 바로는 '사람들의 기질'입니다. 사람들의 기질은 주식시장에서 2가지로 나타납니다. 올라가면 신이 나는 '강세형 투자자'이고, 내려가면 편안해 지는 '약세형 투자자'입니다. "약세형 투자자도 있나?" 하실 줄 모르지만 의외로 약세형 투자자들이 큰돈을 법니다. 그러나 성공하지는 못합니다. '너의 불행이 나의 행복'이라는 철학을 가진 이 약세장 투자자는 항상 주식이 내리거나 부동산이 내리거나 집값이 내리거나 하는 Deflation 선호 투자자이기에 세상을 밝게 보지 않습니다. 그래서 Y국면에서 A1국면으로 상승할 때 가장 당황하는 투자자이기도 합니다. 그래서 교자유여파 투자자들이 조금씩, 조금씩 사는 것을 눈치 채지 못하고, 이솝우화의 '신포도'에 나오는 여우처럼, "저 포도는 실거야!" 하며 고개를 돌려버립니다. "시장은 다시 나빠질 것이다." "주식시장은 '더블딥'을 기록할 것이다." 하면서 "다시 내리면 사야지!" 하고 올라가는 현상을 마음으로 동의하지도 못하고, 눈치 채지도 못하면서 끊임없이 부인합니다. "거품이야, 거품." 하면서 말입니다.

그러나 강세형 투자자들은 금방 눈치를 챕니다. 일단 다시 올라가는 것을 확인한 강세형 투자자들은 시장에서 지푸라기만한 장점이라도 찾아내고, 정부 측이나 외국에서 들려오는 희소식을 다 찾아가며 긍정적인 희망을 갖습니다. 소신파 투자자들은 정부의 정책, 특히 금리정책을 봅니다. 그러면서 부동산 매물이 줄어들고 미분양 아파트가 뭉텅 뭉텅 팔려나갑니다. 분명히 주변에서 얼굴표정이 밝은 사람이 없는데 무엇인가 움직입니다. 주식시장이 붕괴되었고, 많은 사람들이 힘들어 한다는 것은 사람들이 돈이 없다는 것을 의미합니다. 그런데 정부에서 돈을 푸는 조치를 취하거나 은행에서 금리를 내린다면 그것은 돈이 다시 시장에 나온다는 의미이기에 그렇습니다. 앙드레 코스탈라니는 그것을 아주 쉽게 표현했습니다.

추세? 그것은 아무 것도 아니다. 단지 돈과 심리 2가지만 있으면 생기는 것이 추세이고 방향이다.

결국 '추세 = 돈 + 심리'인데 Y시점에서 정부가 돈을 풀거나 은행금리를 내리고, 강세형 투자자들이 작은 규모로 나마 시장에서 사기 시작하면 서서히 소신파 투자자들은 B3부터 Y국면까지 그들 역시 약간 떨면서 사 모으던 것을 Y부터 A1국면에서는 본격적으로 서둘러 사 모으기 시작합니다. 사는 사람끼리의 작은 경쟁이 시작되었음을 알기에 그렇습니다. 이 사람들이 바로 5%의 사람들입니다. 사마천이 말하는 교자파에 속하는 5%들은 경험으로 세상의 이치를 알며 자신의 공포심을 없애지는 못할지라도 자신의 공포심을 속일 줄 아는 사람입니다. 이 사람에게 집이건 사무실이건, 물건이건 주식이건 파는 사람들은 졸자파인 95%들입니다. 그것이 95% 대 5% 법칙입니다.

A2국면입니다. 이제는 학교공부나 지식으로 세상을 사는 사람들도 시장이 상승함을 알아차리기 시작했습니다. 이미 헐값으로 나왔던 집은 다 들어가고 어쩌면 부동산이 다시 오를지도 모른다는 희망이 나옵니다. 정부에서는 인플레이션을 걱정하고, 해외여행도 슬슬 다시 나가기 시작합니다. 시장에서는 다시 종합주가지수가 1200을 돌파하고 1500선까지 올 무렵입니다. 아직 경험과 안목이 부족해 교자는 아니더라도 이 소신 있고, 학식 있는 먹물 지식인에 속하는 눈치 빠른 투자자들은 시장에 진입을 합니다.

이들은 주로 경제신문이나 경제방송과 친숙한 사람들이고, 신문을 보더라도 정치면이나 연예란 혹은 사회면을 보고 덮는 계층이 아니라 산업이나 기업 비즈니스면까지 보는 사람들입니다. 그리고 이 사람들이 20% 사람들입니다. '파레토의 법칙'이라는 20% 사람들이 80%의 돈을 쥐고 있는 것입니다. 이른바 지식계층이 시장에 매수세력으로 진입하는 시기입니다. 상황이 이렇게 되어도 눈치 없는 사람들은 자기 기준으로 자기가 싫어하는 대통령이 TV에 나오면 꺼 버린다던지 혹은 아무리 좋은 이야기를 해도 믿으려고 하지 않습니다. 그러나 지금은 아니더라도 장차 교자파에 속할 자질 있고 센스 있는 투자자들과 지식인들은 세상의 이치를 모르면서 욕심만 하늘을 찌르는 졸자파 사람들이 부들부들 떨며 빌린 돈과 벌벌 떠는 손으로 자금을 가지고 시장에 들어올 것임을 다 알고 있습니다. 그런 사람들이 존재하기에 아직은 경쟁 없이 주식을 살 수 있다는 마음에 그들의 소심함과 세상의 이치에 둔감함을 감사드리면서 말입니다.

드디어 A2국면에서 A3국면으로 진입했습니다. 95%들이 몰려드는 시기입니다. 이 졸자부족파인 95%들은 드디어 자신들에게도 행운의 서광이 비치기 시작한다고 착각을 하고 있습니다. 여기저기서 승전고가 울려 퍼집니다. 그래서 이 세상의 모든 문제는 이 국면에서 발생합니다. 사마천의 말처럼 "不召而自來(불소이자래) : 그래서 사람들은 오라고 부르지 않아도 자기 발로 오고, 不求而民出之(불구이민출지) : 일부러 시키지 않아도 자기들이 물건을 내는 것이다."라며 투자자들이 몰려드는 시기입니다.

교자파 투자자들은 여기서 정신을 바짝 차리기 시작합니다. 사람들의 반응을 살펴보고, 기자를 만나거나 어디에 가든지 정부 정책을 칭찬하고, 세계 경제를 칭찬하고, 자본주의의 예찬론이 됩니다. 보통 그들은 사회적 지위와 재산과 연륜을 가지고 있으면서 평소에는 말이 별로 없는 사람들입니다. 그런 분들이 밥 사고, 술 사고 하면서 세상 이야기를 하는데 앞으로는 좋다는 이야기를 하면, 듣는 사람들은 저 정도 되시는 분이 저런 소리를 하면 무엇이 있나 보다 하면서 신문을 보고, 방송을 보고, 책을 사 보고 하면서 경제공부도 하기 시작합니다. 그리고는 자기들도 그 점잖고 돈 많은 사람이 이야기한 것을 확인하며, 다른 사람과 대화할 때도 자연스레 경제 이야기, 주식이야기를 하게 됩니다. 그러면서 다시 사마천의 "樂其事(오기사) : 그 일을 즐기게 되는 것이고, 若水之趨下(약수지추하) : 마치 물이 아래로 흐르듯이, 日夜無休時(일야무휴시) : 낮과 밤을 가리지 않고 쉬지도 않고 일하는 것이다."라는 말처럼 모든 사람들이 보수적 투자자에서 공격적 투자자로 변모합니다.

그나마 강세형 투자자는 자기가 사면서 그러기라도 하지만, 선천적으로 약세형 투자자는 자기는 다음에 내리면 사야지 하면서도 남들한테는 좋다고 하면서 강세장 이론을 말하고 다닙니다.

이 국면에서는 거래량이 늘어납니다. 안 들어와야 할 사람들, 특히 다음에 내가 시장에 발 들여 놓으면 손가락에 장을 지진다, 혹은 내가 투자를 하면 성을 간다며 시장을 떠났던 졸자파들이 몰려들었기 때문입니다. 그리고 사회에서 대학에서 가진 것이라고는 용기와 패기밖에 없는 젊은 사람들이 '젊어서 고생은 사서라도 한다'며 돈 내고 고생하겠다고 마구마구 들어옵니다. 사실 최근 들어 취직도 잘 되는 편이고, 월급도 올랐고, 주변에 얼굴 펴고 다니는 사람들이 많아서 온통 핑크빛이니까요. 그러나 교자유여파인 1%, 5%, 그리고 먹물파인 20%들이 B3부터 A1까지 사 모았던 많은 양을 갑자기 팔 수 없는 것도 세상의 이치입니다. 그래서 이 국면에서 무사히 팔기 위해서는 시장에서 주식의 수보다 바보의 수가 많아야 하기에, 바보들을 행복하게 하기 위해서 물건을 조금씩, 조금씩 내어 놓습니다.

그러면서 앙드레 코스탈라니의 Alternating Interplay(서로 간의 상호거래)가 진행되는 것입니다. 그 국면은 X를 지나 B1까지도 진행이 됩니다. 바닥에서 약세형 투자자들이 '저 주식은 다시 내릴 거야' 하면서 사지 못했던 것처럼, 이곳 X에서 B1국면에서는 강세형 투자자들이 시장은 다시 X점을 지나 더 위로 올라가기 위해서 힘을 축적하는 조정과정이라며 오른 다음에 팔려고 하다가 팔지를 못합니다. 아직은 농담할 여유가 있습니다. 제가 가장 많이 듣던 농담은 "아유 나는 왜 그렇지? 나는 주식을 사면 꼭 자식 같단 말이야. 당체 팔지를 못하겠어."라며 20% 정도의 하락을 즐겁게 웃곤 합니다.

그러던 어느 날 시장은 다시 B1국면을 지나 B2국면으로 진입합니다. 이미 교자파인 5%들은 다 팔았고, 먹물파인 20%들이 낌새를 채기 시작했습니다. 여기저기서 회의적인 소리가 들리고 눈치 빠른 사람들이 팔기 시작합니다. 이미 세상의 이치를 아는 투자자들은 다 팔고 난 후이므로 20%의 지식인 계층들과 80%의 졸자파인 겁쟁이 부들부들 떠는 손들만 남았습니다. 투자회사 직원들과 투자형 상품을 팔았던 보험회사 은행, 증권회사 직원들은 회사에서 웬 회의가 그렇게나 많은지 혹은 인사이동이 났는지 잘 연락이 안 됩니다. 사실 그럴 무렵 회사에서는 회의가 엄청나게 많이 열리고, 금융상품 판매규정 준수여부를 감사(監査, Audit)한다든지, 고객친절서비스를 강화한다든지 하는 상투적인 자기보호책이 서서히 나오기 시작하는 고객의 불만에 집중력을 잃어버립니다. 영업당사자들은 시장에 정신적으로 시달리는 것보다 육체적으로 시달리는 것이 더 좋아서 노동과도 같은 회의와 단합대회에 적극적으로 참여합니다. 시장이 제발 다시 올라주기를 간절히 바라면서 절이나 교회에 가기도 합니다. 이것이 졸자부족파인 80%들과 95%들의 일반적인 사람입니다. 저도 증권회사에 취직하고 나서도 20년 이상을 그렇게 살았습니다.

참으로 이상한 일입니다. 이 세상은 절대로 천당도 아니고, 극락도 아니기에 부처님도 나오시고 예수님도 나오신 것이고 알라신도 나오신 것을 알면서도 천당이나 극락에서나 생기는 기적을 바라는 것이 인간의 심리인 것 같습니다. 모든 사람의 희망과는 달리 시장은 B2국면에서 B3국면으로 진입합니다. 여기저기서 아우성 소리와 공포와 패닉이 생깁니다. 졸자파인 부들부들 떠는 손인 소심한 사람들과 지식계층이라고 자부는 했지만 아직 제대로 세상의 이치를 모르는 투자자들에게는 세상에 난리가 이런 난리가 없습니다. 그러나 이 단계에서 다시 최고위층인 1%의 교자파 중에서도 선두주자에 속하는 사람들은 B3국면에서 서서히 아주 서서히 사회적 책임을 다한다고 온갖 홍보를 다하면서 주식을 사거나, 집을 사거나 땅을 사거나 빌딩을 사기 시작한다는 것은 모릅니다. 그래도 모든 물건 값들과 주식은 더 내립니다. 이때 오르는 것은 원유 값과 달러 값입니다.

나머지 시장은 점점 무너져 내립니다. 국민 연금, 공무원 연금, 사학 연금 등 연금·기금 투자자들과 대형 기관투자자들이 사자주문을 내면 신문에 대단한 사회적 활동을 한 것처럼 기사가 납니다. 그러다가 '힘들어서 계속 사기는 힘들다. 그러나 노력하겠다' 등등의 힘겨워하는 모습을 전 국민에게 보여줍니다. 드디어 '국가나 대형재벌 금융기관들도 못하는 판에 나 같은 피라미들이야' 하면서 자신의 주식을 모두 팔아버리기 시작합니다. 마치 세상이 종말이 온 것 같이 말입니다. 그러면서 그들은 거래량이 늘어난 것을 의심하기는커녕 자신들이 팔자고 내어놓은 주식이 팔린 것만 해도 감사해 합니다. 사마천은 이것을 이렇게 말했습니다. "豈非道之所符(기비도지소부) : 이것이 모두 이치에 부합되는 바가 아닐 것이며, 而自然之驗邪(이자연지험사) : '스스로 그러함'이라는 이치의 효험한 바가 아니겠는가?" 이러한 것이 자연의 이치라는 것입니다.

사마천의 "값이 싸지면 올라감을 의미하고"라는 구절은 너무나 당연한 이야기이지만 참으로 어려운 이야기입니다. 어느 가격이 싼 것이고 어느 가격이 비싼 것인 줄 모르기 때문입니다. 더구나 사람들은 '올랐다' '내렸다'도 모릅니다. 신문에서는 올랐지만 내가 산 가격보다 아직 가격이 싸다면 올랐다고 좋아할 것인지, 아직 덜 올랐다고 우울해 할 것인지 그것부터 혼란스럽습니다. 그러나 교자파는 모든 일에 기준이 있습니다.

소신파는 기준점이 Y이기에

1. '올랐다'
2. '많이 올랐다'
3. '너무 올랐다'

의 기준점이 있습니다. 그래서 너무 오른 A3부터 X국면에서 팔기 시작하는 것입니다. 그리고 X는 또 다른 기준점이기에 X부터

1. B1은 '내린다'
2. B1부터 B2는 '많이 내린다'
3. B3부터는 '너무 내린다'

라는 기준이 있기에 팔 수 있는 것입니다. 그러나 졸자파는 '오른다' '내린다'의 기준도 자기가 산 가격 기준이고, '싸다' '비싸다'도 자신이 산 가격 기준이거나 혹은 자신의 경험에서 나온 기준이 아니라 다른 사람한테 들은

기준이 많으며, '좋다' '나쁘다'도 신문에 나거나 강연에서 듣거나 하는 경우가 많아 스스로가 혼란스러워서 자신을 지키지 못하는 것입니다.

　저도 그런 투자를 너무나 오랫동안 해왔습니다. 자신이 너무나 멍청하고 바보 같았음을 뒤늦게 알고, 그렇다고 영업하는 입장에서 '저는 바보입니다', '저 아무것도 몰라요'라고 이야기할 수도 없어서, 아무도 없는 곳에서 엉엉 울고 싶은 적이 한두 번이 아닌 것이 저희들의 직업이기도 합니다. 그 사람들이 PB입니다. 그러나 1%의 천재들과 5%의 교자파들은 절대 시장을 떠나지 않습니다. 단지 시장에 흘러 들어간 돈의 방향이 달라질 뿐입니다. 주식에서 예금으로 예금에서 채권으로 채권에서 부동산으로 세상의 흐름에 돈의 물줄기만을 바꿀 뿐입니다. 간혹 골동품이나 그림, 원유 등으로 소풍가기도 합니다. 그러나 집중합니다. 소풍가서 놀더라도 마치 게으른 고양이가 쥐를 잡을 때처럼 집중할 때는 집중합니다. 그런 것을 '여묘포서(如猫捕鼠)'라고 합니다. 쉽게 말해서 5% 교자들은 세상의 다수인 95%를 항상 보고 추세·거래량·시장 정서 등을 봅니다. 그러나 95% 졸자들은 항상 자기 이익만 봅니다. 세상의 이치를 모르기 때문입니다.

4. 인간의 이치

"부자와 가난한 자는 하늘이 정하는 것이다."

우리가 알고 있는 것이 과연 사실일까요?

절대로 그렇지 않습니다. 우리는 잘못 알고 있는 것이 너무나 많습니다. 그래서 세상의 이치를 제대로 아는 것이 중요합니다. 그것을 옛 어른들은 전미개오(轉迷開悟)라고 하였습니다. 미혹함을 뒤집어서 깨달음을 얻는다는 의미입니다.

저는 학창시절에 고시공부를 한답시고 방학 때면 강원도 문막에 있는 칠성암이라는 조그만 암자에 가곤 하였습니다. 서울에서 문막에 가려면 고속버스를 타고 원주나 여주를 거쳐서 그곳에서 다시 시외버스를 타고 가야합니다. 문막에서 다시 암자가 있는 산길을 걸어 올라가야 하는데 처음에는 깜깜한 밤에 산길을 올라가는 것이 얼마나 무서웠는지 모릅니다. 1980년대만 하여도 단파 라디오라는 것이 있어서 밤에 다이얼을 이리저리 돌리다 보면 북한에서 남한에 파견한 간첩한테 보내는 지령이 들리기도 하였습니다. 그 내용은 거의 편지를 읽어주는 것이었는데, 예를 들면 함경도 원산에 사는 동생이 부산 남포동에 사는 동생에게 보내는 편지라며 아나운서가 글을 읽어 줄 때 거기에 나오는 장소나 숫자 등이 다 암호지령과 접선장소를 말하는 것이라고 했습니다. 그 당시는 북한방송을 듣다가 걸리면 중앙정보부에 끌려가서 죽도록 두들겨 맞는다는 소리도 참 많이 나돌던 시절이었습니다. 그래서 산길을 걷노라면 무장간첩이 금방이라도 튀어나올 것만 같았습니다. 혹은 귀신이나 산짐승을 만날 것 같은 공포심으로 등에 식은 땀이 흐르기도 하였습니다.

  산길을 오르다가 보면 커다란 구렁이나 뱀 같은 것이 꾸물덕거리고 다니는 것 같고, 그 날 새벽 두더지가 땅 밑으로 지나간 다음에 솟아 올라온 흙무더기는 그야말로 뱀과 비슷했습니다. 금세라도 뱀이나 두더지를 밟아 밑에서 무엇인가 물컹할 것 같은 기분으로 산길을 오르게 됩니다. 땅 위로 꾸불꾸불 나온 나무뿌리를 디딤돌로 삼고 발을 딛는 순간 물컹대면 그야말로 초죽음 일보 직전까지 가기도 합니다. 그렇게 밤길에 물컹하고 밟은 새끼줄이 뱀인 줄 알고 심장마비 일보 직전의 초죽음 상태에서 정신을 차린 다음에 보면, 다리가 멀쩡합니다. 놀라서 플래시로 비추어 보면 지게의 어깨걸이로 사용하던 새끼줄이거나, 고시생들이 이불이나 배낭을 지고 가다가 흘린 천으로 된 굵은 띠 같은 것들인 줄 알고 가슴을 진정시키고 난 후에는 새끼줄을 집어 던지거나 두더지 길을 발로 차 버립니다. "으이 씨. 깜짝 놀랐잖아 휴- 우."
  그러한 것이 '새끼줄의 비유'이고 전미개오(轉迷開悟)의 이야기인 줄은 그로부터 한참이 흐른 다음 사회생활의 벽에 부딪히면서부터였다고 생각합니다.

여기서 우리가 알아야 할 중요한 사실이 있습니다.

먼저 새끼줄을 뱀이나 두더지 길로 안 것! 그것이 바로 미혹함입니다. 그리고 새끼줄이나 두더지 길을 다시 새끼줄이나 두더지 길로 제대로 안 것! 그것이 깨달음이고 지혜입니다. 여기서 보통 사람들은 이러한 일을 당하면 새끼줄을 집어 던지거나, 두더지 길을 발로 차는 것과 같이 책임을 자기에게 묻지 않고 잘못을 대상으로 돌려버립니다. 남을 탓하고 환경을 탓하며, 내가 저 놈만 안 만났다면, 저 인간하고 결혼만 안 했다면, 저 사람이 부장이나 지점장으로 오지만 않았다면, 그때 좋은 선생님만 만났더라면 등으로 자기의 잘못을 대상이나 환경으로 돌려버리려고 합니다. 그러나 그것은 정답이 아닙니다. 그것이 바로 미혹함입니다. 문제는 새끼줄을 새끼줄로 있는 그대로 여여(如如)하게 보지 못한 자기 자신한테 있다는 사실을 보통 사람들은 꿈에도 생각 안 합니다.

그리고 그 사람은 과거에 뱀이나 두더지가 지나갈 때의 땅이 솟아올라오는 그 신기함과 설렘을 이미 알고 있다는 사실입니다. 그의 경험과 인식세계에 뱀과 두더지에 대한 정보가 입력되어 있다는 것입니다. 만약 뱀과 두더지를 한 번도 보지 못한 알래스카 지역의 사람들은 그것을 백곰이 먹다가 버린 연어라고 생각할 수도 있고, 도심 한가운데서 성장했던 사람은 엄마, 아빠와 같이 야구장에서 응원하면서 사용하던 바람 빠진 짝짝이 풍선이라고 생각할 수도 있습니다. 이처럼 그 사람이 가지고 있던 지식, 경험,

학습내용 등을 근거로 해서 모든 것을 판단한다는 것입니다.

본 바도 없고 들은 바도 없으면 놀랄 것도 없고 겁먹을 것도 없는 것입니다. 정신이 약간 헤까닥 해서 과거의 모든 기억을 잊어버리고 항상 웃는 미친 사람들은 무서움이 없습니다. 무서움을 만드는 모든 재료가 사라져버렸기 때문입니다. 실제로 환각제를 먹거나 술을 많이 먹어 과거의 기억장치가 작동하지 않는 사람은 맞아야 정신이 듭니다. 맞으면 아프다는 새로운 정보가 일시적으로 생기기에 그렇다고 합니다. 그래서 우리는 자신의 기억저장 장치에 좋은 정보와 지식을 많이 넣어 두어야 합니다. 맹자 어머님의 맹모삼천지교(孟母三遷之敎)는 주변 환경의 정보가 얼마나 중요한 것인가를 가르쳐 주는 교훈입니다.

우리의 머릿속이나 마음, 혹은 인식이라는 기억장치 속에 저장된 정보는 사실 자기가 만든 것이 아닙니다. 마치 우리가 공기 속에 호흡하면서 물과 공기를 만드는 산소의 고마움을 모르듯이, 우리의 기억이라는 것은 인간계에서 생긴 정보와 자연계에서 생긴 정보와 물질계에서 생긴 정보의 합성입니다. 얼마 전 금융회사에 다니는 후배가 처음으로 일본을 갔다 오더니, "형님, 저 일본 갔다 와서 친일파 됐어요."라며 나에게 농담 삼아 웃으면서 말했습니다. 그 이후 저도 올 해 회사 일로 노무라 증권을 벤치 마크하러 일본에 처음 다녀왔습니다. 항상 일본을 싫어하고 일본을 근거 없이 깔보던 저는 일본에 다녀온 후 왜 100년 전에 우리 조상들이, 그것도 독립문을 세우고 대한독립만세를 목이 터져라 외치고, 온갖 고문에도 굴복하지 않던 분들이 친일파가 되었는지 이해가 될 것도 같았습니다. '우리는 언제 이렇게 되나?' '옛 문화를 이렇게도 잘 간수하고 있구나!' 하는 생각이 곳곳에서 많이 들곤 했습니다. 일본이라는 나라의 자연과 문화와 물질이 저의 인식세계를 바꾼 것이었습니다.

이 책을 보시는 많은 분들은 '나란 누구일까?' '내가 알고 있다고 믿던 것은 이미 사실이 아니기에 결과가 이렇게 나온 것 아닐까?' '지금의 나의 생각으로 미래의 내가, 혹은 죽은 다음의 내가 나 자신이 알고 있는 상황으로 갈 수 있을까?' '나도 나름대로 열심히 살았다. 이렇게도 해 보고, 저렇게도 해 보았다. 그런데 원하는 것을 얻지 못했다. 우리 아들딸에게 어떻게 올바른 길을 가르쳐 줄까?' '인간의 수명은 자꾸 늘어나고 아이들도 자기 먹고 살기도 힘들고, 그렇다고 내가 도와달라고 할 수도, 또 내가 도와 줄 수도 없는데 정말 돈이라는 것은 어떻게 버는 것일까?' 혹은 '나는 나름대로 열심히 살아 이 정도 재산을 키우고 가꾸고 지킬 수 있지만, 우리 아이들도 과연 그럴 수 있을까?' 하는 의문이 들 것입니다. 60평생 내내 잘 살다가 마지막에 고생하는 분들이 눈앞에 어른거려 무엇인가 답답하기만 한 것이 우리의 삶입니다. 그래서 용한 점쟁이도 찾아가고, 선생님과 상담도 하고, 종교생활도 합니다. 그러나 가슴이 답답하기만 하고, 단지 모든 것이 별 일 없기만을 바라는 궁색하고 초라한 욕심만이 가슴 속에 휘몰아칩니다.

그 답이 나오는 구절입니다. "빈부지도 막지탈여(貧富之道 莫之奪子)." 가난하게 사는 것은 누가 자기 것을 빼앗아가서 내가 가난한 것이라고 알고 있다거나, 내가 부자로 사는 것은 누가 내게 주어서 부자가 된 것이라고 안다면 그것은 미혹입니다. 정말 사실입니다.

그리고 "교자유여 졸자부족(巧者有餘 拙者不足)"이라. 세상의 이치에 맞게 교묘하게(교묘하다는 말은 나쁜 의미가 아니라 정밀하고, 세밀하고, 꼼꼼하게 베틀의 날줄과 씨줄이 딱 들어맞는다는 의미입니다) 행동하면 부유하게 살 것이고, 세상의 이치를 잘 몰라 제멋대로 살거나, 졸렬하게 자기 입장대로 세상의 이치를 알면 부족하게 살 수밖에 없다는 것입니다. 그래서 미혹함을 바꾸어 깨달음을 얻는 것이 이 〈화식열전〉에서 사마천이 우리에게 이야기하는 핵심입니다. 그러나 여기에 비밀스런 가르침이 있습니다. 바로 부자와 교자 사이에 나오는 '이(而)'라는 글자입니다. 다음 뒷부분의 원문에서 잘 살펴보시기 바랍니다.

《周書》日(주서왈) : 주서에 이르기를

農不出(농불출) : 농부가 농산물을 산출하지 않으면

則乏其食(즉핍기식) : 식량을 얻을 수 없게 되고

工不出(공불출) : 공인이 물건을 만들어 내지 않으면

則乏其事(즉핍기사) 일에 사용할 도구를 얻지 못하게 된다.

商不出(상불출) : 상인이 나서지 않으면

則三寶絕(즉삼보절) : 3보가 다 끊어지고

虞不出(우불출) : 우인이 자기가 산출한 물건을 내어놓지 않으면

則財匱少(즉재궤소) : 재화가 부족해지고

財匱少(재궤소) : 재화가 부족해지면

而山澤不辟矣(이산택불벽의) : 산택은 다시 개간되지 않는다.

　이것은 우리에게는 너무나 당연한 이야기이지만, 마르크스 엥겔스의 이론을 잘못 계승한 공산주의와 사회주의는 '배분'에 문제가 있다고 보고 혁명을 한 것입니다. 혁명이나 개혁은 역사발전에는 필수적입니다. 설사 그것이 옳지 않은 방향이라고 할지라도 말입니다. 해마다 태풍이 몰아치면 그 태풍이 제주해역에서 우리나라로 오는지 일본으로 가는지 서해바다를 거쳐서 중국으로 가는지가 궁금합니다. 그리고 태풍이 몰아치면 수많은 가옥이 파손되고 남해안에서 양식업을 하시는 분들은 자식처럼 키운 농사밑천이 다 날라 갔다고 한숨을 푹푹 내쉬면서 말씀합니다. 그렇지만 그 태풍을 목이 빠지게 기다리는 사람들도 있습니다. 태풍이 몰아치면 많은 피해가 생기기도 하지만 그 반대의 엄청난 이득이 있습니다. 남해안의 적조 현상과 양식장의 먹이 찌꺼기가 퇴적되어 바다가 썩기도 하는데, 그때 태풍이 몰아쳐서 모든 것을 뒤집어 버리고 흩어버리면 손 하나 안대고 바다를 싸악 청소하는 것입니다. 경제적으로 수조원의 이득이 있습니다. 특히 2008년, 2009년처럼 태풍이 오지 않아서 가슴앓이한 정부당국자들 중에서 어디 가서 말도 못하고 하늘만 바라보는 분도 계실 것입니다.

　사람들의 인체도 그렇습니다. 한국 사람들이 잘못하면 옻 중독이 됨에도 불구하고 옻닭이나 옻 보신탕을 먹는 것은 체내에 쌓인 노폐물들을 토

사곽란으로 화아악 뒤집어서 청소하는 의미도 있습니다. 이것은 공산주의 혁명이건 군부 쿠데타건 마치 복식부기의 차변과 대변이 양립하듯이 나쁜 점도 있지만 좋은 점도 있다는 것이 이 자연의 법칙입니다. 공산주의 실험 100년은 농부를 보고 어느 농작물을 재배하라고 지시하고, 공장에 어느 물건을 몇 개 만들라고 지시하고, 가게나 상점에 어느 물건을 몇 개 가져다 놓고 팔라는 식이었습니다. 그렇게 하니 그 결과는 '나라가 망하더라'였습니다. 어느 정도까지는 공산주의 계획경제가 작동하지만 어느 순간 인간의 욕망이 발현되면 성인군자가 아닌 다음에야 자기에게 이득이 되지 않는 일을 열심히 하지 않기에 그렇습니다. 이러한 이론은 영국의 아담 스미스에 의해서 시장에는 '보이지 않는 손'이 작동을 해서 정부가 이래라 저래라 하고 개입하지 않아도 자동으로 시장 메커니즘이 작동한다고 주장하였습니다. 그 이야기를 사마천이 이미 2,100년 전에 한 것입니다. 농부가 생산하지 않으면 먹을 것이 없어지고, 공인이 물건을 만들지 않으면 기구가 없어지고, 상인이 물건을 유통시키지 않으면 지역적으로 먼 곳에 떨어진 사람들은 물건을 구할 수 없다는 것입니다. 더구나 산이나 강이나 호수나 바다 같은 사람이 살지 않는 곳에서 자라나고 인간에게 필요한 물건들은 우인들이 제공하지 않으면 구경조차 못하게 된다는 것입니다. 그렇게 되면 동물처럼 있으면 먹고 없으면 굶는 생활을 해야 한다는 것입니다.

이러한 자본주의 이론은 점차 발달되어 19세기에 그 꽃을 피우게 됩니다. 그러나 이 세상의 이치를 어설피 아는 껍데기만 부자인 항상 부족해하는 빈자(貧者)들과 권력자들이 탐욕의 화신이 되어 그들만의 리그를 만들어 모든 것을 독식하고 결국은 독점·과점 기업으로 발전하여 동물들처럼 약육강식의 경제 환경을 만들게 되니 내 것을 저 사람들이 빼앗아 가서 내가 이렇게 되었다는 생각을 사람들이 하게 됩니다. 그래서 혁명이 일어나기도 하고, 미국처럼 스스로 그 거품풍선이 터져서 다시 균형으로 돌아오는 것입니다. 그 결과 인간의 욕망을 법과 규율로서 통제하는 독과점 금지법이라든지 최저임금제, 아동착취금지법 같은 것을 만들어 내게 됩니다. 이것이 역사발전입니다. 그러나 〈화식열전〉을 공부하시는 분들이 그래도 잊지 말아야 하는 것이 있습니다. 탐욕스런 기업가들이 설사 가난한 사람들 것을 빼앗아 간다고 하더라도 그것은 우주의 법칙으로 볼 때는 일시적이라는 것입니다. 태풍에 의하건, 혁명에 의하건, 규제에 의하건 남의 것을 빼앗은 것은 다 토해 놓게 되어 있는 것이 우주의 법칙입니다. 그리고 설사 내 것을 누가 빼앗아 갔더라도 그것은 일정 시간이 지나면 다시 내게로 돌아올 수밖에 없다는 것도 우주의 법칙이라는 것이 〈화식열전〉의 가르침입니다. 그러면 우주의 법칙이 제자리로 올 때까지 나는 바보같이 힘들어도 가만히 나무 밑에 앉아서 감 떨어지기만을 기다리면서 입 벌리고 있으란 말이냐 하면 절대로 그렇지 않습니다. 우주의 법칙은 인간의 법칙, 자연의 법칙, 물질의 법칙이 같이 작동하기에 인간의 법칙으로 그 불균형 상태를 균형 상태로 만들 수 있습니다. 그리고 그렇게 하셔야 합니다.

이 인간의 법칙을 잘 활용한 사람이 〈화식열전〉에서는 범려(范蠡)와 백규(白圭)입니다. 다시 말하면 위에서 언급한 새끼줄과 뱀의 비유에서처럼 인간은 두 가지 부류가 있습니다. 새끼줄을 뱀으로 착각하여 자신이 놀랐다고 해서 새끼줄을 탓하고, 새끼줄을 집어 던지고 발로 찹니다. 이처럼 세상의 이치에 어두운 졸자들은 어떤 잘못을 환경이나 대상 탓으로 돌립니다. 그래서 환경을 바꾸려고 하고, 대상을 가르치려 하고, 주변을 가르치고 훈계하려고 합니다. 이런 사람들은 범부 중생이라고 합니다. 반면에 세상의 이치를 아는 교자들은 새끼줄을 뱀으로 본 자기 자신과 경험과 학식을 문제 삼고, 자신을 변화하려 합니다. 이런 사람들을 교자들 중에서도 격이 다른 사람이라고 합니다. 격이 다르다는 것은 세상과 자연과 물질과 인간을 보는 관점이 다른 사람들입니다. 밖 보다는 안을 보고, 가까이 보다는 멀리 보고 아래 보다는 위를 봅니다. 남의 눈에는 안 보이지만 돈의 길이 보이고, 장사의 길이 보입니다. 마치 바둑의 고수가 3개 내지 5개의 돌을 올려놓는 것만 보고서도 상대의 실력을 파악하듯이, 5분만 이야기하면 상대의 수준과 안목과 같이 할 사람인지 자기의 이익을 위해서 배신할 사람인지 다 알게 됩니다. 일정 시간만 관찰하면 언제 무슨 일로 돈을 벌고, 군대를 일으키고, 나라를 세우는지 다 압니다. 또 어떻게 해야 사람들이 모이고, 어떻게 하면 사람들이 흩어지는지 다 아는 것입니다. 그뿐만 아니라 천시(天時)라고 하여 나아갈 때와 물러설 때도 다 알게 됩니다. 이러한 것을 모르는 사람들이 의욕만으로 사업을 하고, 욕심으로 동업을 하고, 아들과 딸을 주고받아 사돈을 맺어 혈연관계의 끈을 만들어가며 일을 도모하지만 성공하는 사람은 거의 없다고 해도 과언이 아닐 것입니다. 문제는 전미개오라! 역시 미혹함을 벗어나 밝은 지혜를 가지시는 것이 중요합니다. 세상을 산다는 것은 어떤 의미에서는 참으로 어려운 일인 지도 모르겠습니다.

자연의 법칙이라는 것은 하늘, 땅, 인간의 관계를 말합니다. 고대 인도에서는 지구상의 모든 물질의 원소는 지·수·화·풍 4가지로 구성되어 있다고 하였습니다. 그렇게 구성되어 있는 것이 인간에게 작동할 때는 거꾸로 풍 – 수 – 지 – 리로 작동한다는 것입니다. 바람이 불면 물길이 바뀌고 물길이 바뀌면 지형인 땅이 바뀌고, 땅이 바뀌면 세상의 이치가 바뀐다는 것입니다. 그래서 하늘의 달이나 행성이나 북두칠성을 비롯한 별의 움직임을 관찰하였고, 특히 목성과 토성 같은 지구에 큰 영향을 미치는 별들을 관찰하였습니다. 그 행성들이 공기를 움직이면서 같이 움직이고 있는 지구와의 사이에 공기의 밀도로 인해 바람을 만들고 그 바람이 비를 몰고 오고 그 영향으로 지구의 땅이 비옥하기도 하고, 또 가물어서 황무(荒蕪)하여 지구상의 생산물에 영향을 미치고 사람들의 경제활동에 영향을 미쳐 인심과 민심을 만들어 간다는 것이 자연의 법칙입니다.

이 자연의 법칙 하에서 사람들의 성질과 습속에 따라 너그럽기도 하고 잔혹하기도 하고, 착하기도 하고 나쁘기도 하고, 양보하기도 하고 빼앗기도 하는 인간사의 일들이 생겨납니다. 그러다가 보면 잘 사는 사람과 못 사는 사람, 건강한 사람과 아픈 사람이 생기게 되고, 그 개인의 상황에 따라 항상 남의 것을 탐하거나 남의 것을 받으려고 하는 부족한 사람이 생기고, 남에게 무엇을 주려고 하고 베풀려고 하는 덕 있는 사람들이 생깁니다. 이런 것을 집중적으로 가르치는 것이 공자님, 맹자님 같은 유학자들이었습니다. 그러나 인간의 법칙이라는 것은 첫 머리의 노자의 말처럼 욕망이 말처럼 뛰놀기도 하기에 절제·겸양·양보 등이 필요하고, 그것이 선·악으로 발전합니다. 그래서 종교라는 것이 생기는 것입니다. 그렇지만 인간의 마음이라는 것이 풍·수·지·리의 영향을 받는 것이기에 겉으로는 인의를 이야기하는 유가(儒家)들도 속으로는 자연과학의 핵심인 오행론자였다는 사실을 아시나요? 사마천의 《사기》도 오행론의 개념을 잡지 못하면 글은 읽되 뜻을 취하지는 못하는 것입니다.

마지막으로 물질의 법칙이라는 것입니다. 자연의 법칙도 좋고 인간의 법칙도 좋습니다. 그러나 아무리 명당에 집을 짓고 산다고 해도, 옆에 원자력 발전소가 들어선다던지, 혹은 대규모 축사가 생겨 온갖 냄새와 소리가 끊는다면 인간의 본성도 바뀌게 됩니다. 인간은 항상 변화하고 적응하며 살아가는 생물이기 때문입니다. 혹은 100층짜리 건물이 들어서거나 산을 헐어 커다란 마을이 들어서면 바람의 방향이 바뀌고, 바람이 바뀌면 날아드는 새와 공기도 미세하게 달라집니다. 공기의 밀도도 달라집니다. 그래서 물질의 법칙 하에 자연의 법칙, 인간의 법칙이 다 바뀌게 되는 것입니다. 이렇게 항상 바뀐다는 것이 세상 이치입니다. 세상 이치에서 빠질 수 없는 것은 태극(太極)입니다. 태극은 음(陰)과 양(陽)으로 되어 있습니다. 남자는 양이고 여자는 음이라고 하지만, 한자로 표시할 때는 '음양'이라고 하여 항상 음이 양보다 먼저 나옵니다. 그것은 음의 영향이 양의 영향보다 더 크고 근본적으로 작동하기 때문에 그렇습니다. 사실 범려는 목성을 관찰해서 돈을 모은다고 하지만 백규는 목성의 음인 태음을 이용해서 돈을 법니다. 그래서 그는 돈 버는 법을 가르쳐 줄 수 없다고 한 것입니다. 여하간 음이라는 글자는 파자를 해보면 '지금은 구름 속에 숨어 있어서 아직 드러나지 않았다'라는 의미이며, 양이라는 글자는 '항상 변한다'라는 뜻이고 '쉽게 바뀐다'는 말이기도 합니다. 이 세상의 어리석은 사람들은 밖으로 드러나는 것으로 모든 것을 판단합니다. 그러나 인간의 첨단과학이 안다고 하는 지구는 사실 아는 것은 표피 5%에 불과하고, 보이지 않는 상태에서 지진이 일어나고 화산이 터지고 해일이 일고 태풍이 몰아치는 등 우리가 모르는 것이 95%라는 사실입니다. 이 세상의 이치도 그렇습니다. 밖으로 드러나는 양이 5%이고, 아직 구름 속에 숨어서 그 실체가 드러나지 않은 음이 95%입니다. 신문이나 방송 혹은 책으로 보고 들고 한 모든 것들처럼 활자로 표현되고 글자로 적혀진 것은 다 양의 세계입니다. 그것을 액면 그대로 믿으신 결과가 오늘날 당신의 모습이라고 생각하시면 그것이 그동안 잘못 살아왔던 인생의 문제점을 찾는 정답일 것입니다. 오늘날 저의 모습은 제가 원하던 모습이 아닙니다. 제가 원하지 않았는데 오늘날 제가 이렇게 된 것은 겉으로 드러나는 5%의 양의 모습만 보고 모든 것을 결정하고 따라 했기 때문이라고 생각합니다. 이제는 드러나지 않은 안을 보시는 공부를 저와 같이 해보시기를 바랍니다.

此四者(차사자) : 이 4가지는

民所衣食之原也(민소의식지원야) : 사람들이 먹고 사는 것의 원천이며

原大則饒(원대즉요) : 근원이 많아지면 풍요로운 것이고

原小則鮮(원소즉선) : 근원이 적어지면 궁핍하게 되는 것이다.

上則富國(상즉부국) : 위로는 나라를 부강하게 하고

下則富家(하즉부가) : 아래로는 가정을 부유하게 한다.

貧富之道(빈부지도) : 부자와 가난함의 이치는

莫之奪予(막지탈여) : 누가 주거나 빼앗는 것이 아니다.

而巧者有餘(이교자유여) : 그럼에도 불구하고 세상의 이치에 교한 사람은 여유롭고

拙者不足(졸자부족) : 세상의 이치에 졸한 사람은 부족하게 사는 것이다.

여기서 중요한 글자는 '이(而)'입니다. 부자라고 다 여유가 있는 것이 아니고, 가난하다고 다 부족하게 사는 것이 아닙니다. 여기서 '이(而)'는 '그럼에도 불구하고'의 뜻입니다. 이 부자와 가난한 자는 누가 만들거나 빼앗아 갈 수 없듯이 운명적으로 타고나기도 하지만, 부자 중에는 항상 부족해 하는 부자가 있어 사실은 가난한 빈자도 많습니다. 그러나 항상 여유 있고 풍족한 교자는 세상의 이치만 터득하면 누구나 가능하다는 것입니다. 그래서 드디어 교자와 졸자라는 단어가 구체적으로 나오는 부분입니다.

교자(巧者)라 함은 생각이 정교하여 세상의 이치에 공교하고 심지어 교묘하기도 한 사람입니다. 여러분들을 교자로 만들어드리기에 앞서 다음 질문을 드리겠습니다.

[질문 1] 누가 내게 돈을 주면 나는 부자가 되고, 누가 내 돈을 빼앗아 가면 나는 가난해지는 것이 상식인데 왜 '빈부지도 막지탈여'라고 하나요?

[질문 2] 돈이라는 물질을 담는 용기는 무엇일까요?

[힌트] 누구나 돈을 좋아하고 갖고 싶어 합니다. 그런데 이 세상의 모든 물질은 기체와 액체, 그리고 고체 중의 한 가지 형태를 취하고 있습니다. 돈은 어느 형태를 가지고 있을까요?

이것을 아셔야 합니다. 돈도 이 자연계에 존재하는 물질입니다. 물질은 기체나 액체나 고체를 담는 용기가 그 존재양식에 따라 달라진다는 사실을 아셔야 합니다.

자, 이제 시작할까요? [질문 1]에 대한 답입니다. "빈부지도 막지탈여"라고 했습니다. 자연의 이치에서 말씀 드렸듯이, 부자는 큰 부자와 작은 부자가 있고, 부자는 대차대조표의 부채와 자기자본의 합계인 자산이 선대(先代)에서부터 내려와 자기 대에까지 유지되는 사람이라고 정의해 보겠습니다. 그리고 교자는 손익계산서상의 부자이며 자기가 벌어들인 수익이 자기가 쓴 비용보다 많은 사람을 말합니다.

부자(대차대조표)

대차대조표

자산		부채	
현금 및 현금등가물	1,000,000	외상매입금	4,000,000
외상 매출금	5,000,000	단기 차입금	2,000,000
재고자산	5,000,000	미지급 세금	500,000
		유동성 장기부채	500,000
유동자산 합계	11,000,000	유동부채 합계	6,500,000
유형자산	9,000,000	장기 차입금	5,000,000
기타 고정자산	1,000,000		
자산 총계	21,000,000	부채 총계	11,500,000
		자본금	7,000,000
		당기 순이익	2,000,000
		자본 총계	9,500,000
		부채와 자본총계	21,000,00

대차대조표

자산(나, 지금 이런 것 가지고 있어요)	부채(사실은 빌린 돈도 있어요)
돈도 있어요	빨리 갚을 돈
통장도 있어요	주어야 할 돈
차도 있어요	외상으로 샀어요
투자도 했어요	자본(이것은 정말 내 돈이에요)
건물도 있어요	처음부터 내 돈이에요
받을 돈도 있어요	그동안 모아 둔 돈이에요

손익계산서

매출액	10,000,000
매출원가	5,000,000
매출총이익	5,000,000
판매관리비	2,500,000
세금	500,000
순이익	2,000,000

손익계산서 (기간 2011년 1월 1일부터 12월 31일)

매출액	나 이만큼 팔았어요
− 매출원가	원가는 이만큼 들었어요
매출총이익	장사해서 번 돈입니다
− 판매관리비	그러나 직원월급, 사무실 임대료 등이 들었어요
영업이익	실제 장사해서 번 돈입니다
+ 영업 외 수익	본업 말고 부업에서도 벌었어요
− 영업 외 비용	부업하는데 돈을 이만큼 들었어요
경상이익	항상 이 정도는 벌어요
+ 특별이익	갑자기 횡재수가 있기도 해요
− 특별손실	손재수도 있네요
세전이익	세무서에 이 금액 신고 해야죠
− 세금	세금도 내야죠
당기순이익	신난다. Net로 번 돈입니다

회계학적으로 대차대조표는 특정일 현재의 자산과 부채의 변동상황을 말합니다. 반면에 손익계산서는 일정기간 동안의 수익과 비용의 변동현황을 말합니다. 그리고 손익계산서상의 수익과 비용의 원천이자 근본은 모두 대차대조표의 자산과 부채와 자본으로 인하여 발생하는 것입니다. 그러나 큰 부자들은 주의해야 할 것이 있습니다. 대차대조표상의 자산은 감가상각이 되어 시간이 지나면 없어지기도 하고, 또 이번 삶의 기간 동안 활용하지 못하는 경우도 있습니다. 그리고 경우에 따라서는 대손상각이라고 해서 자산이 없어져 버리는 경우도 있습니다. 쉽게 이야기해서 아무리 묵은 재산이 많다고 해서 부지런히 공부하고 노력해서 현금화시키지 않으면 무수익자산이라고 해서 아무 쓸모가 없는 경우도 많습니다.

반면에 손익계산서는 이번 생애 동안 발생하는 수익과 비용이기에 상당한 순발력과 노력과 부가가치 창출과 무에서 유를 만들어내는 창의력으로 얼마든지 확대할 수 있습니다. 물론 지나친 과욕이나 탐욕, 무지함이나 어리석음과 게으름으로 엄청난 손해를 볼 수도 있습니다. 손익계산서상의 당기순이익을 만들기 위해서는 대차대조표의 자산을 활용해야 한다고 했습니다. 그러나 이번 삶에서 벌어 이번 삶에서 사용하면 회기말 손익계산서상에 당기 순이익이나 당기 순손실을 남기지 않고도 얼마든지 수익과 비용을 만들 수도 있는 것입니다. 예를 들어 죽어서 자손한테 남겨주겠다는 생각만 버리면 대차대조표처럼 선세의 복덕이 없더라도 100억을 벌어 100억을 쓸 수도 있고, 1조를 벌어 1조를 기부할 수도 사용할 수도 있다는 말입니다. 그것이 손익계산서입니다. 대차대조표상의 부자는 절대로 누가 주거나 누가 빼앗아 갈 수 없습니다. 준다고 해서 부자가 되는 것도 아니고, 빼앗아 간다고 해서 가난해지는 것이 아니라는 사마천의 이야기는 우주의 법칙과 꼭 맞아떨어집니다. 예를 들면 사람들에 따라서 저 사람이 내 것을 빼앗아 가서 저 사람은 부자가 되었고, 나는 내 것을 빼앗겨서 가난을 면치 못한다고 생각할 수도 있습니다. 물론 그렇게 보이는 경우도 있습니다. 그러나 빼앗아 간 사람이 가져간 것이 원래 그 사람 것일 수도 있고, 원래 그 사람 것이 아니라면 다시 토해낼 수밖에 없는 상황이 그에게 일어납니다. 이 세상의 일은 자기 고무줄 길이만큼 탄력적이지 못합니다. 돈이건 권력이건 명예건 건강이건 자기 고무줄 길이 보다 길게 잡아당길 수는 있습니다. 그러나 일정 시간이 지나면 그 고무줄은 다시 제 자리로 돌아갑니다. 그뿐만 아니라 너무 욕심으로 심하게 잡아 다니면 그 고무줄이 끊어져 버리기도 하고, 한번 당긴 만큼 그 고무줄은 탄력성이 없어져서 원래보다 흐물흐물해 집니다. 그래서 빼앗아 가더라도 토해내고 자기의 원래 길이로 돌아갑니다. 빼앗겼다고 생각하는 사람도 빼앗긴 것이 원래 자기 것이 아닌데 자기 것으로 착각하고 있는 경우도 많고, 또 자기 것이면 자기에게로 다 돌아오게 되어 있습니다. 그 이유는 인간도 자연의 이치를 벗어나지 못하고, 돈도 자연의 이치를 벗어나지 못하기에 그러합니다.

[질문 2]에 대한 답입니다. 돈은 자연의 물질입니다. 힌트에서 말씀 드렸듯이 이 자연의 모든 물질은 기체와 액체와 고체의 형태로 밖에 존재하지

못합니다. 사실 사람도 기체와 액체와 고체의 형태로 존재한다고 설명드릴 수 있습니다. 아버지의 정자와 어머니의 난자에서 태어난 우리는 액체의 형태로 시작합니다. 어머니 뱃속에서도 거의 액체로 있는 것이나 다름없습니다. 그러다가 출생을 한 다음 다시 고체의 상태로 살아갑니다. 그리고는 죽음을 맞이하면 기체의 형태로 돌아갑니다. 영혼이라든지, 귀신이라든지, 영가라든지 하는 것을 굳이 표현하자면 기체라고 밖에 표시할 방법이 없습니다. 사람 몸도 그렇고 이 지구상에 존재하는 모든 물질계가 다 그렇습니다. 당연히 돈도 그러합니다. 돈은 기체로 존재할 때도 있습니다. 그래서 어른들이 돈은 바람과 같다고도 하고, 날아다니는 것이어서 눈에 보이지 않는다고도 이야기하곤 합니다. 돈은 액체로 존재하기도 합니다. 그래서 돈이 물처럼 흘러 다닌다고도 하고, 증권시장과 외환시장, 자금시장 같은 곳에서는 돈이 액체로 존재합니다. 큰 파도·작은 파도, 큰 흐름·작은 흐름이 끊임없이 이어집니다. 시장에서도 그러합니다. 이때는 돈이 보이기도 하고 안 보이기도 합니다. 그러나 눈 밝은 사람들은 물길과 돈의 흐름을 찾아내기도 하고, 보기도 합니다. 그리고 돈은 고체로 존재하기도 합니다. 집이나 상가, 밭 등의 부동산이나 골동품, 보석 등이 그러합니다. 이 기체, 액체, 고체를 담을 수 있는 것은 그릇입니다. 그리고 돈을 담는 그릇은 바로 인간입니다. 여기에 답이 있습니다.

다양한 그릇들

    위의 그림에서 보시다시피 그릇의 크기에 따라 담을 수 있는 양이 달라집니다. 사람은 인체라는 그릇에 호흡이나 담배 등을 통하여 기체를 담기도 하고, 술이나 물처럼 액체를 담기도 하고, 기타 음식물 등을 통하여 고체를 담기도 합니다. 어떤 사람은 많이 담기도 하고 어떤 사람은 조금 밖에 못 담기도 하고, 어떤 사람은 전혀 담지 못하기도 합니다. 그리고 인체는 먹기도 하지만 배설도 합니다. 배설하지 못하면 죽는 것입니다. 그래서 몸에 남아있는 것은 일정합니다. 돈도 그렇습니다. 아무리 많이 담으려고 해도 일정수준이 넘거나 일정시간이 지나면 다 나가 버립니다. 오래 머물게 하고, 많이 담으려면 그릇을 키워야 합니다. 혹은 그릇의 재질이나 크기를 변형시켜야 합니다. 그래서 부자와 가난함은 누가 주거나 빼앗는 것이 아니라고 하는 것입니다.

그런데 사마천이 그 다음에 아주 중요한 이야기를 합니다. "교자유여 졸자부족." 그것이 바로 교자는 여유 있게 살고, 졸자는 부족하게 산다는 구절입니다. 교자는 여유 있게 산다고 하였는데, 이 교자는 세상의 이치에 교묘하게 처신하는 사람 정도라고 이해하시면 좋습니다. 그리고 이 교자들은 고체 상태의 돈이나 액체 상태의 돈을 구하거나 원하는 사람이 아닙니다. 교자들은 기체 상태의 돈을 버는 사람입니다. 그리고 일정한 상태의 액체와 고체로만 소유하고 나머지는 다시 자연으로 돌려보냅니다. 가질 수도 없고 담을 수도 없으며, 가지려고 했다가는 인체라는 그릇이 깨지거나 다치거나 한다는 것을 너무나 잘 알고 있습니다. 그래서 〈화식열전〉의 두 영웅인 범려와 백규는 엄청나게 벌고 다 나누어 주고 가는 사람입니다. 자식에게는 자식의 그릇만큼 밖에 줄 수 없다는 우주의 이치, 세상의 이치를 다 아는 사람들입니다. 결국 〈화식열전〉은 기체 상태의 돈을 잘 벌어 잘 쓰고, 손익계산서상의 부자인 교자가 되어, 그것도 회기말 장부에 남지 않게 왕창 벌고 왕창 쓰다가 가는 멋진 삶의 이정표를 우리에게 제시하는 것입니다. 18평 아파트에 살면 어떻고, 20년 된 자동차를 타고 다니면 어떻습니까? 1억 쓸 일이 생기면 1억을 벌고, 10억 쓸 일이 생기면 10억을 벌고, 1000억 쓸 곳이 생기더라도 1000억을 버는 방법을 아는데 어찌 이 사람이 대차대조표상의 자산이 적다고 가난한 사람이라고 하겠습니까? 그래서 사마천은 교자는 여유가 있다고 하는 것입니다. 어쩌면 풍족(豊足)이라는 말이 더 맞는 표현일지도 모릅니다. 반면에 100억이 있어도 200억 가진 친구나 다른 사람이 부러워서 100억을 어떻게 마련하나, 나는 어떻게 100억을 벌

지, 어디다가 투자하지 하며 끙끙대고 고민하거나 200억 될 때까지는 여행
도 안 가고, 외식도 안 하고 알뜰살뜰 모으기만 한다면 그런 사람은 졸자이
며, 마음도 부족하고 생각도 부족하고 돈도 부족한 사람이라서 가난한 사
람이라는 것입니다.

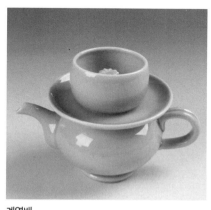

계영배

옆의 그림을 잘 보아 주십시오. 이
그릇에 인생의 비밀이 담겨 있습니
다. 뒤에 나오는 제나라 환공의 계영
배(戒盈杯) 이야기입니다. 제나라의
계영배는 잔의 7할 이상을 채우면 잔
이 저절로 비어진다는 '가득 채움을
경계하는 잔'이라고 알려져 있습니
다. 이 계영배는 조선시대의 도공 우
명옥이 술과 여자로 일생을 탕진하고 인생의 진리를 깨달아 자신의 운명
을 미리 지적해준 스승의 말씀을 말년에야 알아듣고 반성과 회한으로 만
들었다고 합니다. 조선시대의 거상 임상옥이 이 술잔을 깨트렸을 때 도공
우명옥의 숨도 같이 끊어졌다는 전설이 있습니다. 혼신을 바쳐서 만든 계
영배와 인간의 목숨이 공존한다는 것이 세상의 이치이건만, 이것을 지어
낸 이야기로 보는 것이 우리 보통사람들입니다. 이 계영배는 술이라는 액
체 70%와 30%의 기체가 같이 담기는 것입니다. 그래서 그릇의 크기를
알고 자각해야 하며, 70%만을 채우는 것이 분수를 안다고 하여 지분(知

分)이라고 합니다. 그리고 열심히 최선을 다하여 그 70%를 다 채우는 것이 자기분수를 다한다고 하여 만분(萬分)입니다. 그리고 이 70%를 넘지 않도록 과욕을 부리지 않는 것이 분수를 지킨다 하여 수분(守分)이라고 합니다. 보통 기독교에서도 "오른손이 한 일을 왼손이 모르도록 하라!"고 가르치며, 유교에서도 "몸으로 지은 복과 행으로 닦은 덕을 입으로 까먹지 말라!"고 가르칩니다. 불교에서도 무주상보시(無住相布施)라고 하여 내가 이런 일을 하였다는 생각을 버리는 것이 진짜 보시라고 가르칩니다. 이 이야기를 어느 연세 드신 분한테 했더니 정말 재미있는 이야기를 해주셨습니다. 6.25 당시 인민군이 남쪽으로 내려와서 친일 지주들을 처단한다며 인민재판을 했다고 합니다. 당시 한국의 산업은 농업이 70%이고 그 중에서 80%가 소작농으로 소작 소출비율이 50:50이었는데 소작농에게 70%를 주고 지주는 30%만을 받았던 사람들은 인민재판에서 다 살아남았다는 것입니다. 그러면서 저보고 "버는 돈의 30%는 좋은 일을 해라. 그런데 모르게 하지 말고 이름을 드러내서 알리고 해라!"고 말씀하신 기억이 납니다. 물론 모르게 하는 선행은 남도 알 필요가 없는 마당에 남에게 알린다는 것은 아무런 의미가 없기에 1원이건 10억이건 1000억이건 같은 것입니다. 계영배의 3할과 그 분의 30%가 묘하게 일치해서 아직도 그 말씀이 기억에 남지만 실천을 하지는 못하고 있습니다.

문제는 이 비어 있는 30%가 무궁무진한 우주의 진리와 같은 몸이라는 것입니다. 그것이 기체 상태의 돈입니다. 제 경험으로 이 기체 상태의 돈은 나갈 곳을 미리 정하면 자연히 들어옵니다. 그런데 사람들은 돈의 정체를 몰라서 그릇은 키우지 않은 채 담으려고만 합니다. 그리고 나갈 곳을 정하더라도 그 나가는 것에 대한 시각적인 이미지를 가지고 계셔야 확실하게 이루어집니다. 저는 10여 년간 이것을 이미 경험하고 있었는데, 이 이야기가 요즘 '씨크릿'이라든지, '90일 만에 100만 불 벌기', '1분 만에 만드는 100만 달러' 등의 미국 사람들이 인도의 철학과 동양의 사상, 그리고 자기들의 경험법칙으로 창안해낸 재(財)테크 이야기가 세상에 연속해서 나오기에 관심을 가지고 지켜보고 있습니다. 그런데 그 사람들은 생각이 무엇을 이루어낸다는 심상사성(心想事成)의 결과는 아는데, 그 이치는 모르는 것 같습니다. 그래서 한두 번 성공하다가 결정적 순간에 모두 잃어버립니다. 그것은 그 책의 저자들 이력에 다 나옵니다. 결국 자신이 하지 못하고 책이나 강연으로 돈 버는 생활을 합니다. 손익계산서상의 부자로 우리 조상들이 말하신 작은 부자들인데 이치를 모르고 말로만 합니다. 그 분들 이야기와 책은 사실입니다. 그렇지만 그 분들은 손익계산서상의 부자는 되었을지라도 그 돈을 지키는 방법을 몰랐기 때문에 좋은 일, 착한 일하라고 합니다. 이치는 모르더라도 그 행동이 너무나 훌륭해서 저는 그 분들을 비난할 생각이 조금도 없습니다. 이치를 알고 행하지 않는 것보다 이치를 모르더라도 행하고 계신 그 분들이 저보다 100배 이상은 복과 덕을 닦고 계시는 것이니까요. 이제 "빈부지도 막지탈여이지만, 그럼에도 불구하고(而) 교자유여 졸자부족"의 이치를 아시리라고 판단됩니다. 부자, 빈자, 교자, 졸자를 잘 이해하시기 바랍니다. 아직 이해가 안 되더라도 상관없습니다.

사마천은 지금부터 계속해서 그 이치를 실행한 사람들의 예를 역사적으로 검증해서 설명합니다.

그래서 사마천은 말합니다. 이러한 대차대조표상의 모든 자산, 부채, 자본이 인간의 이치와 자연의 이치와 물질의 이치가 합해져서 세상의 이치가 되고 우주의 이치가 되는 것이므로 농 – 공 – 상 – 우의 4가지 산업과 그 산업 종사자들이 다 잘 되면 중앙의 사 계급들도 넉넉해져서 개인이 부자가 되면 나라가 부자가 되고, 나라가 부자가 되면 다시 각 개인이 부유해진다는 것입니다. 이러한 이치를 위정자들이 제발 터득하라고 아래와 같이 이야기합니다. 서민들이나 위정자들이 다 부자가 되고 싶어 하지만, 그 부자가 되기 위해서 생산하고 만들고 유통시키고 하는 모든 것들의 실체를 보면 먹고 살자고 만드는 물건들이라는 것입니다.

5. 세상의 이치를 아는 교자(巧者)와
세상의 이치를 모르는 졸자(拙者)

이제 "빈부지도 막지탈여(貧富之道 莫之奪予) 이(而) 교자유여 졸자
부족(巧者有餘 拙者不足)"의 최종정리를 하겠습니다.

원문에서 접속사 '이(而)'가 이 문장의 핵심입니다. 이는 영어로 하면
'and', 'but', 그리고 'Nonetheless', '그럼에도 불구하고' 입니다. 사마
천은 우리에게 가난함과 부유함은 누가 준다고 해서 부자가 되는 것도 아니
고, 부유함은 누가 빼앗아가도 가난해지지 않는다고 하였습니다. 하지만
그럼에도 불구하고 교자(巧者)는 여유롭게 살아가고, 졸자(拙者)는 항상
부족하게 살아간다는 이야기를 합니다. 중요한 것은 부자가 교자가 아니고
졸자가 가난한 사람이 아니며, 부자라 여유 있는 사람이 아니고 빈자가 부
족한 사람이 아니라는 것입니다. 이것을 표로 나타내면 아래와 같습니다.
사마천의 여유 있는 사람이란 것은 불교에서 이야기하는 '마음이 부유한
사람' 이 저─얼─대 아닙니다. 재(財)와 화(貨)가 다 여유 있는 사람이라는
의미입니다.

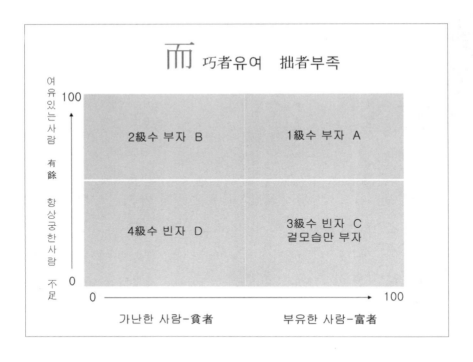

위의 그림에서 세로축은 생각이 치졸한 졸자를 0이라 하고, 생각이 교한 교자를 100까지로 놓습니다. 가로축은 가진 것이 전혀 없는 가난한 사람인 빈자가 0에서 시작하여, 가진 것이 아주 많은 부자를 100이라고 합니다. 그리고 X축 Y축은 항상 변화한다는 것을 잊으시면 안 됩니다.

먼저 칸 D는 가진 것이 거의 없으면서 세상의 이치에 졸한 사람들입니다. 이러한 사람들은 4급수에 사는 생물과 비슷합니다. 4급수에는 장구벌레, 깔따구, 거머리 등의 생물이 살고 있습니다. 이들의 특징은 자기가 살기 위해 남에게 기생을 하거나 혹은 변화하여 다른 몸이 될 때까지 잠정적으로 그렇게 있는 상태입니다. 일단 자기 목구멍이 포도청이기에 남에게 신경 쓸 겨를이 없습니다. 주로 남의 것을 빼앗아서라도 자기가 살려고 하는 존재들입니다. 전체 인구의 80% 정도는 이 4급수에 해당한다고 보아도 됩니다.

장구벌레   거머리   깔따구

　그 다음 칸 C는 세상의 이치에는 치졸하지만 가진 것은 어느 정도 있는 사람도 있습니다. 이러한 사람들은 3급수 물에 사는 생물과 유사합니다. 3급수에는 잉어, 장어, 붕어, 새우 등 살이 통통히 오르고 먹을 것이 많은 것이 특징입니다. 이들의 특징은 나름대로 고고하고 품위가 있습니다. 학창시절의 모범생, 우수 학생, 우수 사원, 고시합격생이거나, 의대·약대의 자격증으로 평생을 먹고 살겠다고 20대 이전부터 자기 인생의 행로를 정한 야무진 사람들입니다. 혹은 대기업체나 번듯한 직장에 필사적으로 들어가서 다니는 사람들입니다. 이들은 남의 것을 빼앗는 품위 없는 일은 하지 않으려고 합니다. 이들은 일단 명예가 소중합니다. 전체 인구의 20% 정도가 이 3급수 물에 사는 생물과 비슷합니다. 그러나 이 3급수 생물들

의 문제는 먹이에 약하다는 것입니다. 낚시꾼이 떡밥 등의 미끼를 사용하면 덜커덩 잘도 물어버리듯이 예상외로 먹이인 '돈'에 약한 경우가 많습니다. 좋은 학교 가고, 고시 붙고 공부 잘 하면 무엇이든지 다 되는 줄 알았는데, 실제 사회에 나와 보니 소위 체면유지비라고 하는 폼 잡고 행세하는데 필수불가결한 '돈'이 너무 없음에 당황해 버립니다. 그래서 지렁이, 새우, 그리고 떡밥 등을 보면 바보같이 덥석 물어서 인생을 망치는 경우를 정치인, 혹은 사회적으로 명망 있는 사람들을 통하여 많이 보았을 것입니다. 이 사람들은 부자가 아닌 것입니다. 항상 부족해하기 때문입니다. 결국 남들이 보기에는 부자일지는 몰라도 그것은 남들이 보는 것입니다. 3급수와 4급수는 사실 비슷하다고 보아야 합니다.

잉어

붕어

결국 무늬만 부자인 이들은 부족한 사람, 빈자입니다. 그리고 세상의 이치에 치졸한 사람입니다. 이 사람들이 가지고 있는 재산은 불교에서 말하는 3생의 화가 되는 재산입니다. 이러한 사람을 절대로 부러워하시면 안 됩니다. 부자가 아니기 때문입니다.

3생의 화(禍)라는 것은 지난 생에 이번 생처럼 살기 위해서 죽어라고 고

생했고, 이번 생에는 그것이 어떻게 자기한테 왔는지 자기도 이해하지 못하므로 없어지면 큰일 날 것 같아 죽어라고 지키느라 사람 노릇도 제대로 못하고, 그래서 그 과보로 다음 생에 다시 쌓아둔 복덕이 없어 가난하고 빈한하게 산다고 하여 불가에서는 지난 생, 이번 생, 그것도 부족해서 다음 생까지 영향을 미치는 '3생의 화가 되는 재물'이라는 표현을 씁니다. 3급수에 속하는 사람들은 부자처럼 보이지만 항상 부족하다고 생각하고 그렇게 살며 남의 것을 탐하기에 사마천이 말하는 '졸자'입니다.

그 다음 칸 B에 속하는 사람은 남들이 보기에는 별로 가진 것이 없는 것 같습니다. 그런데 돈 쓰는 것을 보면 어느 부자보다도 부족함이 없이 펑펑 씁니다. 쉽게 이야기하면 재산세나 토지세는 별로 내지 않는데 소득세와 소비세는 누구보다도 많이 내는 사람입니다. 사실 미국이나 일본에는 이러한 부자들이 많습니다. 인생을 Having Mode로 사는 것이 아니라 Being Mode로 삽니다. 필요하면 쓰고 필요하지 않으면 쓰지 않습니다. 3급수인 무늬만 부자인 사람들은 항아리에 물을 떠 놓고 퍼먹는 사람들이기에 항아리 물이 줄어드는 것에 항상 신경을 쓰지만, 2급수 교자들은 수도나 펌프가 있어서 필요하면 당겨서 쓰면 되고, 필요 없으면 그냥 땅 속에 내버려 두는 것입니다. 이것이 3급수에 사는 사람들과 다릅니다. 3급수의 사람들은 꼭 퍼다가 자기 항아리에 담아두려고 합니다. 이 2급수 교자들은 쏘가리나 쉬리나 모래무지 같은 물고기들입니다. 2급수에 사는 물고기들은 떡밥 같은 낚싯밥을 물지 않습니다. 루어 낚시에 사용하는 것처럼 반

쉬리

모래무지

짝 반짝하는 특이하고 별나고 빛나는 것을 좋아합니다.

  그렇지만 이 2급수에 사는 사람들도 결정적인 약점이 있습니다. 그것은 일반적이지 못하다는 것입니다. 그래서 자신도 모르게 다른 사람 위에 군림하려고 합니다. 자신이 다른 사람들과 현격한 차이가 남에도 불구하고, 그리고 그 목적하는 바가 아무리 위대한 것일지라도, 자기의 욕심이 그 원천이기에 이겨야 할 사람이 지기도 하고 져야 할 사람이 이기기도 하는 경우가 생깁니다. 이 대표적인 사람이 《삼국지》의 제갈공명(諸葛孔明)입니다. "모사재인(謀事在人)이나 성사재천(成事在天)이로구나!"라는 탄식이 바로 그것입니다. 그 탄식처럼 그는 인간의 이치만 따지고 땅의 이치만 계산했지 하늘의 이치를 헤아리지 못했던 것입니다. 하늘의 이치에는 잘난 사람이나 못난 사람도 없고, 3급수나 4급수라는 차별도 없는 것입니다. 위대한 인물들이 실패를 하는 것은 아무리 인간의 이치에 통달하고 물질의 이치에 통달해도 사람목숨이나 파리목숨이나 소의 생명이나 물고기의 생명이 하늘의 이치로는 같다는 것을 망각하거나 혹은 눈치 채지 못하고 심지어 무시했기에 그러한 일이 생기는 것이라고 저는 생각합니다.

그 다음 칸 A는 진짜 부자이기도 하고 교자이기도 한 사람입니다. 이 사람들은 다른 사람과는 급(級)이 다른 사람들입니다. 실제 자연에는 금강모치, 가재, 산천어 등이 이에 속합니다. 1급수 생물은 2급수에 살지 못하고, 2급수 생물은 3급수에 살지 못하고, 3급수 생물은 4급수에 살지 못하고 죽어 버립니다. 반면에 4급수 생물은 3급수, 2급수, 1급수에도 살고, 3급수 생물은 2급수와 1급수에서도 생존하며, 2급수 생물은 1급수에 와서 살 수도 있습니다. 그러나 본인들 스스로 거기에 살지 않고 다시 본래의 자기 자리를 향해 떠나갑니다. 누가 가라고 하지 않아도 자기들이 알아서 갑니다. 그 이유는 하나입니다. 자신들을 행복하게 할 자신들이 좋아하는 먹이가 없기에 그렇습니다. 그런 것을 옛 사람들은 습관의 '습(習)'이라거나, '업(業)' 혹은 '카르마(karma)'라고도 하고, 그렇게 나타나는 현상을 사람들은 '유유상종(類類相從)'이라고 합니다.

금강모치

산천어

그러나 1급수에 사는 사람들은 다른 급수의 사람들과 하는 행동은 같아도 목적이 다릅니다. 다른 사람들과 똑 같이 먹어도 취하는 영양분이 다릅니다. 이 사람들은 솔로몬 왕처럼 권력과 지혜를 다 가지고 있습니다. 불교에서 이야기하는 보살(菩薩)이기도 하고, 유교에서 이야기하는 군자(君子)이기도 하며, 우리 조상들은 '선비'라고 부르기도 하였습니다.

무릇 세상의 이치를 안다고 하는 사람이 배가 곯는다는 것은 사실 어불성설이며, 그들은 부족함이 없고 창고가 비어 있지도 않습니다. 이들은 본래 원하지 않았으나 《채근담(菜根譚)》의 가르침처럼 세상을 다스리기 위해 세상의 때에 일부러 젖는 경우도 있습니다. 그래서 세상 사람들이 욕망을 성취하는 방법 중의 하나인 투기나 투자를 하기도 합니다. 그러나 이 사람들은 투기나 투자를 하는 목적이 일반 사람과는 다릅니다. 또한 이 사람들은 여자도 좋아하고 도박도 합니다. 그러나 그 목적이 일반 사람들과는 다릅니다. 불교에서 경허(鏡虛) 스님, 만공(滿空) 스님이 고기와 술을 드시고 여자를 좋아한다고 해서 걸림이 없는 무애도인(無礙道人)이라고 하는데, 제가 생각하기에는 걸림이 없는 것이 아니라 목적이 다르다는 것입니다. 간혹 수행자 중에 걸림이 없는 무애행(無礙行)을 한다며 경허, 만공을 들먹이며 술과 고기와 이성을 가까이 하시는 분들도 계십니다. 그들은 자기는 아무 것에도 걸림이 없다고 합니다. 그러나 그 목적이 달콤함이며, 쾌락이며, 즐거움이며, 욕심이라면 그것은 무간지옥행 특급열차에 올라타신 것입니다.

이제 부자와 빈자가 우리가 아는 부자와 빈자가 아니며 사마천이 〈화식열전〉에서 이야기하는 교자와 졸자가 무엇인 줄 아셨을 것입니다. 부자와 가난한 것은 타고나는 것입니다. 그러나 재물이나 마음에 여유로운 사람이 교자입니다. 재물만이 없는 사람이 빈자이며, 재물과 세상의 이치도 모르는 사람이 졸자입니다. 교자가 되기 위해서는 세상의 이치에 밝아야 하는 것입니다. 《채근담》〈응수편(應酬篇)〉에 여러분들에게 도움이 될 아주 좋은 글이 있습니다. 응수라고 함은 '일체의 사물을 대하여 그것에 맞게 대처함'이라는 의미입니다.

思入世而有爲者(사입세이유위자) : 세상에 들어가 일을 하려는 사람은
須先領得世外風光(수선령득세외풍광) : 모름지기 세상 바깥의 요긴한 곳의 사정부터 먼저 알아야 한다.
否則(부즉) : 그렇지 않으면
無以脫垢獷之塵緣(무이탈구독지진연) : 홀로 혼탁한 세상의 때에서 벗어날 수 없다.

思出世而無染者(사출세이무염자) : 그러나 세상에 나와서 세상의 때에 물들지 않으려면
須先諳盡世中滋味(수선암진세중자미) : 먼저 세상의 맛을 깨달아야 마땅하다.
否則(부즉) : 그렇지 않으면
無以持空寂之苦趣(무이대공적지고취) : 무애자재함을 갖지 못하고 괴로움에 휩싸인다.

이 말은 세상 밖의 묘한 이치와 세상의 더러움의 때를 같이 알아야 한다는 것입니다. 이제 그렇게 사신 분들을 더듬어서 우리의 공부를 해볼까요?

6. 케이스 스터디 1 –강태공

故太公望封於營丘(고태공망봉어영구) : 태공망이 영구지방에 봉해
졌을 때

地潟鹵(지석로) : 땅은 갯벌과 염전이 많고

人民寡(인민과) : 백성의 수는 적었다.

於是太公勸其女功(어시태공권기여공) : 이에 태공망이 부녀들에게
베를 짜도록 장려하고

極技巧(극기교) : 기술을 높이 끌어올리고

通魚鹽(통어염) : 생선과 소금을 유통시키니

則人物歸之(즉인물귀지) : 사방에서 사람과 물자가 모여들었다.

繈至而輻湊(강지이복주) : 마치 엽전꾸러미에 엽전이 꿰어지듯 수레
바퀴살을 중심으로 모여들 듯했다.

故齊冠帶衣履天下(고제관대의리천하) : 그래서 제나라의 갓·띠·의
복·신발을 천하 사람들이 사용하게 되었다.

海岱之間(해대지간) : 동해와 태산 일대

斂袂而往朝焉(렴메이왕조언) : 제후들이 옷깃을 여미고 제나라에
조견하러 왔다.

강태공

　여기서 태공망(太公望)은 낚시꾼들이 좋아하는 강태공을 말하며, 그의 본명은 강상(姜尙)입니다. 그의 선조가 하(夏)나라 우(禹)임금 당시에 여(呂)나라에 봉해졌으므로 다른 역사책에는 여상(呂尙)이라고 불리기도 했습니다. 주나라 문왕(文王)이 서백이라는 이름으로 천하를 주유하던 시절에 그의 스승이 되었고, 하늘과 땅과 사람의 이치를 알게 되면 천하를 얻는다고 주장하여, 서백의 아들인 무왕(武王)을 도와 상(商)나라 주왕(紂王)을 멸망시켜 천하를 평정하였으며, 그 공으로 고향인 영구지역의 제(齊)나라 제후에 봉해져 그 시조가 되었습니다.

　용병술과 용인술로 유명한 병서(兵書)인 《육도삼략(六韜三略)》의 저자로 알려진 강태공의 애칭이자 별명인 태공망은 무왕이 자신의 아버지인 태공(太公)이 바라던 인물이었다고 증언하였기에 그렇게 불렀다고 전해집니다. 동해(東海)에 사는 가난한 어부였는데, 요즘의 황혼 이혼처럼 72살 무렵에 평생을 남편이 돈 벌어 오기를 기다리다가 결국 아내가 집을 나갔다고 전합니다.

　낚시꾼 강태공은 고기를 잡는 것이 목적이 아니라 자신을 알아줄 주인을 잡기 위해 낚시를 하며 천시(天時)를 기다린 것이기에 잡은 고기를 그냥 놓아주었는데, 그의 아내는 그가 너무 허송세월만 보내는 것을 보고 그를 두고 도망갔습니다. 그가 후에 왕이 되어 돌아오자 집 나간 부인이 돌아와 같이 살자고 하였는데, 물을 엎은 뒤에 그 물을 다시 담으면 데려가 주겠다고 말하며 부인을 쫓아 버렸다고 합니다. 72살 경에 집을 나가 80에 천하를 재패하고 돌아온 강태공의 후손이 아직도 중국에 있다며, '팔십 먹은 노인이 어떻게 자식을 두었을까?' 하는 것이 무척이나 궁금하셨던 고우영 선생님이 생각나는 대목입니다.

실제로 강태공은 천·지·인을 다 알았는지 사람 수는 없고 황폐한 발해만의 바닷가로 와서 '人民寡(인민과)' 한 지역에서 나라를 세웁니다. 여기서 과(寡)는 '적다', '부족하다'의 의미로 '사람의 수가 적었다'는 뜻입니다. 그런데 그 땅이 소금기가 많아 '地潟鹵(지석로)'라고 했습니다. 석(潟)과 로(鹵)는 '개펄', '소금'을 말합니다. 후대 일본의 도쿠카와 이에야스처럼 먼 곳으로 강제 이주당한 것이 아니라 고향이기에 그 지역에 봉해졌다고 합니다. 그러나 그곳의 지형지물을 이용하여 나라를 크게 이루고 나니 사람과 돈이 구름처럼 몰려들어서 한 도시가 생겨나고, 그 문화가 전 중국을 덮었다는데 사마천은 이 역사적 상황을 '繦至而輻湊(강지이복주)'라고 참 재미있게 묘사하였습니다.

'강지이복주(繦至而輻湊)'에서 강(繦)은 포대기, 돈 꾸러미를 의미하며, 주(湊)는 모인다는 뜻으로 돈 꾸러미가 모여드는 것이 마치 바퀴살이 살통으로 모여드는 것과 같다는 의미입니다. 여기서 바퀴를 비유하는 것은 문명사에 있어서 바퀴를 사용한 민족과 바퀴를 사용하지 않은 민족 간의 문명의 차이가 너무나 현격하게 벌어지는 경우가 많아서인지 노자의《도덕경》에서도, 사마천의《사기열전》중 이곳 〈화식열전〉에서도 바퀴와 바퀴살이 등장합니다.

현대 물류산업과 유통산업에서 point-to-point의 단선적 수송개념만이 존재하던 1960년대에 예일대학의 프레드 스미스는 Hub-and-Spoke 네트워크의 효율성을 제시하였으며, 자신의 주장이 옳다는 것을 한국사람들에게도 익숙한 페덱스(Fedex)라는 물류유통회사를 1973년에 설립하여 자신의 이론을 입증했습니다. 사실 많은 백화점, 혹은 도서 배달이 이 방법으로 이루어져 한국인들에게 익숙하고, 특히 어느 나라나 택배회사와 콜택시가 Hub-and-Spoke 네트워크를 기반으로 한 물류시스템을 구축하고 사업을 영위하고 있는데, 〈화식열전〉의 '강지이복주' 개념이 바로 그것입니다.

Hub-and-Spoke 네트워크의 전통적인 운영 방식은 전국의 각 출발지(Spoke)에서 발생하는 물량을 한 곳(Hub)으로 집중시킨 다음, 이곳에서 일괄적인 분류작업을 거친 후 다시 각 목적지(Spoke)로 보내는 이치이며, 마찬가지로 물건뿐 아니라 문화나 유행도 한 지역의 발전이 다른 지역의 발전으로 뻗어 나감을 의미합니다. 또한 spoke(바퀴살)이라는 루트를 따라 hub(살통)으로 돈과 사람이 모여 들음을 의미하기도 합니다.

물이 어디에서 흘러와 어디로 흘러 가든지 반드시 허브를 지나가도록 하는 시스템인데, 어느 회사나 어느 국가나 그 개념은 최근에는 조금 달라지기는 했지만 아직도 그 형태의 기본은 달라지지 않았습니다. 예를 들면 인천국제공항과 부산항은 동북아 물류 허브가 되기 위해서 일본, 중국 등과 치열한 경쟁을 하고 있으며, 금융시장도 홍콩, 싱가폴, 상하이, 서울이 아시아의 허브가 되기 위해서 치열하게 외교전과 정책경쟁을 하고 있습니다.

　　동북아지도를 보면 한국의 인천, 영종도 지역과 서울이 동북아시아의 허브가 되어야 함을 보여줍니다. 서울에다가 컴퍼스를 대고 반지름 2,000km짜리 원을 그리면 중국의 주요 도시와 일본, 러시아, 대만, 그리고 몽고까지를 다 spoke화 하게 되어, 전 세계 인구의 1/4에서 1/3이 다 포함됩니다. 미국이나 중국, 일본이 한국과 자유무역협정을 서로 맺으려고 하는 이유이기도 합니다. 학창시절 국사시간에 역사에 기록된 것만 900여 차례 이상의 외침을 받았으며, 그 이유는 지정학적 위치도 주요인이라고 했는데, 그 지정학적 위치가 지금은 절호의 기회가 되고 있습니다. 과거 장보고 장군은 진도에 '청해진(淸海鎭)'이라는 허브를 설치하여 동북아 해상무역을 통해 중국과 일본과 심지어 발해만까지를 스포크화 했습니다.

　　海岱之間(해대지간)은 동해와 태산 사이에 있는 제나라를 말하며, 斂袂而往朝焉(염몌이왕조언)은 참으로 재미있는 내용으로, 돈이 모이고 사람이 모이니까 행세깨나 하는 양반들이 중국영화에서 많이 나오는 장면처럼 중국 상인들이 소매 안에 손을 넣고 흥정을 하는 모습을 표현한 것입니다. 염은 '거둔다', 혹은 '줄을 잡는다'는 뜻이며, 메는 '소매'를 뜻합니다. 사극이나 영화에서 신하가 팔을 양 소매에 넣고 왕 앞에 서는 장면을 기억하면 쉽게 이해할 수 있을 것입니다.

7. 케이스 스터디 2 - 관중

其後(기후) : 그 이후

齊中衰(제중쇠) : 제나라는 한 때 쇠하여졌으나

管子修之(관자수지) : 관중이 재정비하고

設輕重九府(설경중구부) : 경중구부를 설치하여

則桓公以霸(즉환공이패) : 환공은 패자(覇者)가 되었다.

九合諸侯(구합제후) : 아홉 번 제후들의 모임을 주선하고

一匡天下(일광천하) : 하나의 천하제국을 이루었다.

而管氏亦有三歸(이관씨역유삼귀) : 그리고 관중은 3귀를 가지고 있어서

位在陪臣(위재배신) : 지위는 신하의 위치에 있었으나

富於列國之君(부어열국지군) : 재산은 열국의 군왕과 맞먹을 정도였다.

是以齊富彊至於威·宣也(시이제부강지어위선야) : 그래서 제나라의
부강함은 이후 위왕과 선왕대에까지 이르렀다.

사마천은 역사를 통해 인간 세상이 허위로 이루어졌지만 선인선과(善因
善果), 악인악과(惡人惡果)의 인과응보의 원리가 인간사의 마지막에 정확

히 작동한다는 것을 잘 알았기 때문에 《사기열전》의 마지막인 〈화식열전〉을 쓸 수 있었습니다. 그래서 부자가 되는 방법을 알려 주기 위하여 점쟁이 이야기·귀신 이야기가 나오고, 마지막에 돈 이야기도 나오는 것입니다. 그 주된 등장인물은 관중(管仲)과 범려(范蠡)입니다. 제2권에 나오는 상앙(商鞅), 손자(孫子), 오기(吳起), 여불위(呂不韋) 등은 그 잔악성이 이루 말할 수 없어 공자님이 보시기에는 사람 축에 들기도 힘든 이들입니다. 그러나 사마천은 그 사람들에게도 배워야 한다고 말합니다. 사마천은 흥부처럼 착한 사람은 하늘이 도와 부자가 되고, 놀부처럼 나쁜 사람은 부자로 살다가도 하늘이 가난하게 만든다는 것은 인정합니다. 그러나 하늘과 빈부의 관계는 상관관계가 성립되지만, 나쁜 사람과 좋은 사람, 빈부의 상관관계는 인정하지 않습니다. 나쁜 사람과 좋은 사람은 인간들이 인간들의 입장에서 정한 기준이기에 보편적 하늘의 진리로 보지는 않았습니다. 공자님의 선악 개념은 노자, 장자 같은 선현들에 의해서도 인간 위주의 아전인수(我田引水)라고 지적 받습니다.

관중

《사기(史記)》〈관안열전(管晏列傳)〉에 의하면 관중은 이기적이고, 이기기 위해서는 무슨 짓이든지 하는 사람입니다. 그래서 공자님이 싫어했습니다. 그렇지만 관중은 세상의 이치를 아는 사람이었기에 편안하게 삶을 마칩니다. 관중의 심성은 관포지교(管鮑之交)의 그 착하디착한 포숙아(鮑

叔牙)가 높이 살 정도로 착한 사람이었습니다. 그는 가난한 집의 천재였고 마치 바위 위의 소나무처럼 강인했으나, 배배 꼬인 성격의 소유자였습니다. 그러나 그는 낙락장송 같은 거목이 되고자 했고, 제가 보기에 실제로 그렇게 행동했습니다.

제(齊)나라 양공(襄公)은 폭군이었습니다. 자기 욕심을 채우기 위해 형제자매, 친척을 죽이기 시작하자 동생들은 해외로 망명하였습니다. 바로 밑의 동생 규(糾)는 관중이 대동하고 노(魯)나라로 망명하고, 그 밑의 동생 소백(小白)은 포숙아와 동행하여 거나라로 망명을 합니다. 제나라 양공은 사촌동생인 무지(無知)에게 암살당하고, 왕이 된 무지도 또 암살당하자, 왕위 계승을 둘러싸고 관중의 '규'파와 포숙아의 '소백'파로 대신들의 의견이 갈리지만, 대신들의 우두머리인 재상이 은근히 소백을 선호하여 소백을 왕으로 모시고자 거(莒)나라로 사신을 보냅니다. 그러나 관중은 그 정보를 입수하여 몸소 암살단을 이끌고 가서 소백의 가슴에 화살을 날립니다. 화살을 정통으로 맞고 말에서 떨어진 것을 확인하고 난 후 왕위 계승의 경쟁자가 없어진 규와 천천히 제나라에 도착해 보니, 죽은 줄 알았던 소백이 왕위에 올라 있는 것이었습니다. 화살이 소백의 쇠로된 허리띠 장식에 맞은 것이었습니다.

이미 왕이 된 소백은 형인 규와 관중을 죽이고자 노나라를 침공하였고, 노나라 왕은 규를 죽이고, 관중은 체포하여 제나라로 압송합니다. 포숙아가 그렇게 손을 쓴 것이었습니다. 제나라 환공이 된 소백은 관중을 죽이고자 하였으나, 그냥 왕으로 만족하려면 관중을 죽이고, 왕을 넘어 천하의 패자가 되려면 관중을 재상으로 등용해야한다는 포숙아의 말을 받아들인 것입니다. 나중에 관중은 이를 두고 "나를 낳은 것은 부모이지만 나를 아는 것은 오직 포숙아뿐이다(生我者父母 知我者鮑子也)."라는 말을 했는데 그 내용은 이렇습니다.

"어렸을 적에 같이 장사를 했는데 수시로 장부를 속여 포숙아 몰래 돈을 빼돌렸지만 그는 나를 욕심이 많다고 비난하지 않았으며, 벼슬길에 3번 나아갔다가 3번 모두 쫓겨났지만 나를 무능하다고 하지 않았으며, 전쟁에 나아가 3번 모두 패하여 도망쳐 왔지만 나를 비겁하다고 하지 않았고, 내가 우리 늙은 어머니를 봉양하기 위해서 그런 것이라고 내 처지를 알아주었으며, 나중에 포숙아와 왕위 계승권을 놓고 경쟁하다 실패해서 옥에 갇힌 죄수의 몸이 되었을 때에도 나를 수치도 모르는 자라고 비난하지 않았다. 포숙아는 내가 경쟁에 져서 부끄러워할 사람이 아니라 꿈을 이루지 못해서 부끄러워한다는 것을 알고 있었기 때문이다."

우리 조선시대 조상님들은 관포지교를 암기과목 외우듯이 아이들에게 주입시켰습니다. 자기네들은 관중만큼 세상을 보는 경륜과 능력도 없으면서 남들이 포숙아처럼 자신들을 용서해주기를 바랐던 것 같습니다.

실제로 사마천이 본 관중의 진면목은 자신이 지은 《관자(管子)》라는 책에서 "백성은 창고가 가득차야 예절을 알고, 옷과 밥이 넉넉해야만 명예와 수치를 안다. 반면에 남의 윗자리에 있는 사람이 예의와 염치가 없으면 나라가 망하고, 윗사람이 법을 지키면 아랫사람은 굳게 뭉치는 법이다."라는 것을 몸소 지킨 사람이라고 하였습니다. 실제로 제나라는 해상무역으로 한반도와 왜국에까지 이르러 돈을 벌고 나라의 재산을 늘려서 부국강병을 이룹니다.

사마천이 관중을 높이 산 것은 자신이 목적하는 바인 재상으로서 국가를 부유하게 하는 방안과 더불어 백성의 편안함과 부유함을 같이 중시했기 때문입니다. 예를 들면, 어느 해 국고가 텅텅 비게 되자 제 환공은 세금을 인상하기 위해 소득세를 올리려고 하였습니다. 그러자 관중은 사람들이 소득을 속여서 신고할 것이기에 실효성이 없을 것이라고 말했습니다. 그러면 "법인세나 물품세를 올리면 어떻겠는가?"라고 하자, "사람들이 회사 문을 닫던지, 물건 생산을 줄이던지, 심지어 소비를 줄이던지 하여 실효가 없을 것입니다."라고 대답합니다. 그러면 "부가세를 징수하면 어떻겠는가?"라고 묻자, 그러면 "사람들이 세금을 많이 내지 않으려고 부가가치를 높이지 않을 것입니다."라고 대답합니다.(여기 나오는 세금 명은 제가 현대식으로 세금의 종류를 바꾼 것이며, 최근 들어서 북부 유럽과 남부 유럽이 2010년 들어 경제가 휘청하는 것도 관중이 예상한 그 이유들이 실제로 작동했기 때문입니다.)

열받은 제 환공이 "이것도 안 된다. 저것도 안 된다 하니 어찌하란 말이오?" 하자, 관중은 "죽은 사람한테 세금을 거두지요!"라고 대답합니다. 이 말을 들은 왕은 화를 벌컥 냅니다. "지금 경은 내게 농담하는 것이오?" 그때 관중은 이렇게 말합니다. "치수(治水)를 잘하여 사람들의 존경을 받는 하나라 '우'임금에게는 다섯 신하가 있었는데, 그 다섯 신하의 제사가 끊긴지 오래되었고, 공로는 있으나 후손이 없는 사람들의 제사도 끊겼습니다. 그 사람들 제사를 모시게 되면 조상을 잘 모시고 제사를 잘 지내면 복 받는다 하여 많은 사람들이 제사를 스스로 지낼 것이고, 또 그렇게 되면 제사에 소용되는 모든 물건의 수요가 높아져 생산도 높아질 것입니다. 그러면 자동적으로 물건에 대한 생산세와 법인세, 소비에 따른 소비세, 그리고 늘어난 유통과 소득에 대한 소득세가 증가되어 저절로 국고가 늘어나게 되며, 국민들의 충성심·애국심·복 짓는 마음·선조에 대한 예의·소득증가 등이 다 만족하게 됩니다."라고 대답합니다. 관중의 이런 제안을 받아들인 제나라는 환공이 패권을 갖게 되면서 나라의 안정을 찾게 되고 번영의 길로 들어갑니다. 관중은 현대 경제용어로 시장을 창출하여 생산과 고용을 늘려 국민생활을 안정시켜 세수를 늘이는 블루오션 국가재정작전을 한 것입니다.

사마천은 〈화식열전〉에서 자신이 주장하는 바를 증명하기 위하여 처음으로 꼽은 사람이 태공망이었으며, 그 다음이 관중이었습니다. 두 사람 다 기업가라기보다는 지도자였으며, 왕에 버금가는 사람들이었습니다. 그들의 행정정책을 헤아려 경제정책이나 돈벌이전략을 살펴보면 "장사에는 신용이 제1이다."라는 격언이 떠오릅니다.

노나라와의 5년 전쟁에서 제나라 환공은 크게 승리를 합니다. 노나라 왕과의 마지막 회담에서 갑자기 노나라 장군 '조말(曹沫)'이 뛰어들어 노나라 땅을 돌려주지 않으면 제 환공을 죽여 버리겠다고 위협하는 돌발사건이 발생했습니다. 너무 급박한 상황이라 제 환공은 전쟁에서 이긴 땅을 돌려주겠다고 약속을 합니다. 간신히 숨을 쉬게 된 환공은 관중을 불러 노나라를 박살내고 조말을 죽이자고 합니다. 그러나 관중은 그랬다가는 땅을 찾을지는 모르나 천하의 웃음거리가 된다고 간언하여, 노나라에게서 뺏은 땅을 돌려주는 약속을 지키자고 합니다.

춘추전국시대의 중국 말이라는 것은 좁은 한국에서 경상도, 전라도 사람들이 제주도 사람들 말을 못 알아듣고, 서울 사람들이 평안도, 함경도 말을 못 알아듣는 것처럼 말도 잘 안 통하고, 전해지지 않을 터인데도 이러한 소문은 전 나라들에게 퍼져 제나라 환공을 맹주로 추대하여 명실 공히 춘추시대의 패자가 됩니다. 2권에서 본격적으로 나오지만, 사마천의 돈 버는 방법 중의 최고는 소봉(素封)이 되라는 것입니다. 그리고 소봉은 크건 작건 봉건영주입니다. 봉건영주는 전쟁을 해 땅을 넓혀야 백성의 수가 많아지고, 그래야 거두어들이는 세금이 많아져 국고가 차서 자금이 풍부해야 패자가 되는 것입니다. 돈을 버는 것은 군사를 부리는 것과 같습니다. 사마천의 〈화식열전〉은 병법을 경제에 적용한 것입니다. 마치 '경영학'이 거의 모두다 '군사학'에서 나오듯이 말입니다. 군사학을 경영학에 접목하여 지금도 중국인들이 '장사의 신'으로 집집마다 모셔놓고 향을 올리는 2권의 주인공 '백규(白圭)'가 그 대표적 인물입니다.

계영배

앞부분에서 기체 상태의 돈을 활용하는 법을 말씀드렸을 때 거론한 계영배(戒盈杯)는 관중과 관련이 있습니다. 제(齊) 환공(桓公)이 군주의 올바른 처신을 위해 인간의 끝없는 욕망을 경계하며 늘 곁에 놓아 마음을 가지런히 했던 그릇[敧器]이라 하여 유좌지기(宥坐之器)라 불리던 계영배는 '가득 참을 경계하는 잔'이라는 뜻입니다. 과유불급(過猶不及), 즉 인간의 끝없는 욕심과 지나침을 경계하는 선조들의 교훈이 담겨 있는 잔입니다.

조선시대의 거부 임상옥(林尙沃)은 〈화식열전〉의 주인공으로 등장해도 아무런 문제가 없는 실존 인물로 역관의 아들이었습니다. 역관 시험에 계속 떨어지던 아버지는 임상옥에게 집안에서도 중국 말만 하게 하였는데, 어느 날 아버지가 출타하신 사이에 갑자기 중국의 상인들이 홍삼을 사러 왔는데 통역할 사람이 없어서 12살의 나이에 아버지 대신에 통역을 하게 됩니다. 그렇게 아르바이트를 하던 차에 다시 조선의 상인과 중국의 상인이 흥정을 하는 자리에서 처음 보는 중국 상인들이 단체로 왔는데, 조선 상인들은 홍삼을 한 근에 열 냥만 받아달라고 하였으나, 임상옥은 모른 척하고 흥작이 들어 칠십 냥이라고 이야기를 합니다. 아무리 중국어를 몰라도 숫자나 돈 이야기라면 본능적으로 다 알아듣는 상인들인데 '아니, 이 아이가 누구를 망하게 할 생각인가?' 하고 가격을 수정하려고 하니, 임상옥이 그 상인의 발을 꽈-악 밟아버리더라는 것입니다. 결국 그 중국 상인은 한 근에 사십 냥씩 무더기로 사고는 떠납니다.

중국 말은 못하지만 큰 거래선이 끊길 뻔하던 조선 상인이 식은땀을 흘리며 임상옥을 불러 자초지종을 물으니, 임상옥은 "그는 만주에서 온 상인이 아니고, 양자강 이남의 왕족이거나 대부호이다. 그 중국 상인의 신발을 봐라! 그리고 그 신발이 장화가 아니더냐? 틀림없이 비가 많이 와서 역병이 돌아 그 역병을 치료하려고 온 상인이다. 한 번 오지 두 번 오지 않는다."라고 했답니다. 공자님이 들으시면 임상옥이나 관중이나 사람의 도리를 모르는 축에 들겠지만 상인의 안목으로는 사람을 보고 날씨와 질병까지 추측을 하니 사마천의 〈화식열전〉을 읽은 것이 아닌가 싶은 생각이 듭니다. 그러나 임상옥의 관찰력은 백성들의 말을 잘 듣는 경청(傾聽)의 가르침으로 2권에서 주인공 격인 백규가 제일 중요시한 부자가 되는 첫째 덕목입니다. 물론 임상옥의 인위적인 불균형 만들기는 결국 본인의 패망으로 이어집니다. 그러나 우주의 이치를 아는 임상옥은 인위적인 불균형으로 번 돈을 인위적인 균형으로 다시 베풀어 목숨을 지키고 명예를 지킵니다. 독자 여러분들은 임상옥처럼 기회와 차이를 읽어 돈을 버시더라도 그 돈을 쓰실 때에도 임상옥이나 혹은 범려처럼 쓰시길 바랍니다. 또한 중국에서 뿐만 아니라 조선에서도 만들어진 이 계영배는 잔 속에 관을 만들어 그 관의 높이까지 술이나 물을 채우면 새지 않으나 관의 높이보다 높게 술을 채우면 관속과 물의 압력이 같아져서 수압의 차이에 의해 안의 술이 흘러나오게 되는 구조로 지금도 제작이 가능하다고 합니다.

이 그릇의 이치에 돈의 비밀이 담겨 있습니다.

인간도 '하나의 그릇'이다

知分
守分
滿分
계영배
格이 다른 사람이란?
그러나 級이 다르면?

사람들은 그림과 같이 끝이 뾰쪽한 토기를 만들었습니다. 토기의 모양은 우리에게 많은 말을 해주고 있습니다. 그들은 왜 그릇을 만들겠다는 결심을 했을까요? 그릇을 만들기 전에는 먹을 것을 어디에 담았을까요? 그들은 그릇을 만들면서 어떤 생각을 했을까요? 그릇은 무엇인가를 담기 위해서 만듭니다. 아마도 매우 중요한 것을 담았을 것입니다. 그릇이 없었을 때는 먹을 것을 담아서 보관하고 옮기지 못했던 삶을 오랫동안 살았을 것입니다. 생산력이 높아져 먹을 것을 보관하거나 옮겨야 할 필요가 생겼습니다. 이 필요가 바로 해결해야 할 문제였습니다. 우리의 인생은 문제의 연속입니다. 분명 그들은 고민을 하고 생각을 했을 것입니다. 사고력은 문제해결 능력입니다. 역사 속에 등장하는 모든 도구들은 그 시대 사람들이 풀어야만 했던 문제를 발견하게 하고, 그 문제해결이 나타난 결과입니다.

그릇은 무엇인가를 담는 도구입니다. 그 그릇에 맞있게 먹을 수 있는 곡식이 가득 담겨 있는 것만 보아도 행복했을 것입니다. 그러므로 그릇은 사람들의 희망과 소망을 담고 있습니다.

이 세상의 모든 것은 인체에서 시작되었다는 것을 아시나요? 인간의 눈에서 안경과 망원경을, 귀에서 보청기와 라디오를, 입에서 나팔과 트럼펫과 피리 같은 악기를 만들었던 것처럼 그릇의 원조는 우리들의 몸입니다. 우리들의 몸이 바로 그릇입니다. 우리는 먹으면 화장실에 가야 합니다. 공기를 빨아들이면 다시 호흡을 통해서 뱉어야 합니다. 이처럼 그릇의 크기와 단단함의 정도에 따라서 다 달라지지만, 그 기능은 모자라면 채우고 차면 비운다는 원칙 하나는 정해져 있습니다. 비움과 채움이 반복되는 것은 모두 그릇입니다.

이렇듯이 그릇은 무엇인가를 담는 것입니다. 우리들의 머리는 생각을 담고 있습니다. 눈은 아름다운 풍경을 담고 있습니다. 컴퓨터는 정보를 저장합니다. 책은 먼저 살다간 사람들이 알아낸 지혜와 지식을 담아 나에게 전해줍니다. 나는 맛있게 그 책 속에서 생각을 꺼내 먹습니다. 그러므로 사실 책의 정체는 그릇입니다. 이 세상에 무엇인가를 담고, 옮기고, 다시 꺼낼 수 있는 것들은 모두 '그릇'입니다. 이러한 것을 아는 사람이 세상의 이치를 아는 사람입니다. 이 세계의 사물과 현상 속에서 '공통점', '유사성'을 발견하는 사고력의 즐거움을 경험하게 합니다. 그리고 이 사고 능력은 바로 멋있는 '비유 능력'을 갖게 합니다. 사마천의 《사기열전》은 이러한 이치를 아는 사람과 모르는 사람을 잘 분류해 놓고 있습니다. 그래서 부자인데 가난한 사람보다 더 부족해 하고, 가난한데도 여유 있는 사람은 그 차원이 다르다는 것을 아셔야 합니다.

우리는 모두 그릇입니다. 무엇인가를 채우기 위해 노력합니다. 모든 그릇은 비어있을 때 채움이 가능합니다. 그런데 사람들은 채우겠다는 생각만 합니다. 부자가 되면 착한 일 하겠다고 합니다. 돈 벌면 좋은 일 하겠다고 합니다. 성공하면 다른 사람 돕겠다고 합니다. 모두들 먼저 채운 다음 조금 비우겠다는 생각입니다.

그러나 돈의 비밀, 특히 기체 상태의 돈의 비밀은 착한 일하면 부자가 될 돈이 들어오고, 좋은 일하면 돈 벌 수 있는 돈이 들어오고, 다른 사람을 도우면 성공한 돈이 들어온다는 간단한 사실을 사람들이 모릅니다. 그리고 큰 그릇이 보다 많은 것을 채울 수 있습니다. 사고력을 키우는 것은 사고의 내용을 담을 수 있는 사고의 그릇, 사고의 영토를 확장하는 것으로부터 시작해야 합니다. 문제는 돈도 그렇다는 것입니다. 특히 액체 상태의 돈은 그 정도가 "빈부지도 막지탈여"처럼 명확하지만, 액체 상태의 돈은 크기와 그릇에 따라 머무는 시간의 차이가 나고, 기체 상태의 돈을 아는 사람만이 마음껏 그 돈을 향유할 수 있습니다. 그리고 기체 상태의 돈은 끊임없이 비움과 채움을 반복합니다. 그것을 아는 사람이 세상의 이치를 아는 것이고, 그것을 활용하는 사람이 사마천이 말하는 교자입니다.

8. 돈의 이치

故曰(고왈) : 그래서 이르기를

倉廩實而知禮節(창름실이지예절) : "곳간이 차고 나서야 비로소 예절을 알게 되고

衣食足而知榮辱(의식족이지영욕) : 의식이 넉넉해야 영욕을 알게 된다"고 했다.

禮生於有而廢於無(예생어유이폐어무) : 예의는 재산이 생기면 나타나고, 재산이 없으면 사라지는 것이다.

故君子富(고군자부) : 그러므로 군자가 부유해지면

好行其德(호행기덕) : 그 부유함의 덕을 베풀기를 좋아하고,

小人富(소인부) : 소인이 부유해지면

以適其力(이적기력) : 자기의 수준에 맞게 행동하게 된다.

淵深而魚生之(연심이어생지) : 연못이 깊어야 고기가 나타나고

山深而獸往之(산심이수왕지) : 산이 깊어야 짐승이 모여들듯이

人富而仁義附焉(인부이인의부언) : 사람도 부유해야 인의가 붙고

富者得執益彰(부자득세익창) : 부유한 자가 세력을 얻으면 더욱 그

존재가 드러나지만,

失勢則客無所之(실세즉객무소지) : 세력을 잃으면 찾아오는 사람이
없어

以而不樂(이이불락) : 즐겁지 못한 법이다.

夷狄益甚(이적익심) : 오랑캐에게서 이런 경향이 더욱 심하다.

    제가 붙인 이 제목은 사실 공자님의 가르침이 저변에 깔려 있지 않으면
몹시 위험한 제목입니다. "而管氏亦有三歸(이관씨역유삼귀) : 그리고 관
중은 3귀를 가지고 있어서"라는 앞의 장에 나오는 구절은 공자의 《논어》
〈팔일편〉에 나오는 공자가 관중을 어찌 생각했는지 알 수 있는 구절입니
다. 관중은 포숙아와의 일화로도 유명하지만, 관리로서 축재한 것도 유명
했던 듯합니다. 여기서 공자님의 부자와 가난함, 그리고 사마천의 교자와
졸자가 그 원인과 결과가 다른 것이 아니라 그 과정이 다르다는 것을 알 수
있습니다. 공자님은 고체나 액체 상태의 돈을 이야기하는데 비해서, 사마
천은 액체와 기체 상태의 돈을 말합니다.

    《논어》〈팔일편(八佾篇)〉

    子曰管仲之器小哉(자왈관중지기소재)라 : 공자가 말씀하시기를,
"관중의 그릇이 작구나."

    或曰管仲(혹왈관중)은 : 어떤 사람이 말하기를, "관중은
儉乎(검호)잇가 : 검소합니까?" [하고 물으니]

曰管氏有三歸(왈관씨유삼귀)하며 : [공자가] "관중씨가 삼귀라는 좋은 대를 가지고

官事(관사)를 : 관사를

不攝(불섭)하니 : 겸하지 않았으니

焉得儉(언득검)이리오 : 어찌 검소하다고 하겠느냐?"

然則管仲(연즉관중)은 : "그러면 관중은

知禮乎(지례호)잇가 : 예를 압니까?" 하니,

曰邦君(왈방군)이야 : [공자가] 말씀하시기를 "나라의 임금이라야

樹塞門(수새문)이어늘 : 나무로 문을 닫거늘

管氏亦樹塞門(관씨역수새문)하며 : 관씨 또한 나무로 문을 막았으며

邦君(방군)이야 : 나라의 임금이라야

爲兩君之好(위량군지호)에 : 두 임금의 잔치에 쓰기 위하여

有反坫(유반점)이어늘 : '반점'을 두거늘

管氏亦有反坫(관씨역유반점)하니 : 관씨가 또한 반점을 두었으니

管氏而知禮(관씨이지례)면 : 관씨가 예를 안다면

孰不知禮(숙불지례)리오 : 누가 예를 알지 못하겠는가?"라고 하였다.

공자님은 항상 공부를 하시고, 제자들을 많이 양성하셔서 후대에까지도 가장 영향력 있고 시대를 관통하는 큰 지도자가 되셨습니다. 그런데 일본은 메이지 유신 때 공자님을 버렸습니다. 1945년 이래 유교를 버린 후 문화혁명기에는 증오에 가까운 파괴를 하였습니다. 우리나라도 IMF 이후에

공자

유교식 교육에 너무나 익숙하게 살다가 갑자기 회사에서 쫓겨나고, 남자들의 값어치가 본격적으로 무너지면서 《공자가 죽어야 나라가 산다》라는 책이 베스트셀러가 될 정도로 가부장식, 장남 위주, 남자 위주의 유교식 사회체제에 대한 거부감이 확산되기도 하였습니다. 그러나 이제 먹고 살만해지니까 한국도, 일본도, 중국도 다시 공자님 이야기를 많이 합니다. 역시 윗사람이 아랫사람 다스리는 데는 공자님의 권위가 필요한 듯합니다. 누구에게나 필요한 인·의·예·지가 가진 자들의 문화로 전락한 데는 공자님 잘못인지, 사람들의 잘못인지 위의 〈팔일편〉을 보시고 판단하시기를 바랍니다.

사마천이 거론한 강태공, 관중, 계연, 범려, 백규 등은 말년이 행복하고 자신이 이룩한 부를 남에게 다 베풀어준 사람들입니다. 그렇지만 그들이 돈을 버는 과정에서 배웠던 손자, 오기, 여불위, 상앙 등은 모두 비참한 최후를 맞이합니다. 방법만 배우자는 것이지, 그들의 인간성을 배우시면 큰일 납니다. 공자님 사상을 잘 알고 사마천을 배워야 처음도 좋고 끝도 좋습니다. 절대 잊어버리시면 안 됩니다. 그것을 전제로 한 이 장의 첫 부분은 사마천이 유교사상의 실속 없음과 허례허식을 탄식하는 부분입니다. "사흘 굶어서 담 안 넘는 놈 없다."는 서민들의 이야기도 있지만, "양반은 숭늉을 먹고 나서도 이쑤시개를 찾는다."는 속담처럼 양반의 기개와 조선의 선비정신을 찾는 사람들에게는 제가 할 말이 없습니다. 그렇지만 그 많은 억울한 사화(士禍)로 남을 모함하여 죽이고, 그러다가 왜란·호란에 시달리며, 아버지와 아들, 시아버지와 며느리가 싸우다가 나라를 통째로 갖다 바친 유학자들은 이미 그 시절 조선의 젊은 유학자들에 의해 허학(虛學)이라는 평가를 받았습니다.

故君子富 好行其德 小人富 以適其力(고군자부 호행기덕 소인부 이적기력)
"그러므로 군자가 부유해지면 그 부유함의 덕을 베풀기를 좋아하고, 소인이 부유해지면 자기의 수준에 맞게 행동하게 된다."

이 말이야말로 사마천 〈화식열전〉의 백미 중의 하나라고 할 수 있습니다. 사마천의 돈에 관한 철학은 다음과 같습니다.

"돈을 버는 것은 사주팔자가 아니다. 착한 사람도 능력 있는 사람도 양반도 중인도 천인도 벌 수 있다. 생각만 잘 할 수 있는 사람이라면 말이다. 그러나 돈을 번 다음에 보면 도인은 도인답게 잡놈은 잡놈답게 나쁜 놈은 나쁜 놈답게 쓰고, 결국은 그 재산을 당대에 혹은 후대에 이어가거나 물려주지 못하더라."

그 물려주지 못하는 것이 바로 액체와 기체 상태의 돈인 것입니다.

마지막 구절은 공자님과 유교에 대한 탄식이 이어지는 부분이고, 다음은 공자 이야기를 할 때 다시 나오는 부분입니다. 공자님은 이순(耳順)이 넘어 고희(古稀)가 되어서도 공부하는 것을 좋아하였습니다. 공자님은 평생 공부하는 학생이었습니다. 그래서 유교식 집안에서는 - 저희 집도 아직 그러합니다만 - 아버지 제사를 지낼 때에도 '학생부군신위'이고, 묘의 비석에도 '학생부군지묘'입니다.

공자님의 유교식 교육덕택으로 사람들은 돈을 좋아하지만, 돈에 대한 이야기는 기피합니다. 사람이 천박해 보인다고 어릴 적부터 세뇌를 받았기에 우리의 인식이 그렇게 작동하는 것입니다. 사람들은 보통 안정적인 직장을 구해 월급을 받으려고 합니다. 그러나 이것은 인간의 수명이 90세에 다다른 지금은 그다지 장기적 해결책이 아닐지도 모릅니다. 월급쟁이 25년의 제가 보기에도 말이 좋아 안정적인 수입원이지 그게 어디 믿을 만하던가요? 진정으로 믿고 의지할 수 있는 노후대책을 '고용 없는 성장'의 시대에 이제 준비해야 합니다.

대부분 수입이란 자기가 돈을 위해서 일했을 때 발생합니다. 사마천이 우리에게 권하는 소봉들의 수입은 자기 자신을 위해서 일할 때(작동할 때) 들어오는 돈을 말합니다. 일반적으로 사람들은 다른 사람 밑에서 일해서 받는 월급의 형태로 생활합니다. 노동력을 제공하고 월급을 받는 것입니다. 그래서 일을 그만두면 현금 흐름도 단절됩니다.

그러나 〈화식열전〉의 사마천의 가르침이나 앙드레 코스탈라니의 투자의 가르침은 보통 현명하게 투자해서 얻는 이윤의 형태로 들어옵니다. 이때 고용주에게 노동력을 제공하는 대신 돈이 돈을 버는 방법을 찾아야 하고, 돈도 알고 세상도 알고 사람 간의 이치도 배워야 합니다.

그리고 돈에 대해서, 부동산과 세금과 증권에 대해서 공부해야 합니다. 어떤 공부보다도 중요합니다. 사실 증권이나 사업이나 돈에 대한 공부에서 중요한 것은 경제공부가 아니라 역사공부입니다. 우리가 배운 역사는 권력자들의 이야기이지만 증권시장, 채권시장, 부동산시장, 광고시장 혹은 물건을 사고파는 백화점이나 동대문·남대문 시장은 사람들의 애환과 세계경기와 외환과 실업률과 인플레이션, 그리고 정부의 각종 정책, 대북정책, 관광정책까지 다 반영되어 있는 살아있는 역사공부의 현장입니다. 일부러 어려운 단어를 쓰며 보이지 않는 담을 쌓는 유교식 교육에서 벗어나, 현장교육을 적극적으로 해야 한다는 것입니다.

돈과 경제에 대해서 우리가 얼마나 유교식으로 잘못 알고 있었는지를 살펴보아야 합니다. 부유함과 가난함은 옳고 그름이라는 것과 상관계수가 없습니다. 그래서 나쁜 놈이 부자가 되는 경우도 있습니다. 그런데 그 나쁜 놈은 부자도 되고, 가난한 자도 되기는 하지만 성인이나 군자는 되지 못합니다. 옳고 그름은 성인과 범부, 세상의 이치를 아는 자와 모르는 자, 현명한 사람과 어리석은 사람과는 상관계수가 있습니다. 그리고 옳고 그름은 이기고 지는 것과도 상관없습니다. 이 세상과 우주에는 이겨야 하는 자가 지기도 하고, 져야만 하는 자가 이기기도 합니다. 그래서 세상의 이치를 정확히 모르던 우리 조상들과 어른들은 '그런 것이 세상이다'라고 현실순응적인 듯한 자포자기적인 말씀을 한 것입니다. 다시 《채근담》을 보겠습니다.

好察非明(호찰비명) : 옳고 그름을 잘 살피는 것이 현명한 건 아니다.
能察能不察之謂明(능찰능불찰지위명) : 잘 따질 때도 있고 그렇지 않을 때도 있어야 현명하다.
必勝非勇(필승비용) : 반드시 이기려고만 하는 건 용감한 것이 아니다.
能勝能不勝之謂勇(능승능불승지위용) : 이길 수도 있고 그렇지 않을 수도 있어야 용감하다.

隨時之內善救時(수시지내선구시) : 때를 따라 시대를 바르게 구원하는 것은
若和風之消酷暑(약화풍지소혹서) : 바람이 무더위를 사라지게 하는 것과 같고,
滲俗之中能脫俗(혼속지중능탈속) : 세속에 있으면서 세속을 잘 벗어나는 것은
似淡月之映輕雲(사담월지영경운) : 담박한 달이 가벼운 구름을 비추는 것과 같다.

공자님의 가르침과 사마천의 가르침의 차이를 독자 여러분들이 제발 아시기를 기원합니다.

쉽게 이야기해서 사마천은 공자님처럼 "이러면 안 된다" "저러면 안 된다"라고 가르치면 안 되는 일만 생긴다는 것입니다. 요즘은 사람들의 수명이 일반적으로 길어졌습니다. 그런데 "이러면 안 된다" "저러면 안 된다"라고 사시는 분은 자신도 모르는 사이 그 '안 되는 것'에 덜커덩 걸려들어 돌아가시는 경우도 있습니다. 항상 '안 되는 것'만 생각하므로 자신도 모르는 사이에 '안 되는 원인'이 몸 안에 생기는 것입니다. 반대로 거지들이나 동냥하는 사람들은 아무 것이나 잘 먹습니다. 그 사람들은 상한 음식이나 길거리에 떨어져 있는 음식을 먹거나 담배꽁초를 피워도 문제가 없습니다. 안 된다는 생각이 없는 사람은 '안 되는 일'이 생기지 않습니다. 사마천이 유교의 가르침과 공자님의 가르침에 열받는 것은 "여보시오! 당신은 항상 그렇게 하면 성인의 뜻과 천지자연의 이치에 어긋난다고 해서 안 된다고 생각하고, 안 된다고 말하고, 안 된다고 가르치니 안 되는 것이란 말이오!"라는 것이지, 공자님 가르침의 근본이 잘못된 것은 아니라는 것입니다. "문제는 방법이고 과정이지, 결과가 아니야!" 어쩌면 그 말을 하는 것일지도 모릅니다. 제발 된다고 생각하고 되게 하는 방법(方法)을 배우고 묻고 공부하시기 바랍니다.

謠曰(언왈) : 속담에 이르기를
千金之子(천금지자) : "큰 재산을 가진 집의 자식은
不死於市(불사어시) : 저잣거리에서 처형당하지 않는다"고 했는데,
此非空言也(차비공언야) : 이것은 빈 말이 아니다.

故曰(고왈) : 그래서 이른바

失下熙熙(천하희희) : "천하가 희희낙락대며 좋아지면

皆爲利來(개위이래) : 모두 이익을 위해 모여들지만,

失下壞壞(천하괴괴) : 천하가 괴괴해서 피폐해지면

皆爲利往(개위이왕) : 모두 이익을 위해서 떠나는 것이다"라고 하였다.

夫千乘之王(부천승지왕) : 무릇 천 대의 수레를 끄는 왕이거나

萬家之侯(만가지후) : 만 호를 거느린 제후이거나

百室之君(백실지군) : 백 채의 집을 소유한 군일지라도

尙猶患貧(상유환빈) : 늘 어려움과 가난함을 꺼려하는데

而况匹夫編戶之民乎(이황필부편호지민호) : 하물며 필부들이나 쪽
방에 사는 민초들이야 어떠하겠는가?

"천금을 가진 집의 자식은 저잣거리에서 처형당하지 않는다. 이것은 빈
말이 아니다."

이 부분은 사마천이 관직에 있었고, 그의 아버지도 주요 관직에 있었으
며, 또한 그 자신이 감옥에 있으면서 보고 들은 말로서, 이것은 결코 빈 말
이 아니라는 것입니다.

목숨이 왔다 갔다 하고, 당장 숨 넘어 가는데 공자의 인의예지가 무슨
소용이 있으며, 너희들이 정녕 그렇게 사느냐고 묻고 있는 것입니다. 세조
의 찬탈을 거부하고 세종대왕과 그 아들 문종의 뜻을 사모하던 사육신은
자신의 뜻을 굽히지 않고 폼 나고 멋있게 죽어 이름이 드높아진 것은 인정

하겠지만, 이유 없이 삼족이 멸해 목이 달아난 그 집안의 남자들은 얼마나 억울하며, 양반집 마누라에서 다른 양반집 하녀로 끌려가 죽도록 일을 하다 죽어야 하는 부인네들과, 남의 집 노비로 팔려가는 어린 사내아이들과, 기녀와 몸종으로 팔려가 남의 노리개가 되는 어린 딸아이들은 역사에도 남지 않고 그 피눈물을 알아주지도 않는다는 것입니다. 그래서 노자는 제발 조용히 살라고 했습니다. 풀처럼 바람처럼……. 사마천도 괜히 관직에 얼씬거리지 말고 돈 벌어 덕을 베풀라고 했습니다. 그래서 이 책을 쓴 것입니다. 세상의 욕심은 한이 없고, 인간의 욕망은 하늘에 돈벼락이 떨어져도 절대 그치지 않는다고 했습니다.

그래서 이익이 생기면 모이고 이익이 사라지면 흩어지는 것이 인지상정이고, 이런 것은 국왕·군왕·제후들이 더한데 일반 서민들이야 더 말할 나위가 있겠냐고 사마천이 묻는 것입니다.

부자들이나 가난한 사람들이나 왜 돈이 필요한 것인지를 사마천은 묻고 있습니다. 사람들이 모였을 때 어느 누구도 돈에 대한 이야기를 먼저 하지는 않지만, 모든 사람들이 돈에 대한 생각을 하며 모였다가 흩어지는 것이 이 세상입니다. 자본주의는 정말로 돈이 필요합니다. 자본주의는 돈에 대한 욕구를 바탕으로 형성되었고, 인간이 만든 어떤 제도보다도 생존력이 강했기에 살아남았습니다. 자본주의는 아는 자가 모르는 자를 대상으로 만든 사기극이라고 합니다. 그러나 그것 말고는 다른 방법이 없기에 너무나도 바람직한 사기극이라고도 이야기합니다.

인간의 돈에 대한 욕구는 경제적 진보의 원동력이 되기도 하고, 어느 정도의 희생과 위험부담도 있지만 자신의 성실성·창조성, 그리고 충성심 등을 투자합니다. 그러나 사실 돈에 대해서 아는 사람은 별로 없습니다. 그래서 돈을 추악하고 위험한 것으로 간주한 공자님과 그 자랑스러운(?) 우리 조상들은 결정적인 시기에 국민을 괴롭고 힘들게 했습니다. 만약 아이가 아프거나 가족 중의 누가 큰일이라도 당해서 향후 며칠 이내에 금전 문제를 해결하느냐, 못하느냐에 인생이 걸려 있다면 어쩔 셈인가요? 상황이 보다 더 심각해서 한 아이의 생명이, 아니 자기 아이의 생명이 걸려 있다면 어떨까요? 우리는 인간의 평균수명이 65세에서 85세로 늘어난 지금도 노년 궁핍을 벗어날 경제에 대해서 아무 것도 준비해놓은 것이 없다는 사실이 우리를 더 인색하게 만드는 것일지도 모릅니다.

유교 사회나 기독교 사회는 돈에 대한 이야기를 하면 가정교육을 받지 못했거나 악마에게 영혼을 팔아버린 사람으로 매도했습니다. 그리고 돈에 대한 욕구를 비도덕적인 것으로 가르치기도 했습니다. 그러나 기실 돈에 대한 저주를 퍼붓는 사람들을 보면 정체를 알 수 없는 돈에 대한 사랑이 미움으로 변질되어 정의로움을 가장한 질투와 시기심이 그 속에 자리 잡고 있다고 보아도 무방할 것입니다. 그래서 사마천은 이러한 사실에 부끄러워 하지도 않고, 창피해하지도 않는 사람은 어디에다가 비교할 바도 못 되는 사람이라고 일갈을 합니다.

9. 케이스 스터디 3 – 범려

昔者越王句踐困於會稽之上(석자월왕구천곤어회계지상) : 옛날 월왕 구천이 회계산에서 치욕을 당했을 때

乃用范蠡·計然(내용범려계연) : 범려와 계연을 등용시켰다.

計然曰(계연왈) : 계연이 말하기를

知鬪則修備(지투즉수비) : "공격을 아는 자는 수비할 줄도 아는 것처럼

時用則知物(시용즉지물) : 하늘의 때와 땅의 작용함을 알면 물자의 이치를 아는 것입니다.

二者形則萬貨之情(이자형즉만화지정) : 천시와 지용은 세상 모든 것의 정보를 담고 있어서

可得而觀已(가득이관이) : 원하는 것을 얻으려면 천시를 잘 관찰해야 합니다.

故歲在金穰(고세재금양) : 그러므로 목성이 금에 있으면 풍년이 들고

水毁(수훼) : 목성이 수에 있으면 수해가 나며

木饑(목기) : 목성이 목에 있으면 흉년이 들고

火旱(화한) : 목성이 화에 있으면 가뭄이 듭니다.

旱則資舟(한즉자주) : 가뭄이 든 해에는 미리 배를 준비해 두고

水則資車(수즉자차) : 수해가 있는 해에는 미리 수레를 준비해 두는 것이

物之理也(물지리야) : 사물의 이치입니다."

범려

범려(范蠡)는 《사기》 전편에 걸쳐서 나오는 사마천이 아주 좋아하는 사람입니다. 그리고 범려의 스승 계연(計然)의 가르침은 오행의 가르침과 천문학에 대한 이해가 없으면 너무 어려워 보입니다.

우리는 사실 매일 별과 달을 보면서 삽니다. 고조선·고구려에서 시작되었다고 알려진 천문학이 중국으로 중동으로 전해졌고, 그 고조선·고구려의 천문도를 조선 태조 이성계가 국호를 조선으로 정하면서 1세기 경 고구려에서 만들었던 천문도를 다시 복구하여 제작했다고 합니다. 그렇지만 전란으로 불타 없어지면서 숙종조에 다시 복원한 것이 천상열차분야지도입니다. 이 부문은 하늘의 이치를 배우는 장입니다.

범려는 온갖 지혜를 다 구비하여 출세도 하고 부자가 되었으면서도 노자의 가르침인 '공성신퇴(功成身退)', 즉 공을 세운 후 몸은 물러나 일신의 안

락을 성취하여 우주법계의 진리를 다 통찰하고 실시한 사람이라고 평가한 듯합니다.

범려는 월왕 구천(句踐)에게 출사(出仕)한 후 그가 패자가 될 때까지 보좌했습니다. 하지만 구천이 범려의 반대에도 불구하고 오나라를 공격하여 부초산에서 오왕 부차(夫差)에게 대패한 사건이 일어납니다. 이로 인해 B.C. 493년 구천과 범려는 오왕 부차에게 신하의 예를 갖추고 굴욕의 길을 걷게 됩니다. 부차가 수레를 타고 사냥을 떠날 때마다 채찍을 들고 부차의 마차를 호위하며 따라다녔고, 심지어 오왕 부차가 아프다고 하면 부차의 대변을 자신이 직접 맛보아 병을 진단하는 시늉도 하였습니다. 한 때 자신도 왕으로서 부차의 아버지를 죽게 한 왕이었음에도 말입니다.

범려는 자신의 왕에게 패장은 전쟁에 대해서 이야기하지 않으며, 자기 자신의 전투에 관한 이야기는 단 한마디도 해서는 안 된다는 철학을 주입시켜 나갔습니다.

부차

"망국의 임금은 정사를 말하지 않고, 패전의 장수는 용맹을 말하지 않습니다. 신이 월나라에서 구천을 잘 보좌하지 못하고 대왕께 큰 죄를 지었습니다. 지금 요행히 죽지 않고 오나라에서 말을 기르고 마당을 쓸고 있으니, 신은 이것만으로도 만족합니다. 어찌 감히 부귀를 넘보겠습니까?"

오왕 부차가 구천에게 패한 후 아버지 합려(闔閭)의 원수를 갚기 위해 장작더미 위에서 자면서[臥薪] 복수를 생각했던 것의 반대로 월왕 구천은 쓰디 쓴 돼지의 쓸개를 빨며[嘗膽] 온갖 괴로움을 참고 견디는 고난을 시작한 것입니다.

서시

도대체 월왕 구천의 참모였던 범려는 무엇을 보았던 것일까요? 그는 하늘의 때와 땅의 작용을 알고 있었다고 생각합니다. 그리고 인간의 욕망을 알고, 그 욕망이 인간을 어떻게 파멸시키는지도 잘 알고 있었습니다. 그래서 오왕 부차에게 서시(西施)라는 월나라 미인을 바치고(지금도 옛 월나라 땅이었던 소주, 항주 지역에는 미인이 많다고 함), 정사(政事)에 게으르게 하고, 오만과 편견을 갖게 합니다. 결국 그 작전은 성공하여 결국 명장 오자서(伍子胥)를 죽게 합니다.

"하늘의 때와 땅의 작용함을 알면 물자의 이치를 아는 것입니다. 천시(天時)와 지용(地用)은 세상 모든 것의 정보를 담고 있어서 원하는 것을 얻으려면 천시를 잘 관찰해야 합니다."

사실 이 부분은 제가 너무나 궁금했던 구절입니다. 오행을 아시는 분들이라고 생각했던 한의사 선생님이나 사주팔자, 명리학(命理學)을 공부하시는 분들에게 물어 보았더니 '천문'에 관한 것은 기상청에 자료가 있을 것이라고 했습니다. 그러나 답은 사마천의 《사기》에 있었습니다. 사마천과 옛 선인들은 무엇을 관찰했을까요? 바로 하늘과 땅과 사람을 관찰했습니다. 이는 나중에 한나라 시대에 가서 음양오행(陰陽五行)으로 발전하지만, 범려 당시에는 오직 천간(天干)과 지지(地支) 만이 성립되어 있었습니다. 독자 여러분을 위해 서툰 솜씨로 정리해 보았습니다.

고대 동양과 서양의 과학은 우주의 법칙을 찾는 일이었고, 그 우주의 이치에 맞추어 인간이 일을 하는 것이었습니다.

해와 달이 제 모습을 갖추어야 질서가 정연하고 밝음이 있다고 보았습니다. 어둠 다음에 밝음이 오는 줄은 알겠는데 언제 오는지 궁금했고, 밝음 다음에 어둠이 오는데 언제부터 준비해야 하는지가 항상 궁금했습니다.

또한 그들이 궁금했던 것은 정삭(正朔)이었습니다. '정'은 한 해가 언제 시작하는지, 그리고 '삭'은 달이 언제 시작하는지에 대한 의문이었는데, 해와 달만 가지고는 맞지 않았습니다. 그래서 태양과 달 이외의 별을 관측하여 천지만물이 생기고 소멸하는 이치를 발견하였으며, 그 과정에 윤달을 만들어 달을 기준으로 1년 12달 이외의 남는 기간을 처리하여 추운 계절과 더운 계절의 차이를 바로 잡았습니다.

중국은 하나라 때에는 정월이 새해였고, 상(商)나라 때에는 12월, 주나라 때에는 11월이 한 해의 시작인 세수(歲首 : 한 해의 머리)였습니다. 우리나라도 한 해의 첫머리를 동지로 보는 경우도 있고, 신정 1월 1일로 보기도 하며, 음력 1월 1일인 설로 보기도 하지만 대부분의 절집과 민간 전통에서는 입춘을 한 해의 세수로 삼습니다.

중국이나 한국이나 그러한 혼란을 겪다가 전국시대에 추연(鄒衍, 기원전 305~240년)이라는 사람이 오덕종시설(五德終始說)을 내놓아 오행설을 기준으로 하늘과 땅의 이치·사람의 사주팔자의 이치, 그리고 사회·역사 변동과 왕조의 흥망에 맞추어 널리 세상에 이름을 알렸고, 우리나라에서도 그의 이론이 아직까지는 지배적이라고 할 수 있습니다.

오덕종시는 만물을 구성하는 5가지 원소(수·화·목·금·토)가 정상적으로 굴러가는 것을 상생(相生)이라고 하여 그 순서를 목 – 화 – 토 – 금 – 수로 운행하면 좋은 것이고, 목 – 토 – 수 – 화 – 금으로 하나가 하나를 이기고 극해야지만 생존하는 것을 상극(相剋)이라고 하여 좋지 않은 것으로 여겼습니다. 상당히 과학적이고 정확한 이론이라고 생각합니다. 그러나 수영을 잘 하는 사람이 물에 빠져 죽고, 말을 잘 타는 사람이 말에서 떨

계연

어지고, 오행을 즐기는 사람이 오행에 의해서 망하는 것이 세상의 이치입니다. 그래서 사마천 같은 사람이나 현명한 사람은 공부는 하되 빨려 들어가지는 않았습니다.

계연이나 그 이전의 모든 하늘의 이치를 궁구하던 사람들은 해와 달의 운행을 관찰하여, 목성(태양을 원래는 11.9년마다 공전하지만 대략 12년마다 1바퀴 공전하므로 세성(歲星)이라고

도 불렀음)의 순행과 역행을 추정하였는데, 이는 지구도 타원형으로 공전하고 목성도 타원형으로 공전하기에 지구와 목성이 엇비슷하게 교차하게 되어 있습니다. 사실 지구나 목성 등 행성은 공전이라기보다는 움직이는 태양과 함께 나선형 공전을 합니다. 그러나 관찰자가 태양에서 보는 것이 아니라 지구의 표면 위에서 보기에 목성이 서쪽에서 동쪽으로 넘어가는데, 교차 시점에서 지구의 관찰자에게는 마치 동쪽에서 서쪽으로 넘어가는 듯한 착시현상이 보이게 마련입니다. 이러한 순간을 역행이라고 보고, 재앙 혹은 이변이라고 보았습니다. 계연도, 범려도 그래서 6년마다 오는 특정 시점에서 승부수를 띄운 것입니다.

옛 사람들은 목성이 12년마다 태양을 공전한다고 보았지만 실질적으로는 11.9년마다 공전을 하므로 오차가 발생합니다. 이러한 해의 전반부에는 물이 많이 내리고 후반부에는 한발(旱魃)이 든다고 했습니다. 이러한 경우는 목성이 남방에 들어 화(火, 화는 남방이며 붉은 공작인 주작으로 묘사됩니다)에 든다고 합니다. 오행과 지구와의 관계는 2권의 백규에 의해서 더 정확히 드러나므로 여기서는 간략히 줄입니다. 그리고 그러한 해는 목성이 화성을 영향을 미친다고 하여 목생화라! 화의 기운이 들어 한발이 들기도 한다고 합니다. 한발이란 대기와 토양의 물기가 없어서 극도로 건조한 것을 말합니다. 한발은 양(陽) 중에서도 양인 양중양(陽中陽)이고, 그러한 해는 음(陰)의 기운이 세져서(가뭄 끝에 우주의 균형작용으로 태풍 등이 몰아침) 음중양(陰中陽)인 태풍이 몰아치기도 한다는 것이 옛사람들의 가르침이기도 합니다. 그것이 음양 이론입니다. 다시 정리해서 말씀드리면 다음과 같습니다.

故歲在金穰(고세재금양) : 그러므로 목성이 금에 있으면 풍년이 들고

水毁(수훼) : 목성이 수에 있으면 수해가 나며,

木饑(목기) : 목성이 목에 있으면 흉년이 들고

火旱(화한) : 목성이 화에 있으면 가뭄이 듭니다.

旱則資舟(한즉자주) : 가뭄이 든 해에는 미리 배를 준비해 두고,

水則資車(수즉자차) : 수해가 있는 해에는 미리 수레를 준비해 두는 것이

物之理也(물지리야) : 사물의 이치입니다.

　　윗 구절과 천상열차분야지도의 동서남북을 보아주십시오. 황도 12궁을 따라 움직이는 목성이 서쪽(금)에 있으면 그해는 음악소리 노랫소리가 들리는 풍년이 든다고 합니다. 목성이 북쪽(수)에 있으면 물이 너무 많이 들어 수해를 입어 다 지은 농사를 훼손시킬 가능성이 있으며, 목성이 동쪽(목)에 들으면 기근이 들어 흉작을 본다고 하며, 목성이 남쪽(화)에 들면 한발이 든다고 합니다. 그러나 한발이 든다고 하는 것은 곳이어 비가 많이 온다는 의미이기에 미리 배를 준비하라고 하였습니다. 그리고 수해를 입어서 다른 사람들이 힘들어 할 때는 곳이어 가뭄이 온다는 것을 알고 먼지 나고 말 타고 달릴 수 있는 수레를 준비하라는 것입니다. 한마디로 남보다 한 수 앞서서 행동하라는 것입니다.

황도 12궁은 말이 너무나 어마어마해서 접근불가인 것 같지만, 태양에서 볼 때 행성들이 가는 길을 황도라고 하고, 달이 가는 길을 백도라고 합니다.

우리나라에서는 황도 1궁·2궁·3궁 식으로 불렀고, 서양에서는 수양자리·황소자리·쌍둥이자리 등으로 부릅니다. 요즘 젊은 학생들과 사주 명리학을 하는 사람들에 의해서 자신의 길흉을 알고자 하는 사람들에게 설명을 해주는 자료로 많이 알려진 것입니다.

그러나 계연, 범려 같은 사람들은 황도 12궁으로 하늘의 이치를 읽었습니다. 예를 들면 2010년은 황도 11궁인 물병자리에 목성이 가 있는 해입니다. 이름에서부터 그렇듯이 비가 어지간히 많이도 들어붓는 해입니다. 그러나 하반기로 갈수록 한발이 들게 됩니다. 그래서 2011년에는 물고기자리인 황도 12궁으로 목성이 자리를 옮깁니다. 물고기가 보일 정도니 물이 많이 부족하고 가뭄이 들 것입니다. 그래서 미리미리 수레를 준비하라는 것입니다.

다시 말하지만 여기서 세성은 목성을 의미합니다. 목성은 지구나 화성처럼 고체가 아닌 가스 덩어리인 기체의 별입니다. 그래서 변화무쌍하고 쉽사리 지구와 교류가 됩니다. 태양계의 행성 가운데 지구가 태양을 1년에 1바퀴 공전하는 반면, 목성은 태양을 대략 12년에 한 번 공전합니다. 그래서 그 주기가 지구에 가장 큰 상관관계가 있다고 옛 사람들은 보았던 것입니다. 그리고 그것은 너무나 정확하다는 것이 통설입니다.

그 목성의 위치를 황도 12궁이라는 태양과 오행의 별들이 다니는 길을 하늘에서 찾아서 목성이 목·화·금·수 자리에 들었을 때 하늘과 땅 사이에 살고 있는 인간의 길흉을 보기도 하고, 농사에 통계학적 자료를 만들어 활용했습니다.

이는 사마천의 《사기》 중 〈천관서〉·〈역서〉 등에 상세히 나오며, 사마천의 아버지인 사마담(司馬談) 역시 하늘을 관측하는 직업을 가지고 있었고, 우리나라에서도 고구려 혹은 그 이전부터 하늘을 관찰했던 것으로 알려져 있습니다. 조선의 세종대왕도 집현전 학사들을 시켜 천체를 관측하여 《칠정산내편(七政算內篇)》과 《칠정산외편(七政算外篇)》을 만들어 나라 살림에 활용했다고 합니다. 천체 관측은 황제가 아니면 할 수 없는 것인데 우리의 세종대왕은 이러한 천체 관측과 농부들의 농사 경험으로 그 징조, 징후를 찾아내어 작황을 좋게 하려고 신하들을 시켜 지은 책이 《농사직설(農事直說)》입니다.

우리 조상들이 조선시대에 한 것은 그렇다고 쳐도 밤하늘의 그 수많은 별자리 중에서 지구의 기후와 가장 상관관계가 높은 어느 별 몇 개를 찾아 수십 년에 걸쳐서 상관계수를 밝혀낸 옛 사람들의 지혜는 지금의 과학적·분석적 방법으로는 생각조차 불가능한 것일지도 모릅니다.

다음 그림에서 초승달과 목성, 금성이 보이시나요? 실제로 지구에서 망원경으로 본 크기입니다.

금성과 목성은 달에 이어서 두 번째, 세 번째로 밝은 별이라고 근대 과학

이 발달하면서 알려졌지만, 실질적으로는 아래 그림과 같이 엄청 큰 기체 덩어리인 행성입니다. 사실 눈에 보이지도 않는 달의 영향을 온 몸으로 받고 계신 여성분들을 생각하면 저렇게 큰 엄청난 별이 우리 인간에게 미치는 영향은 무한한 것일지도 모릅니다. 지금도 시골에 가면 깨알처럼 쏟아질 것 같은 많고 많은 별 중에서 인과관계를 밝혀낸 것은 천안(天眼)이나 아주 뛰어난 직관(直觀)이 아니면 불가능할 것이라는 생각이 듭니다.

금성(金星)은 순 우리말로 샛별입니다. 샛별은 태양계의 두 번째 행성이며, 달에 이어서 밤하늘에서 두 번째로 밝은 천체입니다. 금성의 명칭은 오행 중 하나인 '금(金)'에서 유래했고, 태백성(太白星)으로도 불렸습니다. 금

목성(Jupiter)과 지구(Earth)의 크기 비교

성은 저녁 무렵 일몰 전후 혹은 새벽 무렵 일출 전후에만 볼 수 있으며 영어로는 '비너스'라고 합니다.

이러한 하늘의 운행을 읽어낸 것은 사실 동이족(東夷族)입니다. 어쩌다가 14대 단군인 치우(蚩尤)천황이 탁록(涿鹿)전투에서 페르시아 무기로 무장한 황제한테 지고, 그 이후 중앙의 토(土)의 기운을 가진 한족들이 동이족 역사를 자기네 한족의 토양으로 왜곡을 시킨 다음 흡수해버려서 그렇지, 우리나라도 환인, 환웅, 그리고 단군 이래의 부여, 고구려시대부터 별자리 관측을 했고, 그런 유전자로 인해 한국 사람들은 밤하늘의 별을 보면 고향을 느끼기도 합니다. 어쩌면 사춘기 시절에 알퐁스 도데의 그 아련한 연애소설을 다 읽었기에 그러는 것인지도 모릅니다. 그럼에도 불구하고 사실 우리나라 사람들은 '천상열차분야지도(天象列次分野之圖)'라는 우리 조상들의 천문도(天文圖)를 매일 보며 삽니다. 뭘 매일 별을 보냐구요? 눈 있다고 보는 것이 아닙니다. 보려고 하면 보이는 것이고 보지 않으려고 하면 눈앞에다 쥐고 흔들어도 못 보는 것이 인간입니다. 우리들이 좋아하는 세종대왕이 모델로 등장한 만 원짜리 지폐의 뒷배경이 우리 조상들이 만든 천문도인 천상열차분야지도이기 때문입니다. 지금이라도 지갑 속의 돈을 살펴보시기 바랍니다. 세종대왕이 있는 앞면이 일월오봉도로 해와 달, 그리고 목·화·토·금·수이고, 뒷면이 하늘을 관측하는 망원경인 혼천의와 천상열차분야지도입니다.

그러면 이제 사마천이 이야기하는 계연과 우리가 어떤 차이가 나는지 한번 살펴볼까요? 우리 같은 범부들의 행태는 이렇습니다.

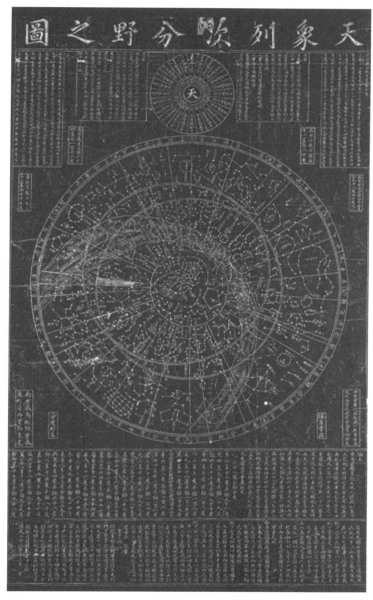

천상열차분야지도

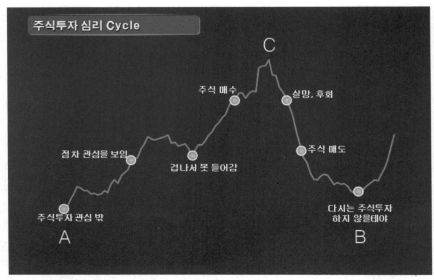

주식투자 심리 Cycle

C

주식 매수 · · 실망, 후회

점차 관심을 보임 · · 주식 매도
· 겁나서 못 들어감

주식투자 관심 밖 · 다시는 주식투자
하지 않을테야

A B

범려 같은 도인(道人)과 우리 범부(凡夫)의 차이

여기서 "밀짚모자는 겨울에 사라."는 증시속담을 생각나게 하는 계연의 훌륭함을 엿볼 수 있습니다. 우리 같은 범부나 일반 투자가들이 실패하는 주된 이유를 보면 다음과 같습니다. 계연, 범려, 그리고 뒤에 나오는 백규 같은 사람은 위 그림에서 A와 B 두 지점에서 편안히 일을 시작했으며, C지점에서는, 그들의 표현에 의하면, 독수리가 사냥을 하듯이 여불위나 상앙이 작전을 펴듯이 했다고 합니다. 그런데 우리들은 그 반대입니다. 왜 사람들은 위 그림과 같은 것을 매번, 매 세대마다 반복해서 하는 것일까요?

우리 95%의 개인투자자의 반복된 실패와 교훈을 가슴이 아프더라도 한 번 들여다보겠습니다.

10. 금융시장의 이치
- 개인투자자의 반복된 실패와 교훈 -

   ＊ 원문은 삼성증권의 정영완 상무와 김성봉 연구원이 작성한 글로 독자들의 편의를 위해 단어와 문맥을 각색하였습니다. 아래 볼드 부분은 제 해석입니다.

   개인투자자들은 투자함에 있어 성적이 좋지 않게 나타난 것은 최근에 나타난 현상은 아니다. 과거에도 꾸준하게 나타났던 현상이며, 앞으로도 이러한 현상은 지속될 것으로 보인다.

   1) 개인투자자가 시장과 반대로 가는 데는 이유가 있다고?

   지점에서 개인투자자들에게 종목을 추천하여 주는 일은 만만치 않은 일이다. 당장 오를 수 있는 종목을 항상 골라 주어야 하기 때문이다. 물론 매입하고 나서 하락하기 시작한다면 기분 나쁜 것은 당연할 것이다. 경험상 사고 나서 올라 갈 종목은 대부분 '추세(趨勢)'가 살아 있는 종목이다. 즉 일정 수준 이미 올라 있는 종목들이 주가가 더 좋을 확률이 높다. 그러나 많은 개인들은 이미 올라 있는 종목을 추천하면 싫어하거나 의심한다.

> 증권회사 직원들도 '비난과 칭찬'이라는 인간적 마음에서 벗어나기 전
> 에는, 그리고 상대방과 오래 사귀기 전에는 당장 무난하고 듣는 사람
> 이 납득할 종목을 추천할 수밖에 없다는 의미입니다.

'너무 올라서…' 부담스럽다는 이야기를 하게 되고 그러면 어쩔 수 없이 하락세에 있거나 상승 추세에서 조정을 받고 있는 종목들에 대한 추천을 해야 될 수밖에 없는 경우가 많았다. 단기적으로라도 내려 있으면 그럭저럭 좋아하는 경우가 많다. 중장기적으로 빠지고 있는 종목은 대개 추천해줘서 고맙다는 듯이 매입에 나서는 경우가 많은 것으로 기억된다.

> 이것은 석기시대 이래 우리의 자기보호본능입니다. 오른 종목을 추천
> 하면 무서워하거나 혹은 어떤 고객 분들은 다 오른 다음에 먼저 사신
> 분들의 주식을 자기에게 팔려고 추천한다고 의심까지 하시니 할 수 없
> 이 싸게 보이는 종목을 추천할 수밖에 없다는 의미입니다.

반대로 팔아야 된다는 의견을 낼 때는 손실이 나고 있는 종목에 대해서는 미련이 많다. '너무 빠져서…' 다시 오를 가능성이 더 높지 않겠느냐는 생각 때문이었다. '너무 올라서…'와 '너무 빠져서…'에 대해서 한 번 생각

해 보는 기회를 갖는 것은 극복하기 힘든 '인간'의 약점을 한 번 넘어 볼 수 있는 중요한 계기가 될 수 있지 않을까?

농경민이 유목민한테 당한 것은 선사시대 이래의 병이고, 6.25동란 혹은 만주사변 때 괜찮겠지 하며 피난 안 갔다가 이산가족이 되신 분들의 사연도 사실은 낯선 공산주의에 대한 미숙한 판단을 한 인간의 본능입니다. 그래서 고향 대대로 물려 내려오거나 혹은 평생 가꾸어 오던 재산을 포기하지 못합니다. 문제는 시장에서도 그런 분들이 많다는 것입니다. 증권회사 직원 입장에서는 일반적인 약속의 경우에도 한번 한 말을 뒤집기가 참 고통스럽고 어렵습니다. 하물며 돈과 관련된 이야기는 더욱 그러합니다. "전문가라는 사람이 언제는 좋다고 하며 사라고 했다가, 지금은 오르기는커녕 내렸는데 팔라니 지금 당신 장난치는 거냐?" 혹은 "어디서 들은 소리로 나에게 추천한 것이냐?" 하며 욕을 먹기 십상입니다. 제가 20년간 겪은 사연입니다.

2) 증권사에 주문 내는 방법은 여러 가지다

보통 외국인이나 기관의 경우 매매 주문을 낼 때, 어느 가격을 콕 찍어서 내는 경우는 드물다. 일정 수량을 당일에 사거나 팔아달라는 형태의 주문이 많으며, 일정 수준 이상이나 이하에서는 거래하지 말라는 주문이 일반적이다. 따라서 외국인과 기관의 거래는 장중 가격에 크게 상관없이 이루어지며, 큰 변동이 없는 한 그날의 평균적인 가격에서 매매를 성사시키려는 경향이 강하다. 따라서 매매체결은 주로 지금 나와 있는 가격(호가)에 바로 체결시키는 매매가 일반적이다. 반면에 개인 투자자들의 경우 대개 가격을 정하는(지정가) 주문을 선호하며, 장중 고점보다 싸게 사고 저점보다 높게 파는 것을 선호한다.

> 전문투자가인 기관투자자들은 시장의 가격에 순응을 하며 사는데 개인들은 누가 콕 찍어준 가격이거나, 자신이 용납하는 가격으로 사거나 팔려는 기준이 있다는 말입니다. 이런 분은 "나, 세상 이치 몰라요. 세상이 나를 따라와야만 해요."라고 말하시는 음치나 색맹처럼 '세상 치(癡)'이거나 '세상 맹(盲)'이십니다.

이런 차이가 어떤 결과가 나올지는 간단하게 추론할 수 있다. 현재가보다 높거나 낮은 가격에 주문을 내놓은 일반 투자자들의 주문에 외국인과 기관들은 소위 판과 패를 다 읽은 다음에 매수나 매도를 하기 때문에 개인들은 가격을 받아들이는 수동적인 매매가 될 수밖에 없고, 반면에 기관이나 외국인들은 가격을 움직일 수 있는 세력이 되는 것이다. 가격을 낮춰가면서 팔고 가격을 올려가면서 사기 때문에 자연스럽게 그들의 매매 패턴대로 가격이 움직일 수밖에 없는 구조가 된다. 따라서 시장이 상승한 경우는 대부분 외국인이나 기관이 순매수를 강하게 하는 경우이고, 그 반대편에는 항상 개인의 순매도가 있을 수밖에 없는 상황이 연출된다.

"적을 알고 나를 알면 백 번을 싸워도 위태롭지 않다."는 《손자병법》 아시죠? 혹은 1970년대의 '무하마드 알리'와 '조 프레이저'의 대결 아시죠? '움직이는 자'와 '움직이지 않고 움직임을 지켜보는 자'와의 싸움은 주식시장에서도 마찬가지입니다. 지금 장의 아래위 매수·매도 가격이 다 전산으로 공개되는 마당에 개인들의 전략은 항상 나쁜 것은 아니지만, 나쁜 일이 생기기 쉽습니다.

기관이나 외국인의 경우 펀드의 규모가 커서 단기적으로 움직이기가 쉽지 않다. 한 번에 대량으로 거래하는 경우가 많아 단기적인 수익을 내기 보다는 중장기적인 관점에서 수익을 내려는 경향이 강하기 때문에 일중 가격 변동에는 크게 민감하지 않다. (물론 싸게 사는 것이 좋기는 하지만) 월급쟁이는 매월, 매분기, 매년 성적평가를 받기에 최소 주간이나 월간에서 연간으로 수익을 내려는 매매이기 때문이다. 반면에 개인들의 경우 (다 그런 것은 아니라 하더라도) 일정 부분 장기 투자에는 크게 관심이 없는 경우가 많다. 단기적으로 10~20% 정도의 수익을 내면 빠져 나오려고 하기 때문에 장중에 조금이라도 싸게 사거나 비싸게 파는 것이 중요하다고 생각한다.

시간단위로 주식 차트를 보시는 분이 있고, 하루 단위로 주식 차트를 보시는 분도 있습니다. 그렇지만 외국인이나 기관투자자들은 최소한 주간 단위로 주식 차트를 봅니다. 움직이는 물량이 크기에 그렇습니다. 예를 들면 100주를 팔고자 하는 분과 10만주 팔고자 하는 분은 그 소요기간이 다릅니다. 6.25 당시의 피난민도 혈혈단신의 피난과 온 가족의 피난은 이동수단, 이동시간, 이동장소 등이 다 다릅니다. 군대에서도 첩보병 1명이 움직이는 것과 대대나 연대가 움직이는 것은 시간대와 루트가 다릅니다. 세상의 이치는 이렇게 원리는 같다고 보셔야 단순하게 보실 수 있습니다.

3) 평균회귀 — 선사시대 이래의 병인 두려움과 기대

개인투자자들의 이러한 매매 패턴은 심리적으로 평균회귀에 대한 기대감이 큰 것이 하나의 원인으로 지목되고 있다.

개인투자자들이 주가의 과거 데이터를 참조하게 되면 평균으로의 회귀에 대한 기대를 갖게 된다고 주장하였다. 많은 투자자들이 이러한 성향을 가지고 있는 것은 사실로 보인다. 주가가 오르면 곧 떨어질 것이라는 두려움을 갖게 되고, 주가가 하락하면 다시 올라갈 것이라고 기대를 하기 때문에, 본능적으로 개인투자자들은 상승하고 있는 주식을 매입하기 꺼려하게 되고, 하락하는 종목에 대해서는 매도하기를 꺼려하게 된다. 최근 연구가 활발히 진행되고 있는 행태재무학(Behavioral finance)에서는 이러한 심리적인 부분을 다양하게 다루고 있다.

행태재무학이라는 것은 인간의 심리는 사람을 다룰 때나 물건을 다룰 때나 그 욕망과 두려움으로 인한 공동심리가 작용하기도 하고, 자기의 이익을 위해 개인적으로 노력하기도 하는 심리가 돈과 관계해서도 거의 비슷하게 나타난다는 경험적 학문입니다. 심리학의 관점에서 인간의 경제적 의사결정을 설명한 경제심리학은 2002년도 노벨경제학상 분야이기도 합니다.

우리나라 증권시장의 과거 차트를 관찰하여 보면 평균회귀에 대한 근거를 찾아볼 수 있다. 종합주가지수는 1987년 500포인트를 돌파한 이후, 2005년 중반까지 무려 18년간 500~1,000포인트 사이에서 박스권을 그렸다. 그 기간 동안 투자한 투자자들의 경우 주가지수는 오르면 빠지고, 빠지면 다시 오른다는 생각을 가지는 것은 당연하다. 평균회귀에 대한 기대가 있을 수밖에 없다.

그러나 중요한 것은 그 폭이다. 500포인트에서 1,000포인트까지 오른다면 수익률로 100%이다. 결코 작은 수익률이 아니며, 그 기간 동안 주요 상승 주도 종목들의 수익률은 100%를 훨씬 상회할 것이기 때문이다. 큰 폭의 스윙(swing)을 보여줌에도 불구하고 작은 폭의 왜곡된 평균회귀에 대한 기대와 두려움으로 작은 폭의 등락만 있어도 평균회귀를 기대한다.

달이 차면 기울고, 음지가 양지되고 양지가 음지되고, 봄이 오면 여름이 오고 여름이 지나면 가을이 오고 등의 변화는 시장에도 있는데, '

기다림'을 큰 미덕으로 알고 있는 투자자들은 변화를 활용하지 못합니다. 그리고 당겼던 고무줄이 제자리로 돌아올 것을 기대합니다. 문제는 그 대상이 고무줄이 아니라 나무막대기이거나, 물 풍선 같은 것이어서 평균회귀는커녕 한 생명이 만료되는 경우도 있는데, 항상 평균으로 회귀하리라고 믿는 것이 문제입니다

6.25 이전에 피난 오지 않은 분들처럼 알라스카에도 이산가족이 있습니다. 어느 날 소련과 미국이 얼음 위에 금을 그어 생이별을 당했습니다. 며칠 그러다가 말겠지 했으나, 평생 그리고 지금도 평균회귀하지 않고 있습니다.

평균회귀에 대한 기대는 투자자들로 하여금 단기매매 성향을 가지게 만들어 중장기적인 상승 추세 시장에서는 큰 수익을 낼 수 없게 만든다. 반면에 보유종목이 하락할 경우 다시 상승할 것이라는 기대감으로 매도를 꺼리게 돼 작은 손실을 크게 키우게 되는 부작용이 있을 수 있다.

물론 시장이 작은 박스권을 그리는 경우 이러한 매매 전략은 훌륭한 수익을 내줄 수 있을 것이다. 그러나 과거 18년간 500포인트와 1,000포인트 사이에서 움직인 우리 주식시장에서 개인투자자들의 수익률이 좋지 않았다는 사실은 그러한 가정을 하기도 힘들게 한다. 박스권에 대한 기대 폭이 너무 작기 때문이다. 개인적인 경험에 의하면 대개 10~20% 정도 오르거나 떨어지면 반대로 움직일 것을 기대하는 것으로 판단된다.

박스권 매매는 〈화식열전〉의 범려나 계연, 그리고 2권의 주인공인 백규 등 쟁쟁하신 분들이 의존하신 방법입니다. 이 방법은 세상의 이치를 알듯이 주식시장 혹은 펀드 세계의 이치를 아시면, 혹은 지금 이 글만 잘 읽으셔도 가능한 분야입니다. 연세가 약 48세 넘으신 분들은 이 분야를 공부하시길 바랍니다. 나이가 많으실수록 유리합니다. 경험이 중요하기 때문입니다. 10%만 올라도 '어이구 은행이자의 3배네!' '내 손에 들어와야 내 돈이지' 하며 냉큼 팔아버리면 그 이후 10배, 100배 올라갑니다. 저도 그와 같은 바보짓을 수없이 해왔습니다.

대한항공은 달러 자산과 달러 부채가 많은 탓인지 국제변동에 참 민감하다. IMF 때나 2008년 서브프라임 모기지 사건 당시에도 그러했지만, 2005년의 예를 보면 2005년 연중 내내 하락세를 보이던 대한항공의 주가

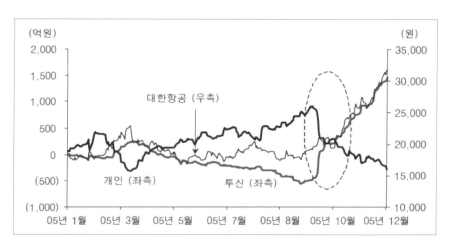

대한항공의 주가 흐름과 투신과 개인의 누적 순매수 동향 (자료 : 유가증권거래소)

는 대략 9월말부터 상승세를 보이기 시작했다. 주가가 하락세를 보이는 오랜 기간 동안 계속 사기만 했던 개인들은 상승세가 본격적으로 시작되기도 전인 10월말까지 1년 동안 순매수했던 물량의 대부분을 팔아버렸다. 아마도 평균회귀(상승)에 대한 기대로 하락하는 동안 매수했을 것이지만, 조금 수익이 나는 시점에 다시 평균회귀(하락)에 대한 우려로 팔았을 것이라고 생각된다.

> 개인들의 가장 큰 약점은 '자신을 화장하고 싶어 하는 욕망'이라고 생각합니다. "나는 한 번도 손해보고 판 적 없어." 혹은 "내가 믿었던 사람은 나를 실망시킨 적 없어." 등으로 본인의 장점을 끝까지 살려 자신의 성적표를 화려하게 지키려고 합니다. 이것이 선사시대 이래 우리의 병입니다. 그러나 이것은 투자에서 치명적 성격결함입니다. 투자는 일종의 상대가 있는 경쟁입니다. 그렇지만 태권도나 축구 등 대부분의 운동경기처럼 상대를 이기는 경기가 아니라 바둑이나 골프처럼 상대가 있기는 하지만 자신과 싸우는 경쟁이라는 투자의 본질을 아셔야 합니다. 이것은 필수입니다.

4) 지피지기(知彼知己)면 백전백태(百戰百殆) - 기관투자가와 외국인의 매매패턴을 알아보자

적을 알고 나를 알면 백전불태(百戰不殆)라고 하였다. 백번을 싸워도 위

태로움에 처하지 않는 다는 소리다. 지금까지 개인투자자의 전형적인 매매 패턴을 알아봤다. 이제는 개인투자자의 상대편인 외국인이나 기관투자가의 매매패턴을 알아보자. 개인투자자의 상대는 결국 외국인과 기관투자가이다. 기관 중에는 최근 장을 주도하고 있는 투신권이 가장 강력한 경쟁자일 것이다. 과거에는 상승시에 시장을 주도한 것은 외국인이었다. 하지만 그들이 야금야금 주식을 사 모으는 동안 개인들은 매도 위주의 차익실현이나 관망을 하는 정도였다. 주식시장의 최대매수세력으로 떠오른 것은 눈치가 빠르거나 스스로를 아는 일반인들의 자금 유입이 급속도로 늘어나고 있는 투신권이다. 자금이 계속 들어오는 만큼 주식을 편입시켜야 하는 투신의 매매패턴을 알고 나면 패를 훤히 다 보이고 있는 쪽은 투신이라는 사실을 알게 될 것이다. 개인투자자는 상대방의 이런 약점을 이용해서 수익을 낼 수 있어야 한다.

> 투신의 매매 패턴을 정말로 잘 아셔야 합니다. '고스톱'을 칠 때도 초보자는 욕심만 앞서서 '자기 패'만 봅니다. 조금 머리가 잘 돌아가는 사람은 자기와 경쟁을 할 나머지 두 사람을 봅니다. 아주 머리가 잘 돌아가는 사람은 '판'을 읽을 줄 압니다. 투신권과 외국인과 개인 그리고 대주주 네 명이 고스톱을 치는 것이 시장입니다. 그 중에 한 명은 광 팔고 쉬는 경우가 많습니다.

회사나 조직에 매인 사람들은 매뉴얼(업무지침서)이 있어서, 투신권을 포함한 기관투자가나 외국인은 기본적으로 펀드를 형성하여 투자한다. 그들의 기본적인 투자 방법은 포트폴리오 구성이다. 작게는 10개 종목에서 많게는 70~80개 종목까지 포트폴리오를 구성하여 투자를 하는데, 대개 40~50개 정도가 주류를 이루는 것으로 보인다. 각 종목의 비중은 시가총액에 따라 다르지만, 작은 종목의 경우에는 1% 미만에서, 큰 종목의 경우에는 10%를 상회하는 비중을 두기도 한다. 펀드에 편입될 종목과 그 비중은 펀드매니저가 판단하여 정하게 된다. 한 번 편입한 종목은 급락을 한다거나 하는(손절매를 해야 하는) 특별한 사유가 없는 한 상당기간 보유하게 되며, 주가 흐름에 따라 비중을 줄이거나 늘리는 정도의 변동만 있게 된다.

> 펀드매니저는 자신의 밑천이 자기 돈이 아니라 자기 실력을 믿고 간접투자하시는 개인투자자의 돈이기에 돈을 버는 경우에는 문제가 없지만, 나중에 잘못되어 투자자나 주주에게 의심을 받거나 쫓겨나면 안된다는 생각이 약점입니다. 상대방의 약점도 모르고 강점도 모르면 적을 아는 것이 아닙니다. 더구나 우리는 자신도 모릅니다. 자기도 모르고 적도 모르면 백전백패(百戰百敗)라고 손자는 이야기했습니다. 지피지기면 백전불태라니 한 번 기관투자자를 볼까요?

이제 기관투자가의 입장에서 운용을 생각해 보자. 1000억 원 규모의 펀드가 있다고 가정하고 포트폴리오는 대략 40종목 정도로 가져가는 펀드라고 가정한다. 한미약품을 펀드에 편입하기로 연초에 결정했다고 가정하고

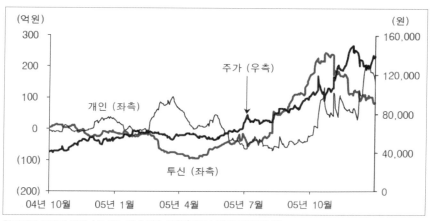

한미약품 주가와 개인 / 투신 누적 순매수 동향 (자료 : 유가증권거래소)

그 편입 비중은 2%였다고 생각해보자. 1000억 펀드의 2%면 20억 원 어치를 매입하여야 비중을 맞출 수 있다. 하지만, 문제가 있다. 1월 한 달 동안의 한미약품의 일평균 거래대금은 20억 원 밖에 되지 않는다. 20억 원 어치를 한 번에 매입하게 되면 가격이 급등할 것이고 또, 하루에 다 매입할 수도 없는 정도의 거래대금이다. 이런 경우 기관투자자는 가격에 최대한 충격을 덜 주기 위해서 분할 매수를 할 수 밖에 없다.

물론, 매일 사들일 경우 분할 매수를 하더라도 가격이 상승하는 것은 어쩔 수 없는 일이라는 것은 알고 있다. 평균적인 거래량을 고려하여 하루에 한미약품 거래대금의 15% 정도씩 매입한다고 하면, 매일 3억 원 정도의 매수를 하여야 하며, 약 7일간 매수를 하여야 다 매입을 할 수 있었을 것이다. 매일 매일 호가를 올려가며 매수를 해야 하므로, 단기적으로 가격은 상승할 수밖에 없다. 그러나 주가에 영향을 주는 것은 여기에서 그치지 않는다.

> 그래서 기관투자자들은 '일봉 차트'보다는 '주봉 차트'를 보는 경우가 많습니다. 1층에서 보는 것이 아니라 최소한 3층, 4층에서 내려다봅니다. 1층 사람들의 움직임을 읽어야 하기 때문입니다. 자연에서도 위에 매나 독수리가 있는 줄도 모르고 아무렇게나 다니는 토끼나 쥐는 없습니다. 인간은 간혹 동물보다 자기 목숨을 사랑하지 않는 경우가 많습니다. 쓸데없는데 너무 신경을 많이 씁니다. 바둑왕 조치훈은 바둑도 '목숨을 걸고 둔다'고 했습니다.

2006년 말부터 2007년 연초 이후 적립식 펀드 열풍이 불면서 펀드에 돈이 밀려들어오기 시작했다. 우리가 가정한 펀드도 돈이 들어와 규모가 2000억 원 수준으로 불어났다고 가정해보자. 한미약품의 비중을 줄이지 않았다면, 20억 원을 추가로 매입해야 기존 포트폴리오를 유지할 수 있다. 자동적으로 추가 매입을 해야 하며, 펀드에 돈이 계속 들어오면 오는 만큼 계속 사 주어야 한다. 충분히 올라서 차익실현을 하거나 비중을 축소해야겠다는 판단을 하기 전에는 계속 살 수밖에 없다.

저나 펀드매니저들이나 다 월급쟁이고, 규정에 따라야 한다는 것을 말씀 드렸지요? 사실 펀드매니저들은 금융회사에서도 스마트하고 명석하고 의사결정이 명쾌한 사람들입니다. 그런 사람들이 바보들의 놀이터인 인터넷과 신문방송의 여론이 무서워 자신의 견해를 지키지 못합니다. 1년을 보고 투자를 하다가, 10년 전만해도, 어느 날 갑자기 9시 뉴스에 최근 일주간 펀드수익률 비교 같은 방송이 나오면, 1년 계획은 서랍 속으로 들어가고, 사람은 다른 곳으로 인사이동 보내고, 초 단위 분 단위로 살아가야 하는 것이 소위 '골든 보이'라고 불리며 젊은 사람들이 부러워하는 펀드매니저들의 세계였습니다. 지금은 그렇지 않다고 자신 있게 말하기도 힘이 듭니다.

5) 그런 일들은 시장에서 비일비재하게 발생했다. 대표적인 것이 배당 펀드이다

배당 펀드의 수익률이 좋다는 것이 알려지면서 배당 펀드로 자금이 급격하게 밀려들어오기 시작했다. 기존의 배당을 많이 주는 종목에 대해 집중적으로 투자를 하는 펀드로 배당을 많이 주는 한, 한 번 편입하면 잘 팔지 않는 성향을 가지고 있다. 고배당 종목에 대해서만 집중적으로 투자가 이루어지게 되면서 고배당 종목들의 유동성이 급격히 줄어들기 시작했다. 한정된 물량과 종목에 대해서만 자금이 유입됐기 때문에, 배당이 많았던 종목들이 씨가 마르면서 급격한 가격 상승세를 보이기도 했다.

같은 성향을 가진 기관들의 이러한 성향은 매도 시에도 그대로 반복된

다. 한 번에 물량을 다 팔 수 없는 경우에는 지속적으로 조금씩 비중을 줄여가는 전략을 가져가게 되며 원하는 수준으로 비중이 떨어질 때까지 계속 팔게 된다. 아울러 기관투자가들에게는 편입 종목에 대한 손절매 한도가 있다. 대략 10~20% 정도 매입단가에서 하락하게 되면 의무적으로 매도를 해야 하기 때문에, 대리 가격이 하락하였더라도 그 종목에 대해서는 미련 두지 않고 매도를 하게 되며, 이런 매도는 가격 하락을 단기적으로 심화시키기도 한다.

책을 번역하면 번역료로 500만원 받는 사람도 있고, 책 판매의 몇 %로 받는 경우도 있습니다. 이 퍼센트는 무서운 것입니다.

회사에서 구조조정 할 때에도 직원을 '몇 명 줄인다'와 직원 '몇 %를 줄인다'는 것은 전혀 다릅니다. 펀드도 그러합니다. 규정상 가격과 상관없이 몇 %를 사야 하는 경우도 있고, 규정상 몇 %를 당장 내일부터 올라가는 줄 알면서도 지금 당장 팔아야 하는 경우도 있습니다.(사실 밤사이에 9.11 테러가 나듯이 이 규정을 지키지 않다가 회사에 손해를 끼친 사람은 무슨 일이 생기면 집에 가야 합니다.) 상대의 이러한 입장을 아는 현명한 사람들이 공부해야 하는 것이 있습니다. 손절매! 한 때는 일본말로 '손기리'라고 해서 '손해를 잘라내다'라는 의미입니다. 올라가는 것은 올라가는 이유가 있고, 내려가는 것은 내려가는 이유가 있는데 단지 '부족한 내가' 모르고 있는 것일지도 모르기에 '겸허하게' 자신의 원래 의견을 눈물을 머금고 철회하는 것입니다. 이것을

기꺼이 하시는 분과 절대 안 하시는 분은 그 결과가 천지차이입니다.

기관들의 매도가 시작되는 가장 큰 이유 중의 하나는 펀드의 환매이다. 2005년처럼 꾸준히 돈이 유입될 경우에는 위에서 설명한 대로 편입 종목에 대해 꾸준한 매수가 유입이 되지만, 반대로 2009년이나 2010년처럼 펀드의 환매가 늘어날 경우 편입 비중대로 계속 매도가 출회될 수밖에 없다. 따라서 펀드의 환매가 본격화 될 경우 외국인들이 적극적으로 받아 주지 않는 종목은 개인들에게로 돌아가게 되며, 개인의 특성상 가격을 올리면서 사지 않으므로 그 종목의 주가는 하락세를 면치 못하게 된다. 따라서 펀드의 환매가 시작된다고 하면, 기관 보유 종목보다는 외국인들의 매수가 집중되는 종목에 관심을 더 늘려야 할 것이다.

"학문(學問)은 여역수행주(妊逆水行舟)하니 부진즉퇴(不進即退)이니라.(학문은 물을 거슬러서 올라가는 배와 같아서 앞으로 나아가지 않으면 물러서는 법이다)"는 말처럼 주가도 물을 거슬러 올라가는 배와 같아서 올라가지 못하면 내리는 것이 세상의 이치입니다. 더구나 기관투자자들은 방향성, 그리고 기계식 매매를 하기에 더더욱 그렇습니다. 기관투자자나 외국인들의 이러한 속성은 꼭 알아두셨으면 합니다. 평균회귀는 우주의 사실이지만 그 시간이 우리의 주머니사정이나 인간의 수명을 넘어가는 경우도 많습니다.

6) 기관매매는 운용사마다 차이가 있지만 '공통점'도 높다

기관이나 외국인들의 운용 방식으로 인해 한번 편입이 된 종목에 대해서는 매수가 꾸준히 유입될 수밖에 없고, 매도를 결정한 종목에 대해서는 꾸준한 매도가 이루어질 수밖에 없는 이유를 알게 되었다. 이런 현상은 펀드의 자금이 늘어나거나 줄어듦에 따라 같은 방식으로 영향을 미치게 된다는 것도 알았다. 그렇다면 많은 수의 다양한 펀드가 존재하는데, 그들의 매매 방향이 반드시 같다는 보장이 있나? 전 기관의 매매 방향이 같을 수는 없다. 하지만 우리가 필요한 데이터는 기관이나 외국인들의 순매수데이터이다. 우리는 매수/매도를 차감한 순매수 데이터만을 가지고 그 추이를 알 수 있는 것이다.

'95% 법칙' 아시죠? 그렇다고 '5%'가 꼭 좋은 것은 아닙니다. 외롭고 힘이 듭니다. 펀드매니저는 자기 자신이 오너가 아닌 다음에야 조직에 소속된 사람인 경우에는 대중을 따를 수밖에 없습니다. 더구나 진리는 단순한 것입니다. 진리는 신문도 알고, 방송도 알고 증권사 애널리스트도 압니다. 그래서 우량주는 누구나 다 압니다. 그런데 본인의 소심함과 싸게 사고 싶은 마음에 이상한 것, 특별한 것, 혹은 어떤 비밀스러운 것을 찾아다닙니다.

"속삭이는 주식에 손대지 마라!"는 유명한 증시 격언이 있습니다. 자신만이 혼자 아는 어떤 것은 독버섯인 경우가 많고, 그야말로 하이리스크, 하이리턴입니다. 그러다가 혹세무민하는 작전세력에 걸려 드는 경우가 많습니다. 증권사 직원의 경우 그들도 사람이기에 그렇고, 저 역시 그랬습니다. 한 마디로 바보들입니다.

그들은 어떻게 편입 종목을 선정할까? 기관에서 펀드를 운용하는 매니저들 편입 종목을 선정하는 방법은 애널리스트의 분석보고서를 통하는 방법과 직접 회사를 방문하여 가치평가를 하는 방법이 있다. 애널리스트도 증권사의 애널리스트와 팀 내(in-house) 애널리스트 두 종류가 있으며, 운용자는 전 업종을 커버해야 하는데 반해, 애널리스트는 담당 업종에 대해서 집중적으로 커버를 하기 때문에, 업종에 대해 보다 많이 꿰뚫고 있어 이들을 무시할 수는 없다.

운용자들은 일단 종목을 고르기 전에 업종을 먼저 고른다. 업황이 좋아지고 있지 않다면 관심을 가지기는 어렵다. 실적이 점점 나빠지는 종목을 선택할 수 있다는 부담감 때문이다. 반면에 실적이 조금씩이라도 개선되는 업종에 대해서는 적극적이 될 수 있다. 고평가, 저평가의 문제보다는 현재 업황이 개선되고 있느냐의 여부가 중요하다. 주가가 오르는 동안에는 어느 정도의 거품은 생기게 마련이기 때문이다. 따라서 애널리스트들의 산업 분석 자료는 아주 중요한 의미가 있다.

그들의 의견은 각각 다를 수 있지만, 그 의견들 사이에서도 추세는 존재하고 있으며, 그런 의견들의 흐름을 읽는 것은 아주 중요하다.

> 금융시장의 구조상 증권사는 투신운용사에 비해 리스크가 높아서 월
> 급도 더 많은 것이 일반적입니다. 그래서 직원들도 많고, '애널리스트'
> 라고 하는 분석가들이 많습니다. 그에 반해 투신사는 개발자, 운용
> 자, 혹은 사용자들입니다. 그래서 안정적인 것을 선호합니다. 이러한
> 세상의 구조는 잘 모른 채, 보통 증권사 직원들은 자기 회사 리포트는
> 잘 읽어보지 않습니다. 그래서 증권회사 사람들이 세상물정에 더 어
> 두운 경우가 많습니다. 흔히 저도 이렇게 이야기하곤 했습니다. "어
> 그 아이? 그 애 별거 아니야?" 시장이 실력으로 인정하는데 가까운
> 데 있는 사람은 너무 자주 보아서 인정을 안 하고, 다른 증권사 리포
> 트를 더 좋아합니다. 여하간 사람들은 바보가 많습니다. 그래서 앙드
> 레 코스탈라니는 증권시장처럼 돈 벌기 좋은 곳이 없다고 합니다. 단
> 위 면적당 바보의 수가 가장 높은 곳이 증권회사라고 말입니다.

7) '못 먹어도 고'의 세상! – 한 번 편입한 종목은 계속 산다

기관 투자가나 외국인들의 매매패턴은 일단 업황이 좋아지는 쪽으로
포커스가 맞춰지며, 이런 경향은 업종 내에서 고점 논란이 지속될 때까지
이루어진다. 기관투자가가 편입할 수 있는 정도의 규모를 가진 종목이 많
지 않기에 많은 경우 기관투자가들 간에 겹치는 경향이 있으며, 많은 기관

투자자가 한 번에 몰리는 종목의 경우 상승이 더욱 급격하게 일어난다. 기관투자가가 증권사 애널리스트의 의견을 많이 참고한다는 것은 이미 언급을 했다.

지금처럼 투자자금이 일시에 증시의 펀드로 몰릴 경우 그들의 이러한 행태는 과거 미국의 1960년대 후반에서 1970년대 초반에 걸쳐 일어났던 현상과 유사한 행태가 나타날 수도 있다. 당시 미국에서는 'go-go funds'로 대표되듯이 급격한 기관화장세가 진행되었으며, 대형기관투자가들 중 자신의 독특한 판단 하에 펀드를 운용하는 기관은 당시 실적이 꾸준히 좋아지고 있는 종목에 대한 매수를 집중적으로 늘렸다. 50종목으로 대표되는 이들 종목은 디즈니, 맥도널드, 폴라로이드, 제록스 등의 기업이었고, 이들의 PER는 1972년 후반에는 제록스의 경우 49배, 폴라로이드의 경우 91배까지 치솟았다.

어떻게 이런 일이 일어났을까? 당시 기관 투자가의 입장에서 보면, 그들은 그렇게 치솟고 있는 종목을 편입하지 않으면 수익률 경쟁에서 뒤쳐질 수밖에 없다고 생각했을 것이다. 과열인 줄 알면서도 계속 사야 했으며, 일단 포트폴리오에 편입을 하면 함부로 비중 축소를 못했을 것이다. 그런 상황에서 수익률이 좋아 계속 자금이 유입되면 포트폴리오 비중에 따라 돈이 들어오는 대로 계속 살 수밖에 없었을 것이다. 그러한 논리는 애널리스트들이나 언론이 제시해주었을 것이고, 결국 1973년 시장의 붕괴로 소위 황금주에 속하던 종목은 급락을 함으로써 마감을 하였다. 중요한 점은 그런 상황이 몇 년간 지속되었다는 것이며, 우리는 그러한 기관의 습성을 이용해 수익을 내야 한다는 것이다.

"못 먹어도 고!"라든가, "남들이 시장에 가면 똥 장군이라도 지고 시장에 가야 한다."는 속성은 인간의 '쏠림 현상'입니다. 소위 전문가라는 사람들이 더 하고, 남에게 지기 싫어하는 사람이 더 하고, 학창시절 공부를 잘 해서 남에게 칭찬만을 듣던 사람들은 칭찬을 안 들으면 못 견뎌 합니다. 그것이 하버드 대학 등 아이비리그 대학을 졸업한 골든 보이라는 젊은 금융가들의 약점입니다. 그래서 쏠림 현상이 더욱 심화됩니다.

간단하게 기관들의 매매행태를 살펴보았다. 기관들이나 외국인들의 매매행태를 이용해 개인투자자가 유리한 고지를 점령하고 있음을 다시 점검해 보자. 일단 그들이 개인투자자보다 정보력이나 분석력이 뛰어나다는 사실은 인정하자. 그렇다고 그들의 매매를 일방적으로 추종하자는 의미는 아니다. 그들이 업황의 하락으로 비중축소를 시작하였거나 펀드의 환매로 어쩔 수 없이 매도가 이루어지고 있는 종목들에 대해서는 될 수 있으면 매수를 자제하자는 의미이다.

그러려면 아무래도 떨어지고 있는 종목보다는 상승세를 보이는 종목에 더 관심을 많이 가져야 할 것이다. 상승세를 보이고 있는 종목들의 특징은 지금까지 언급한 것처럼 외국인이나 투신을 포함한 기관의 매입이 이루어지고 있는 종목들일 확률이 높다(투기적인 테마 등에 따라서 움직이는 개별 주는 예외로 하자). 따라서 일단 매입을 하고 나면 기관이나 외국인들이 그들의 편입비중이 맞춰질 때까지 또는 업황이 악화된다는 신호가 나타날 때까지 꾸준히 매수할 것이다.

제대로 된 상승 장에서는 보통 100% 이상의 수익률을 올릴 수 있는 종목들이 많다. 업황이 악화되기 시작하는 시점까지 보유할 수 있을 정도의 담력(?)도 투자 성공에 있어서 아주 중요한 역할을 하게 된다.

> 증권회사의 유명한 속담인 "뛰는 말에 올라타라!" "바람 불 때 노 저어라!"는 말처럼 증권은 미스코리아 경연장과 같아서 남들이 예쁘다고 하는 사람이 예쁜 것이지, 제 눈에 안경이라는 말처럼 와이프나 신랑 고르듯이 주관대로 골랐다가는 평생 고생합니다. 이러한 것이 사마천이 이야기하는 세상의 이치이고, 자연의 징험현상입니다.

8) 매도할 때 나타나는 현상 – 처분효과

지금까지 주식을 매입할 때 나타나는 일반인들의 특성에 대해서 살펴보았다. 그렇다면 이번에는 매도할 때 나타나는 특성에 대해서도 살펴보자. 역시 매입할 때와 크게 다르지 않은 모습을 보이는데, 그 대표적인 현상 중의 하나가 처분효과이다.

앞에서도 언급했던 행태재무학은 기존의 금융이론이 효율적 시장가설을 바탕으로 발전된 학문인데 반해, 각 투자자의 비이성적인 성향으로 인해 야기되는 시장의 비효율성도 감안을 한다. 다양한 성향에 대해서 연구가 되고 있으며, 상당부분은 실제로 증명이 되고 있는 상태이다. 다양한 연구과제가 있지만, 여기에서는 그 중 처분효과에 대해서 다뤄보고자 한다.

처분효과란 "수익이 나는 종목에 대한 이익실현은 빠르고 손실이 발생하는 종목에 대해서는 손실실현이 느리다"는 의미를 가지고 있다. 투자자가 주식을 매입할 때 발생하는 것이 아니라, 보유종목의 처분 시 나타나는 행태이기 때문에 처분효과라고 한다. 좀 더 자세하게 설명을 하여 보자.

투자자들은 보통 몇 가지 종목으로 포트폴리오를 구성하여 투자한다. 투자를 하고 나서 일정 시간이 흘러 투자자들은 보유종목 중 일부를 처분하려고 할 때, 보유 종목 중 수익이 난 종목과 손실이 난 종목에 대해서 서로 다른 처분 선호 현상이 나타나게 된다. 많은 투자자들이 손실 종목보다는 이익종목에 대한 처분을 선호하는 현상을 보이는데, 이러한 현상을 처분효과라고 한다.

자신에게 어두운 패배의 기억을 주머니 속의 돈보다도 더 소중히 여기는 바보들 이야기입니다. 그리고 투자는 야구처럼 타율이 3할만 되어도 성공이고, 그 중에 간혹 장타율을 기록하거나 홈런이 좋은 것처럼, 승패는 병가지상사로 여기어 손해가 나 있는 주식을 쓰레기 버리듯 버릴 줄 아는 용기가 필요합니다. 그 주식을 추천해준 직원을 미워하거나 증오할 것이 아니라 실패를 성공으로 삼지 못하는 공부하지 않고 고민하지 않는 직원들만 미워하시면 됩니다. 그런데 실패를 성공으로 하려면 밑천이 있어야 합니다. 그래서 가진 돈의 70%만 투자를 하시고, 나머지 30%는 "이자 안 받아도 좋아." 하는 배짱도 필요합니다.

9) 처분효과가 나타나는 원인

전망이론으로 노벨상을 수상하기도 한 카네먼의 이론을 간단히 살펴보면, 사람은 복잡한 상황에서의 합리적인 판단을 하기 힘들며, 특별한 상황에서는 아주 다른 행태를 보인다고 하였다.

기존의 금융이론에서 주장하는 투자자들의 위험회피성향은 다른 조건에서는 반대로 나타난다고 하였다. 예를 들면, 투자자들이 종목 2개로 포트폴리오를 구성하였다고 가정하고, 하나는 10%의 수익을 내고 있고, 하나는 - 10%의 수익을 내고 있다고 했을 때, 많은 투자자들이 수익이 난 종목에 대해서 우선적인 처분을 고려하게 된다는 것이다.

즉 똑같이 10%의 수익과 손실을 내고 있을 때, 수익이 발생한 종목에 대해서는 위험회피 성향을 보이며 팔게 되고 손실이 발생한 종목에 대해서는 위험선호현상을 보이며 계속 보유하게 된다. 이런 성향을 보이는 이유는 이익과 손실의 실현이라는 측면에서 이익을 실현할 때 느끼는 기쁨보다(같은 폭의 이익과 손실이더라도) 손실을 실현할 때의 고통이 훨씬 크기 때문이라는 것이다. 사람들의 이런 성향은 여러 가지 사회현상에서 발견할 수 있으며, 이런 행동 자체는 비합리성을 잘 보여주는 근거라는 주장이다.

아! 이것은 너무나 중요한 부분입니다. 오르는 것은 그 이유가 있고, 내리는 것도 그 이유가 있는데, 손해 보았다는 기록이 호적등본이나 지문인식기에 찍히는 것도 아니고, 그렇다고 무슨 신원조회기에 나오는 것도 아닌데 우리 털 없는 원숭이들은 올라간 것은 '나도 벌었다' 라는 근거 없는 자부심을 위해서 팔고, 내려간 것은 근거 없는 열등감을 만들기 싫어서 팔기 싫어합니다. 이러한 인간의 우스운 심리를 역이용하는 것이 〈화식열전〉의 주인공들입니다.

처분효과를 보이는 원인에 대해서 명확한 해답은 있을 수 없다. 하지만, 그런 현상 자체가 존재한다는 것은 명백한 사실이며, 이런 행태가 투자자들의 수익률에 부정적인 영향을 끼치게 될 것이라는 것은 간접적으로 증명이 되고 있다.

우리나라에서 처분효과를 연구한 논문은 많지 않지만, 최운열 교수(투자론을 실질적으로 실험을 하신 학계의 증권전문가이신 서강대 교수님)는 모 증권사에서 1,400명의 사이버 주식 거래 계좌의 데이터를 이용해 직접적으로 처분효과가 존재함을 보였다.

아울러 매도한 종목의 수익률이 보유한 종목의 수익률 보다 좋다는 것을 밝혀내 처분효과가 수익률에 부정적인 영향을 미칠 수 있다는 것도 보였다.

포트폴리오를 구성해서 투자하는 투자자의 입장에서 손실 종목에 대한 매도는 쉽지 않은 결정이다. 조금만 기다리면 다시 오를 수도 있다는 기대가 있기 때문이다.

반면에, 조금이라도 수익이 발생한 종목에 대해서는 다시 하락할 경우 그 수익을 까먹을 수도 있다는 두려움이 더 앞서게 되어 서둘러 처분을 하여 수익을 고정시키고 싶은 마음이 굴뚝같아지게 된다. 아울러, 여러 종목을 보유한 투자자라면 일단 수익을 내고 있는 종목을 팔아서 다른 종목으로 그만큼의 수익을 또 낼 수 있다는 자신감도 있을 것이다.

10) 처분효과의 부정적인 결과 - 작은 수익, 큰 손실

처분효과의 가장 큰 폐해는 앞에서 언급한 것과 같이 조급한 이익실현으로 큰 수익을 놓치게 되고 손실을 키워 결국 수익률에 부정적인 영향을 줄 수밖에 없다는 점이다. 개인투자자들은 상승률이 좋은 종목에 대한 처

분은 너무 이르다. 대부분 팔고 나서 높은 상승률을 올리고 있는 것을 알수 있다. 반면에 손실이 발생하고 있는 종목에 대해서는 팔지를 못하고 있다는 사실은 하락하고 있는 종목에 대한 소위 물타기라고 하는 사는 사람의 수가 계속 증가하는 것으로 보아 추정할 수 있다. 이런 행태는 시장이 상승하고 있는 경우 하락하고 있던 종목이라도 다시 상승을 하는 가능성이 높기 때문에 수익률에 부정적인 영향을 줄 뿐이지 투자원금이 손실을 보거나 하는 큰 피해는 없을 것이다. 하지만, 시장이 하락세를 보일 경우 완전히 다른 결과가 나타나는데, 1년 이상 장기간 하락하게 될 경우 처분효과가 높은 투자행태를 보이는 투자자의 계좌에는 손실이 발생하고 있는 종목들을 많이 보유하게 될 가능성이 높을 수 있다는 데에 문제점이 있다.

> **인간의 고소공포증은 주식시장에도 있습니다. 사실 30만 원 이상 오를 종목을 3천원만 오르면 "아이고 감사합니다." 하며 신원조회에 나오지도 않고, 특히 우리나라의 경우에 주식으로 많이 벌었다고 세금 내는 것도 아니고, 주식으로 손해 보았다고 세금을 감면해 주지도 않지만 새가슴들은 팔아버립니다. 이 부분은 많은 사람들이 그러합니다. 이러한 새가슴 병을 치료하는 방법은 오직 하나! 세상의 이치를 알고 판을 읽을 줄 알아야 합니다. 그 책이 사마천의 〈화식열전〉입니다. 아래의 글도 동일한 이야기입니다.**

11) 조급함은 과도한 위험부담으로 이어지는 경우가 많다

특히, 상승하고 있는 가운데 이익실현이 잦아지면 투자자들은 자꾸 다른 종목을 기웃거리게 되며, 매수에서 보여주는 행태를 보아 상승하고 있는 종목이나, 한 번 팔은 종목에 대해서 재매입을 꺼리게 될 수밖에 없는 성향이 있어 하락하고 있는 종목이나 오르지 못하고 있는 종목에 대한 관심이 점점 커질 수밖에 없게 된다. 결국 조기에 이익실현을 하고 새로운 투자처를 찾지 못하는 투자자들은 너무 일찍 팔았다는 후회와 함께 수익률을 만회하겠다는 욕심이 앞서며 투기적인 매매로 단기간에 성과를 볼 수 있는 종목에 대한 관심이 점점 커지게 될 것이다. 거래소 대형주에 대한 개인투자자들의 매수 수량은 소폭 증가하지만 코스닥이나 소형주 업종의 경우 개인투자자들의 절대 매수량 자체가 늘어나고 있음은 이를 간접적으로 반증하여 주는 결과라고 할 수 있다. 투기적인 매매의 결과는 잘하면 '대박'이지만 못하면 '쪽박'이라는 점에서 과도한 위험을 부담한다는 단점이 있다.

12) 처분효과의 또 다른 함정 – 잦은 매매의 증가로 인한 수익률 악화

처분효과는 거래량의 증감으로도 증명할 수 있다. 주가가 상승할 때 거래량이 증가하고 하락할 때 감소하는 것은 주식투자자라면 다 아는 사실이다. 상승기에 거래가 많이 일어나는 이유는 여러 가지가 있을 수 있겠지만, 중요한 원인 중의 하나는 '처분효과'일 것이다. 조급하게 이익실현을 하고 다른 종목을 다시 매입하는 이른바 '단타' 매매가 성행하기 때문일 것이다.

이러한 경향은 전문적인 단타 매매 투자자들이 아니더라도 일반적으로 관찰할 수 있는 현상이다. 보유종목의 주가가 오르면 얼른 팔아서 이익을 실현하고 '신선한' 종목으로 갈아타 더 높은 수익률을 올리고자 하는 욕구가 강하기 때문이다. 반면에 하락기에는 거래량 감소현상이 현저하게 나타나는데, 이 또한 처분효과와 연관되어 있는 현상이며 투자자들은 전반적으로 손실 종목에 대한 실현을 꺼리기 때문에 나타나는 현상이다.

아무리 전문가라도 내려가는 데는 장사가 없다. 그래서 하락기에 수익을 낼 수는 없다. 수익은 상승기에 '제대로' 내야 한다. 지난 1년간 100% 이상의 수익을 낸 종목이 증권시장에서만 43%에 달했다. 거의 두 종목 중 하나는 두 배 이상의 수익률을 올릴 수 있었는데, 단기적인 매매에 열중한 투자자들은 평균적으로 큰 수익을 못 냈을 확률이 높다. 종목을 선택하는 기술이 크게 뛰어나지 않다면 수수료 비용이 너무 비싸기 때문이다.

지금까지 언급한 내용은 근본에 충실하자거나 정보의 정확성에 의존하자는 것은 아니다. 수익을 낼 수 있는 좋은 방법에 대한 설명도 아니다. 단지, 평균적으로 나타나는 현상을 통해 잘못됐을 수도 있는 매매행태를 가지고 있다면 한 번 바꿔보자는 것이다.

   A. 아무리 작은 금액이라도 반드시 포트폴리오를 구성한다.
   B. 매입을 결정할 때에는 떨어지고 있는 종목 보다는 오르는 종목

에 더 관심을 갖자.

C. 처분을 결정할 때에는 이익 종목보다는 손실 종목에 대해 먼저 고민을 하자.

D. 세상을 알고, 시장을 알고, 투자를 하자.

투자는 자기 자신과의 싸움이라고 하였습니다. 심리적으로 인간은 한없이 나약한 존재입니다. 우리는 선천적으로 그러합니다. 여자와 남자가 가정을 이루는 것이 아니라 여자라는 동물과 남자라는 전혀 다른 동물이 합의를 하고 살아가는 게 가정이라는 말처럼, 스스로를 본인이 참여한 시장이나 조직에 맞추어야 합니다. 그렇듯이 본인 스스로 나약하다는 것을 알고 있을 때, 이미 그는 시장에서건 승부에서건 경쟁에서건 더 이상 나약하지 않은 것입니다.

〈화식열전〉을 공부하시는 독자 여러분! 지금까지 제가 드린 말씀은 경제학을 공부하자거나 투자론을 공부하자거나 돈을 벌려면 하늘의 운이 있어야 한다는 것도 아니고, 조상님의 선몽(先夢)과 복덕(福德)으로 나에게 오는 기막힌 정보의 정확성에 의존하자는 것도 아닙니다. 수익을 낼 수 있는 좋은 방법에 대한 설명도 아닙니다. 단지, 평균적으로 나타나는 현상을 통해 잘못됐을 수도 있는 매매행태를 가지고 있다면 일단 대상에 대한 견해를 바꾸고 그 방법을 한 번 바꾸면 그 결과도 틀림없이 달라진다는 것이고, 그것이 사마천의 부자와 가난함은 누가 주거나 빼앗는 것이 아니라 '교(巧)'

하면 부유하고, '졸(拙)'하면 가난하다는 것입니다. 교와 졸이란 세상의 이치가 성공의 이치인데, 자기만의 이치를 고집하지 말라는 뜻입니다. 답은 문제 속에 있는데 문제를 해석하지 못해 답을 찍고 시험장을 나오고 열심히 기도하던 어리석음을 이제는 버릴 때가 되지 않았나요? 사실 제 이야기를 이렇게 남 이야기처럼 쓴 것입니다. 어두운 눈으로 뵈었던 제 고객들께 이 자리를 빌려 참회합니다.

11. 하늘의 이치

六歲穰(육세양) : "6년은 풍년이고

六歲旱(육세한) : 6년은 가뭄이 듭니다.

十二歲一大饑(십이세일대기) : 12년마다 큰 가뭄이 들게 됩니다.

夫糴(부조) : 무릇 쌀을 파는 정책인 조(糴)는

二十病農(이십병농) : 쌀값이 한 말에 20전이면 농민이 병들고

九十病末(구십병말) : 90전으로 오르면 상인이 병이 듭니다.

末病則財不出(말병즉재불출) : 상인이 병들면 재화가 나오지 않게 되고,

農病則草不辟矣(농병즉초불벽의) : 농부가 병들면 풀이 무성해도 길쌈을 안 하게 됩니다.

上不過八十(상불과팔십) : 올라도 한 말에 80전을 넘지 않게 하고

下不減三十(하불감삼십) : 내려도 한 말에 30전 아래로 떨어지지 않게 하면

則農末俱利(즉농말구리) : 농민과 상인이 같이 이득을 보게 됩니다."

이 부분도 범려가 월왕 구천에게 한 건의의 계속입니다.

범려는 12년이라는 목성의 큰 사이클에 맞추어 천문과 지리를 관찰합니다. 하늘의 때와 하늘의 작용함을 알면 물자의 이치를 아는 것입니다. 천시(天時)와 지용(地用)은 세상 모든 것의 정보를 담고 있어서 원하는 것을 얻으려면 천시를 잘 관찰해야 합니다.

그들은 천시와 지용을 알고 기다리고 준비했습니다. 기원전 494년 회계산에서 참패한 구천과 범려는 오나라에서 온갖 굴욕을 참아낸 끝에 기원전 490년 월나라로 돌아올 수 있었습니다. 월나라로 돌아온 범려는 오나라에 복수하려는 구천을 끊임없이 설득했습니다. 그리고 12년을 기다렸습니다. 6년, 또 6년, 그리고 새로운 6년이 시작되는 해인 주나라 경왕 38년(기원전 482년)에 원수를 갚습니다. 구천이 조바심을 낼 적마다 지금은 백성들을 적극적으로 모으고 키우면서 국력을 강화해 부국강병의 길로 나아갈 때라고 강조하며 후일을 조금씩 준비해간 것입니다. 나중에 범려는 돈을 벌 때에도 19년 동안에 6년마다 3번을 법니다. 이 풍년과 흉년의 사이클을 놓치지 않습니다.

이것이 복리의 법칙입니다.

2006년에 제가 모 방송국의 '경제야 놀자'라는 프로그램에 출연하였을 때 재테크에 간단하고도 유용한 복리의 법칙을 설명한 적이 있습니다. 이름하여 '복리 72법칙'이라는 것입니다. 그림에서 보듯이 3%와 15%의 실력 차이는 그 기울기와 시간이 전혀 다릅니다. 흔히 복리의 마술이라고도 불

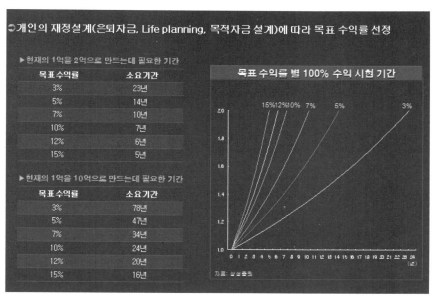

복리 72법칙

리는데, 투자기간이 짧은 펀드 투자자들은 단기 수익에 치중하여 복리에 무신경하지만, 인덱스펀드 같은 장기적 성과를 위한 수십 년간의 투자에는 눈덩이처럼 불어나는 복리의 수익을 무시할 수 없는 것입니다.

72법칙은 투자금액을 얼마 만에 두 배로 늘릴 수 있을 것인가를 계산할 때 사용합니다. 예를 들면 천만 원을 연간 12%의 수익률로 벌 수 있다면 72를 12로 나눈 6년이면 투자금액인 천만 원의 두 배, 즉 2천만 원으로 불릴 수 있다는 것이 바로 '72 법칙'입니다.

예를 들면 일 년마다 연리 3%의 은행에 저금하는 사람은 72를 3으로 나눈 24년이 되어야 2천만 원이 됩니다. 2002년 이전 우리나라의 평균 금리가 12%였다는 것과 70년대 한 때는 24%였으니 생각해 보면 그때는 돈 놓고 돈 먹는 시기였습니다. 이 〈화식열전〉에서도 사마천은 연리 20% 정도를 생각하고 이 책을 썼으니 3년 6개월마다 재산이 2배로 늘어나는 방법을 제시하고 있다고 해야 할 것 같습니다.

平糴齊物(평조제물) : 쌀값이 안정되고 물자가 골고루 퍼지면

關市不乏(관시불핍) : 관문과 시장이 모자람이 없고 활발히 움직여서

治國之道也(치국지도야) : 나라를 다스리는 이치이다.

積著之理(적저지리) : 물건을 쌓아두는 이치는

務完物(무완물) : 완벽한 물건을 쌓아두어야지

無息幣(무식폐) : 재어두어서 상하게 되면 못쓰게 된다.

以物相貿易(이물상무역) : 그래야 물자가 서로 교역이 이루어지게 되어서

腐敗而食之(부패이식지) : 부패하기 쉬운 식량 등과 같은

貨勿留(화물류) : 재화들은 장기간 재어 두어서는 안 된다.

無敢居貴(무감거귀) : 감히 희소한 물자를 저장하면 안 되고

論其有餘不足(논기유여불족) : 그 물자가 부족한지 여유로운지 항상 논하여

則知貴賤(즉지귀천) : 물자의 귀하고 흔함을 알아야 한다.

貴上極則反賤(귀상극즉반천) : 물자의 귀해짐이 극에 달하면 반드시 흔해질 것이고

賤下極則反貴(천하극즉반귀) : 물자가 흔해지는 것이 극에 달해도 반대로 귀해질 것이다.

貴出如糞土(귀출여분토) : 물자가 귀할 때는 똥을 버리듯이 물건을 내어놓고

賤取如珠玉(천취여주옥) : 물건이 흔할 때는 주옥을 다루듯이 취해야 한다.

財幣欲其行如流水(재폐욕기행여류수) : 물자와 화폐는 그 흐름이 물과 같아야 한다.

이 부분은 정부가 물가안정정책을 써야 함을 말하는 것입니다.

한국은행은 우리나라의 중앙은행입니다. 우리나라의 한국은행에 해당하는 미국의 연준(연방준비위원회)은 금리를 올리기도 하고 내리기도 합니다. 우리나라의 한국은행이나 미국의 연준이나 그 밖의 다른 나라의 중앙은행도 물가를 관리하기 위해 금리정책이나 통화정책을 씁니다.

물가는 생산자 물가와 소비자 물가가 있는데, 여기서 계연은 주로 농민을 위한 생산자 물가와 상인과 일반 백성을 위한 소비자 물가정책을 이야기하고 있는 것입니다.

필자가 존경하는 앙드레 코스탈라니는 "금리와 물가상승률 두 가지만 알면 경제는 다 아는 것이다."라고 항상 이야기했습니다. 그 중에서 물가를 먼저 살펴 보겠습니다. 사마천《사기》의 또 다른 경제 관련 내용인 〈평준서〉도 사실은 물가안정정책이라고 할 수 있습니다.

2010년 4월 15일자 모 경제신문을 보면, 중국에 관한 기사가 눈에 뜨입니다.

"중국 경제성장률이 예상보다 높은 것으로 나타나면서 중국의 출구 전략에 대한 관심이 집중되고 있다. 지난 1분기 중국의 경제성장률은 11.9%를 기록했다고 중국국가통계국이 15일(현지시간) 밝혔다. 이는 블룸버그 통신을 통해 24명의 전문가들이 예상한 11.7%를 넘어서는 것이다. 중국경제는 1분기 거의 전 부분에서 호전됐다. 3월 부동산가격은 사상 최고 수준으로 올랐고 외환보유고는 4개월 이래 최대치로 늘었다. 물가상승폭이 예상보다 낮다는 사실은 그나마 안정적인 부분이다. 중국의 3월 소비자 물가는 2.4% 상승했다. 전문가들은 2.6% 상승을 점쳤다."

소비자 물가가 올랐다는 것은 같은 돈의 가치가 그만큼 떨어진다는 소리이고, 그것은 백성들이 싫어하는 일입니다. 그것이 바로 인플레이션이기 때문입니다. 쉽게 이야기하면 장바구니 물가도 소비자 물가인데 소비자 물가는 물가지수를 만들기 위해 정부가 정한 품목의 평균가격이고, 장바구니 물가는 주부가 실제로 물건을 구매할 때 느끼는 가격이기에 정부에서 말하는 소비자 물가보다 장바구니 물가가 훨씬 비싼 것입니다.

계속해서 그 기사를 보면 다음과 같습니다.

"생산자 물가는 다소 불안하다. 3월 생산자 물가는 5.9% 올랐다. 전문가 예상치는 5.4%였다. 중국정부는 본격적인 출구전략시행에 대해 아직 불안하다는 입장이다. 1분기 수출이 29% 증가하는 등 호조를 보였지만 이 같은 경제성장이 민간주도가 아닌 정부의 경기부양책 때문이라는 것이다. 중국의 산업생산은 3월 18.1% 증가했고, 소매판매는 18% 늘어났다. 중국인들의 소득증가에 따른 구매확대로 1분기 자동차생산만 76%나 급증했다.

전문가들은 중국경제거품론이 확산되면서 출구전략에도 속도가 붙을 것으로 내다보고 있다. 스티븐 그린 스탠더드 차터드 뱅크 중국 리서치책임자는 '중국의 거품을 억제하기 위해 추가적인 조치가 필요하다'면서 '인플레 압력이 커지고 있는 것이 가장 큰 문제'라고 밝혔다. 그린 책임자는 중국인민은행이 이번 분기에 기준금리를 0.27% 포인트 인상할 것으로 내다보고 있다. 영향력 있는 경제전문가인 엔디시에 전 모건 스탠리 수석 아시아 이코노미스트는 '중국 부동산시장은 금융역사상 최대 거품 상태'라면서 '거품을 터뜨리기 위해서는 금리인상만이 방법'이라고 강조했다. 그는 '현재 부동산거품 상태에서 연착륙하기 위해서는 꾸준한 금리인상이 필요하다'며 '올해 2% 포인트의 금리인상을 단행하고 내년에는 3% 포인트의 금리인상을 시행해야 한다'고 밝혔다."

물가상승률, 인플레이션율이 걱정되자 당장 금리 이야기가 나옵니다.

금리는 단기금리와 장기금리가 있는데, 정부는 단기금리만을 정하고 장기
금리는 시장에서 사고파는 가격에 따라 정해집니다.

> 貴出妊糞土 賤取如珠玉(귀출여분토 천취여주옥) : 물자가 귀할 때
> 는 똥을 버리듯이 물건을 내어놓고, 물건이 흔할 때는 주옥을 다루
> 듯이 취해야 한다.

〈화식열전〉을 강의하거나 글을 쓰신 분들이 가장 많이 감탄하는 내용이
바로 이 부분인 것 같습니다. 그러나 이 부분은 그다지 쉬운 것이 아니고,
어렵고도 어려운 부분입니다. 전국시대의 경제정책이나 사마천 당시의 경
제정책의 기본은 식량이고 농산물이었기 때문에 한 해만 견디거나 혹은 설
사 한 해 흉년으로 사람이 죽더라도 기회가 있지만, 오늘날의 경제는 그렇
지 않습니다.

대표적인 것이 1997년 IMF 쇼크였고, 2008년과 2009년 달러 부족
사태였습니다.

계연이나 사마천이 살아서 활동하던 때의 쌀처럼 그 가격을 평준시키는
것이 그 당시 정부의 최대고민이라면, 현대 정부의 고민 가운데 가장 중요
한 것은 환율과 금리의 평준입니다.

1997년 당시 한국 정부는 계연의 가르침대로 달러가 귀할 때는 똥을 버
리듯이 달러를 내어놓았다가 결국은 국가부도사태를 부르고, 그 이전의 정
부가 독재니 폐쇄니 하면서 키워온 알토란같은 기업을 외국에 통째로 내어

주고 말았습니다. 그 여파는 한국의 중산층 몰락이라는 값비싼 대가였습니다.

반대로 2001년부터 수출이 잘 되어 국내에 들어오는 달러가 넘쳐나서 고민하고, 2005~2006년에 가서는 달러가 정말로 넘쳐나자 다시 당시 정부는 달러를 마구 해외에 내놓기 시작합니다. 해외부동산 취득, 금융기관의 해외펀드 설립 등으로 달러를 밖으로 퍼내는 정책을 씁니다. 그러나 2008년 리먼 사태와 서브프라임 모기지 건으로 국제 금융시장이 요동치자 다시 달러가 부족하여 미국·일본·중국과 통화스왑을 맺어 고(高)금리로 달러를 빌려오는 일을 다시 하고야 맙니다. 물론 모든 피해는 고스란히 국민 세금으로 돌아옵니다. 이러한 일은 영국, 프랑스, 아르헨티나 등의 국가들이 이미 겪었고, 최근에는 그리스, 스페인, 포르투갈, 아일랜드 등 경제가 급성장한 나라들이 겪는 일종의 통과의례적 절차이기도 합니다.

그래서 우리는 좀 더 예리하고 미시적으로 경제를 보아야 합니다. 예를 들면 물건이 귀하더라도 '귀하다'·'아주 귀하다'·'정말 귀하다'·'숨 넘어갈 정도로 귀하다'의 4단계가 있으며, 물건이 흔하더라도 '흔하다'·'아주 흔하다'·'정말 흔하다'·'귀찮아 죽을 정도로 흔하다'의 4단계가 있는데, 범려나 계연, 그리고 이 〈화식열전〉에 등장하는 사물의 이치를 아는 도인들은 그것을 알지만, 오늘날 경제학 공부를 잘 한 엘리트들이 알기는 어려운 일입니다. 물론 저는 더더욱 까막눈이었습니다. 그래서 고전을 공부하고, 천문지리와 역법을 공부하고, 불교를 공부하고, 기독교를 공부했습니다. 그러나 아직도 갈 길은 멀고도 먼 것만 같습니다.

  95%와 5%의 상호간 거래는 앙드레 코스탈라니를 통해 잘 아실 것입니다. 그러면 5%는 어떤 사람들일까요? 세상 사람들은 인생의 성공은 자신의 노력 50%와 주위의 도움 50%정도라고 생각합니다. 그러나 5%의 교자들은 인생의 성공은 5%의 노력과 95%의 주위의 도움이라는 비밀을 아는 사람들입니다. 그들은 생각할 줄 알고 기다릴 줄 아는 사람들입니다. 그러한 자질은 타고나는 것이 아니라 경험과 공부와 세월로 배우고 느끼고 체득하여 아는 것입니다. 저는 5%에 속하는 가장 빠른 지름길은 역사를 공부하는 것이라고 믿고 있습니다. 그 이유는 세상은 바뀌어도 사람은 바뀌지 않기에 사람들이 좋아하고 싫어함은 전 세계를 통하여 다 같다는 사실에 기초합니다.

  중국보다 먼저 산업화에 성공한 우리나라가 중국을 보면, 중국은 중산층이 비교적 단순하게 지난 30년 동안 또박또박 성장해왔다고 볼 수 있습니다. 1세대 중산층에 이어서 최근에는 우리나라의 '박세리 키드' 혹은 10년 후의 '김연아 키드'처럼 중국에서도 한 가족 한 아이 갖기 운동으로 황제와 같이 성장한 아이들을 '소황제'라고 부릅니다. 1979년부터 중국은 한 가구에 한 자녀만 낳도록 허용하는 일태화정책을 유지하고 있고 80년 이후 세대가 모두 황제처럼 큰다고 해서 소황제 세대라고 합니다. 이들의 소비능력이 대단합니다. 부모 세대가 소비를 안 하며 모아둔 묵은 재산까지 소비하면서 중국 소비시장에서 무시못할 계층이 되어가고 있습니다. 소황제 중산층이 5,700만 명이 된다고 하니 중국에다가 물건을 만들어 팔려고 하면 무엇을 만들어야 잘 팔릴지 알 수 있는 것입니다.

이들이 성장해서 소비해가는 것을 보면 1980년에 컬러텔레비전과 프로야구, 올림픽, 월드컵을 보며 성장한 우리 기억으로 중국의 미래를 읽을 수 있습니다.

그리고 5%들은 나머지 95%와 다른 방법으로 어떤 주식이 올라갈지 아주 정확히 알아내기도 합니다. 5%들의 분석방법은 배워서 아는 '전문적인 지식'이 아닌, 차라리 지혜라고 할 만한 당연한 '상식'이기에 지식만이 전부라고 아는 95%들은 알면서도 모르는 것입니다. 그래서 5%는 항상 블루오션에 살게 됩니다. 너무나 다행인 것은 인간의 수명이 유한하다는 데 있습니다. 그 5%들이 시간이 지나면 저 세상으로 가니까 나머지 95%들이 살아남는 것입니다. 그리고 우리처럼 욕심과 용기와 지식만이 다인 줄 아는 무식하고 멍청한 5%들이 해마다 태어나기에 95% 법칙은 깨어지지도 않습니다. 어서 독자 여러분께서도 깨달은 5%로 건너가시기를 바랍니다.

修之十年(수지십년) : 이리하여 구천이 계연의 법을 10년간 행하니

國富(국부) : 나라는 부강해지고

厚賂戰士(후뢰전사) : 전사들에게는 풍족한 금품을 주게 되고

士赴矢石(사부시석) : 이로써 전사는 날아오는 화살과 돌을 향해 용

맹하게 달려들기를

如渴得飮(여갈득음) : 마치 목마른 사람이 마실 물을 얻은 것처럼
하여

遂報彊吳(수보강오) : 구천은 드디어 강한 오나라에 복수하고

觀兵中國(관병중국) : 제후국들 사이에 맹위를 떨치고

稱號五覇(칭호오패) : 춘추오패의 한 나라로 칭해지게 되었다.

월왕 구천은 오나라 부차에게 크게 패한 후 포로로 3년간 오나라에 잡혀 있게 됩니다. 그런 굴욕과 치욕의 3년을 보낸 후 월나라로 돌아온 구천은 쓸개의 맛을 보고서야 숟가락을 들었고, 직접 밭에 나가 씨를 뿌리고 경작했으며, 왕비인 부인이 직접 포를 짜는 직물을 하기도 했습니다. 그리고 7년 동안 백성들에게 세금을 징수하지 않기로 하고, 백성을 부유하게 하여 국력을 차근차근 키워 나갔습니다.

오왕 부차의 오해를 피하기 위해 해마다 보내는 조공의 양도 늘리고, 사신도 더욱 자주 보내면서 절치부심하고 있을 때 오나라 부차가 고소대(姑蘇臺)를 건축한다는 말을 듣고, 일부러 공사가 완공될 무렵, 그 기간이 더 길어지도록 몹시 크고 긴 목재들을 오나라로 보냈습니다. 오왕 부차는 즉각 충성스러운 신하 구천이 보낸 나무를 가지고 다시 고소대를 크게 지으라고 지시하여, 오나라는 수많은 물자와 인력·재력이 고갈되기 시작하였습니다. 8년간에 걸친 고소대 공사는 민심을 이반시키고 오나라 국력을 피폐시켰습니다.

그리고 마침내 마지막 비수를 꼽는 정책이 바로 월나라 미인 서시(西施)와 정단(鄭旦)을 오왕 부차에게 보낸 일이었습니다. 오왕 부차는 이 두 여인에게 홀려 정사를 돌보지 않았습니다. 주나라 경왕 38년 오왕 부차가 타국에 출정을 하였을 때 구천은 오나라를 습격하여 태자를 포로로 잡고, 4년 후 다시 오나라를 침공하여 오왕 부차를 크게 이기고 춘추시대의 마지막 패자가 됩니다.

사마천은 말합니다.

> "월왕 구천의 승리는 굴욕을 감내할 줄 아는 끈기와 백성을 잘 먹고 잘살게 하여 충성심을 키운 후 하늘의 이치와 땅의 이치를 아는 범려의 계책으로 성공한 것이지, 귀신에게 빌고 조상에게 빌어서 성공한 것이 아니다."

저는 이 〈화식열전〉을 공부하시는 분들은 다른 사람과 다르다는 것을 압니다. 자신들이 원하시는 것을 자신들이 직접 찾아 나선 분들이라고 믿기에 그렇습니다.

저는 중국 명나라 때의 원요범 선생의 "개조명운(改造命運) 심상사성(心想事成) : 인간의 운명을 바꾸어서 마음에 그리는 대로 원하는 일을 이루어 낸다."라는 가르침에 대해 강의한 적이 있습니다. 강의가 끝난 후 제법 많은 분들에게 간접적인 항의를 받았습니다. "돈 버는 법, 재테크 강의한다더니 왜 안 해 주는 거야?" 가슴이 답답했습니다. 저는 고기 잡는 법(法)을 말하는데 그분들은 고기 그 자체를 기대하셨던 것 같습니다. 아마 제가 증권회사 직원이었으므로 많은 분들이 어떤 것을 '콕' 찍어드릴 것이라고 생각하셨나 봅니다.

《성공하는 사람들의 7가지 습관》이라는 책의 저자인 스티븐 코비(Stephen Covey)는 아브라함 링컨(Abraham Lincoln) 대통령의 말씀을 인용했습니다.

"나무 한 그루를 베는데 여덟 시간을 쓸 수 있다면 나는 여섯 시간 동안 도끼를 날카롭게 벼리겠다."

지금 당장 밖에 나가서 나무를 베고 싶어 안달이 나겠지만 부를 얻는 가장 확실한 지름길은 따로 있습니다. 언뜻 보면 우회로처럼 보일지도 모르지만 가장 빠른 길입니다. 그 중의 하나가 사마천의 〈화식열전〉입니다. 적어도 사업을 하시겠다는 분들과 고용 없는 성장시대를 살아가야만 하는 우리 세대들과 그 자녀 세대들에게는 더더욱 그러합니다. 문제는 잘못된 정보와 인식입니다.

이 세상에는 부정적인 이야기가 압도적으로 많습니다. 그러나 이 세상은 희망과 꿈이 있는 사람들의 무대입니다. 자동차의 사이드미러에는 이런 경고문이 적혀 있습니다.

경고 : 거울에 비치는 물체는 보이는 것보다 크다.

언론은 대부분 세상을 부정적인 빛으로 채색합니다. 안·이·비·설·신·의의 이 여섯 가지를 통해서 배운 것들을 이제는 내려놓으시고, 돈 공부와 경제 공부는 다시 하시길 바랍니다. 플라톤은 '동굴의 비유'에서 우리들이 실제 모습을 보는 것이 아니라 동굴의 벽에 비친 모습을 실제 모습이라고 착각하며 살아간다고 했습니다. 진실한 모습을 보려면 동굴 밖으로 나가 실제 모습을 보아야 하는데 그것은 '알고 있다고 믿고 있는 것'으로부터의 자유의지가 우선되어야 합니다.

范蠡既雪會稽之恥(범려기설회계지치) : 범려는 회계의 부끄러움을 씻고 나서

乃喟然而歎曰(내위연이탄왈) : 탄식해 말하기를

計然之策七(계연지책칠) : "계연 [스승님]의 계책은 일곱이 있었는데

越用其五而得意(월용기오이득의) : 월나라는 그 중 다섯을 써서 목적을 달성했다.

既已施於國(기이시어국) : 이미 나라 일에 사용해 보았으니

吾欲用之家(오욕용지가) : 나는 이를 가정 일에 써 보고 싶구나"고 하였다.

乃乘扁舟浮於江湖(내승편주부어강호) : 이에 곧 작은 배를 타고 강호로 나아가

變名易姓(변명역성) : 이름을 고치고 성도 바꾸었다.

계연의 7가지 계책이 무엇일까요? 그 중 오나라를 치고 월나라를 부국강병으로 이끄는 데 사용한 5가지는 무엇일까요?

그 5가지는 일반적으로 월나라의 부국강병책과 경제부흥 정책, 그리고 외교상의 교란책 등으로 봅니다. 그런데 그런 정책을 돈 버는 가정 일에 사용했다고 보기는 어렵습니다.

제 생각으로는 농·공·상·우, 그리고 사의 5가지 경제정책이 아니었을까 싶습니다. 그리고 오행(五行)과도 관련이 있다고 생각합니다.

첫 번째 정책은 목(木)과 관련이 있는 농사입니다. 쌀농사의 '쌀 미(米)'자는 팔(八)자와 십(十)자, 그리고 팔(八)자의 합성어로서 "88번의 땀을 흘려야 쌀 한 톨을 얻을 수 있다."고 했던 것처럼, 추수의 기쁨을 누릴 그 한 순간을 위하여 오랜 세월을 기다리고 가꾸고 경작하는 Cultivating Money 정책으로 돈도 그렇게 벌어야 한다는 생각이라고 보았습니다. 나무의 성질은 유연하고 탄력적입니다. 그러나 한번 실패하면 회복이 불가능하기도 합니다. 태풍이나 가뭄 등으로 잘못하면 1년 농사가 허탕이 되기도 합니다.

두 번째 정책은 금(金)과 관련이 있는 공업을 통한 도구나 기구를 제조하여 파는 방법으로, 이는 사람들의 필요성과 창의력·발명력·기술력 등이 필요하며, 그래서 빛이 나고 남의 눈에 뛰고 아름답고 귀엽고 예쁘고 효율적이어야 합니다. 그것이 금의 본성인 Making Money입니다.

실제로 오나라와 싸울 때 범려가 개발한 전투무기나 전략을 보면 후대의 제갈공명이 산악을 다니는 마차인 목우를 개발하였다는 것과 비슷한 이야기들이 많이 나옵니다.

그 다음 정책은 수(水)와 관련이 있는 상업입니다. 물은 잘 돌아다니고 막힘없이 흘러야 합니다. 교통의 요충지라는 이점을 이용했다는 것으로 보아, 공간과 시간차이를 다 활용하여 이곳에서 나는 물건을 저 곳에 팔고 저 곳에서 나는 물건을 이곳에 파는 장소의 차이로 사마천의 〈평준서〉에서도 그렇고 계연의 전략에서도 물가안정책이 그 주된 핵심어로 등장하는 것을 보아, 물건의 저장과 수급 조절, 그리고 인간 욕망의 쏠림현상을 이용한 시간차이 전략으로 부를 이루었다고 보입니다. 물은 높은 곳에서 낮은 곳으로 흐릅니다. 이러한 차이를 만들어내는 것이 앞에서 말한 Earning Money입니다. 대부분의 샐러리맨들이 사실 다른 사람과 자기와의 차이를 만들어야 승진도 하고 연봉도 올라가는 이치와 같습니다. 오늘날 대부분의 사람들이 그래서 돈을 번다는 말을 하지만, "돈을 버는 것은 하나의 방법에 불과하다."고 사마천은 말합니다. 돈을 사냥할 수도 있습니다.

네 번째는 토(土)와 관련이 있는 우업 또는 산택업으로 불리는 정책으로, 산에서 나는 나무·목재·산삼·광물 혹은 온갖 약초와 산짐승 등의 임업·광업 등의 임산물·광산물, 그리고 동물이나 식물 등과 강이나 저수지, 그리고 바다에서 나는 수산물과 해산물 등을 양식하기도 하고 수집하기도 하는 수산업·개간 사업·간척 사업 등을 포괄하는 개념입니다. 이것은 가두고 막는 것이 본성입니다. 이것은 Hunting Money입니다.

그리고 마지막 다섯 번째 정책은 화(火)와 관련이 있습니다. 귀족이나 봉건영주들은 돈이 돈을 번다는 '사'입니다. 봉건영주들이 세금을 거두어 들여서 먹고 살듯이, 사마천이 '소봉'이라고 부르는 이들은 상가·아파트· 집이나 빌딩을 다수 소유하여 임차료를 받거나, 농지를 빌려주어 도지를 받거나 하듯이 돈을 거두어들여서 다시 부자가 되는 정책입니다. 이것이 Gathering Money입니다. 종교단체나 회원제 단체들은 아무런 생산 없 이 구원과 해탈이라는 성직을 수행하기도 하고 정보를 팔기도 합니다. 그 러나 사람이 많이 모여야 하고 지역적으로도 넓어져야 합니다. 그런 후에 야 사람들에게서 큰돈을 거두어들이는 방법이기도 합니다. 사마천은 이 것을 '부자가 되는 최고의 방법'이라고 했습니다.

適齊爲鴟夷子皮(적제위치이자피) : 마침내 제나라로 가서 치이자피 라는 이름으로 살더니

之陶爲朱公(지도위주공) : 도 지역으로 가서는 주공이라는 이름으 로 살았다.

朱公以爲陶天下之中(주공이위도천하지중) : 주공은 도가 천하의 한 가운데이므로

諸侯四通(제후사통) : 각 제후국이 사방으로 통해 있고

貨物所交易也(화물소교역야) : 화물이 교역되는 장소이므로

乃治産積居(내치산적거) : 이에 각종 산물을 잘 다스려 쌓아두고

與時逐而不責於人(여시축이불책어인) : 시기를 좇아서 더불어 행동 했을 뿐 사람의 많고 적음을 탓하지 않았다.

故善治生者(고선치생자) : 그래서 생산물을 가장 잘 다스릴 줄 아는 사람은
能擇人而任時(능택인이임시) : 사람을 보는 안목이 있을 뿐 천시에 따른다.

사마천의 일갈이 나오는 중요한 대목입니다.

"與時逐而不責於人 故善治生者 能擇人而任時(여시축이불책어인 고 선치생자 능택인이임시) : 이에 각종 산물을 잘 다스려 쌓아두게 되면 시기를 좇아서 더불어 행동하면 되고, 사람의 많고 적음에 탓할 일이 아니다 그래서 생산물을 가장 잘 다스릴 수 있는 사람은 사람을 잘 선택하고 그 다음에 천시에 맡기는 것이다."

저는 이 부분이 너무나 어려웠지만, 지금은 이해했다고 자부합니다. 예를 들어 설명하겠습니다. 일반적으로 요사이 일본은 경제적으로 많이 힘들어 한다지만, 소위 물려받은 재산이 있는 '있는 집 자식'이 자기 동네인 아시아에서 자기들만 부자인 줄 알았다가, 물려받은 재산도 없고 빈한한 동네의 '없는 집 자식' 만으로 알았던 중국과 인도가 떠오르고, 한국도 세계경제에서 간혹 '방방' 뜨니 우리를 부러워하기도 하고 풀이 죽은 모습을 하고 있지만, 전반적으로는 국가와 국민들이 우리보다는 부유하고 안정적입니다. 전통과 역사, 그리고 기초과학, 첨단과학의 고른 발

달로 세계적인 신흥재벌이나 자국 내의 신흥재벌이 자주 나옵니다. 예를 들면 일본 사람들은 참치 회를 아주 좋아하는데, 그것도 냉동이 안 된 잡은 지 24시간 이내의 참치는 너무나 귀해서 값이 상상을 초월하기도 합니다. 그래서 러시아 북해지역에서 잡은 참치를 일본 동경의 어시장으로 비행기로 실어 나르는 회사를 설립하여 신흥재벌로 떠 오른 사람도 있습니다.

'시간의 차이'로 인한 '가격의 차이'가 발생함을 인식한 그는, 다른 사람들도 생각은 했었지만, 시행하지 않았던 방법을 사용합니다. 신선한 참치를 24시간 이내에 소비자의 식탁에 올릴 수만 있다면 부자가 될 수 있다는 생각은 정설이자 다수설이었습니다. 그러나 다른 사람은 불가능하다고 생각했던 24시간이라는 '시간의 차이'를 '장소의 차이'로 해결하기로 하고, 헬리콥터나 비행기라는 '이동수단의 차이'를 사용하여 '가격의 차이' 만큼의 뭉텅이 돈을 독식으로 벌어 '수요자 계층 확대'라는 '시장규모의 차이'를 만들어 돈을 번 것입니다. 이 이야기를 이미 2000년 전에 사마천은 하고 있는 것입니다.

이러한 사마천의 궁형의 대가로 얻은 우주적 진리를 사람들은 모릅니다. 일본의 어시장에 가면 참치 경매를 볼 수 있습니다. 일기가 나빠서 들어오는 참치의 수가 줄면, 당연히 참치 경매가격이 올라갑니다. 이때를 이용하여 돈 많은 상인은 경매가를 일부러 높게 불러 경쟁사가 손해를 보게 만듭니다. 경쟁사는 손해를 보고서라도 참치를 확보하지 않으면, 중간도매상, 소매상, 그리고 일반 참치 집과 그 집의 단골고객 등이 줄줄이 참치를 먹을 수 없게 되고, 그러다 보면 단골가게를 바꾸고 거래선을 바꿀 수밖에 없으므로 경매에 참여해서 울며 겨자 먹기로 비싸게라도 삽니다. 한마디로 일반적으로 무식하고 탐욕스러운 사람들은 차이를 발견하고 차이를 활용하는 것이 아니라 사람을 차별하고, 사악한 방법으로 차이를 벌려 자기 혼자만 돈을 벌려고 하는 사람들이 있다는 것입니다. 사마천은 차이를 발견하여 그 불균형을 균형으로 만들어 부자가 되는 것을 가르치는 것이지, 균형을 불균형으로 차별을 만들어 부자가 되겠다는 생각은 일시적으로 성공하는 듯이 보일지는 모르나 지켜질 수 없다는 가르침을 줍니다. 사실 그렇게 부를 일군 사람은 당대를 넘기기도 힘들고, 그 화가 자식에게 가기도 합니다. 그러한 부는 마른 고목나무가 넘어지듯이 어느 날 갑자기 '쿵'하고 넘어져 사라져 버립니다.

사마천이 〈화식열전〉에서 '부'를 논함에 있어 이미 4장에서 "빈부지도 막지탈여(貧富之道 莫之奪子)"라는 우주적 진리를 이야기한 다음, 그럼에도 불구하고 "교자유여 졸자부족(巧者有餘 拙者不足)"이라는 말을 하는데, 교자는 불균형을 균형으로 만드는 생각을 하는 사람을 말하며, 졸자는 그런 생각을 보지도, 하지도, 느끼지도 못하는 사람을 말합니다. 그리고 이 장에서 범려가 돈 버는 이야기를 하며, "여시축이불책어인(與時逐而 不責於人)"이라는 말을 하는데 화(貨)를 식(殖)하는 것(돈을 증식시키는 방법)은 우주자연의 이치대로 그때를 따라 불균형을 균형으로 행하는 것이지, 사람이 자기 멋대로 균형을 불균형으로 만드는 책무가 주어진 것이 아니라고 말합니다. 이어서 "'생'을 잘 다스린다는 것은(故善治生者) 우주자연의 이치를 잘 아는 사람을 골라서 하늘의 때에 맡기는 것이다(能擇人而任時)."라고 일갈을 하는 것입니다.

참으로 놀라운 대목이 아닙니까? 하늘의 시와 관련하여 돈과 연결시킨 사마천과 달리 중국 사서나 소설, 무협지 등에 나오는 천시(天時)의 역사적 배경을 보면 《삼국지연의(三國志演義)》에 이런 이야기가 나옵니다. 중국 천하를 1/3로 접수하려던 제갈공명(諸葛孔明)에게 적수가 나타납니다. 사마중달(司馬仲達)이라는 조조(曹操)의 책사가 바로 그 사람입니다.《삼국지》의 "호풍환우(呼風喚雨)"라는 말은 적벽대전에서 제갈공명이 동남풍을 불렀다는 '호풍'과 그 전에 오나라의 손책(孫策)이 죽으려 할 적에 우길이라는 도인이 하늘에서 비를 내리게 하였다는 '환우'입니다.

"죽은 공명이 산 중달을 속인다."는 말처럼, 사마중달은 제갈공명보다 한 수 아래였지만 천하를 호령하던 조조의 책사로서 사마의는 기회주의자이며 야심가로서 나중에 조조의 아들을 몰아내고 자기 손자 대에 천하를 통째로 먹어버리는 삼국시대의 영웅입니다. 조조군의 주력부대를 괴멸시키기 위해서는 장수도 군사도 군량미도 적었던 촉(蜀)나라로서는 속전속결의 방법 밖에 없다고 판단한 제갈량은 호로곡이라는 계곡으로 조조의 대군을 몰아넣습니다.

이때 사방팔방에서 매복하고 있던 제갈량의 군사들이 일제히 불을 지릅니다. 호로곡 안에 갇혀 버린 조조의 대군들은 일순간에 혼란에 빠지고 모두가 불에 타 죽게 되었습니다. 지형지물, 땅의 이점을 활용한 제갈공명의 계획이었던 것입니다.

승리가 눈앞에 보이던 바로 그 직전이었습니다. 마속을 죽이며 '읍참마속(泣斬馬謖)'이라는 고사성어를 만들 정도로 마음으로는 병이 들고 몸도 쇠한 제갈공명에게 천재일우의 기회를 성사시켰다는 안도감이 그의 입가에 돌 무렵 갑자기 소나기가 퍼부어 계곡의 불을 다 꺼버립니다. 제갈공명은 그것을 하늘의 뜻이라고 생각합니다. 그리고는 다음의 유명한 말로 가슴 아픈 탄식을 합니다.

"모사재인(謀事在人) 성사재천(成事在天)"
일을 도모하는 것은 사람이로되, 일을 성사시키는 것은 하늘에 달렸구나!

많은 사람이 그렇게 생각하고 저도 이 세상은 그렇게 되어있다고 생각했습니다. 그러나 사마천의 생각은 달랐습니다. 사마천은 "모사재천(謀事在天) 성사재인(成事在人)"이라고 이해했습니다. '일을 도모하는 것은 하늘이고 그 일을 성사시키는 것은 사람'이라고 말입니다. 사마천은 모든 것은 사람하기에 달렸다고 생각하여 부자와 가난함은 하늘이 내는 것이 아니라 세상 이치에 교(巧)한가 졸(拙)한가에 달린 것으로 생각했습니다. 그

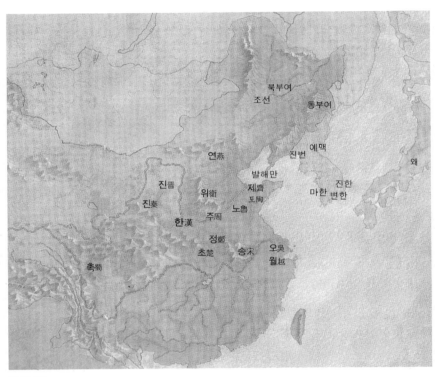

전국시대

래서 〈화식열전〉에서도 천시(天時)에 맞추어 사람이 움직여야 하는 것이라고 말합니다. 제갈공명은 흐린 날 불을 지르면 그 연기가 하늘로 올라가서 비를 내리게 하는 기우제의 원리가 호로곡이라는 계곡에서는 더 쉽게 작동한다는 사실을 깜박했던 것이 아닌가 싶습니다.

그리고 제나라의 '도(陶)' 지역을 천하의 중심지라고 했습니다. 옆의 지도를 보아 주십시오.

도(陶)라는 지역은 교통 요충지이며 오늘날 산동(山東)성과 허난(河南)성 경계에 있는 정도현 근방으로 노·송·위·조·정나라 그리고 제·진·초에서도 멀지 않다고 했는데 저는 조금 의심스럽습니다. 아무리 살펴보아도 산뚱반도의 제나라를 천하의 중심이라고 보기에 어렵다는 생각이 들기에 그렇습니다.

제나라가 당시 중국의 중앙이 되기 위해서는 조선과 왜국을 포함할 때 가능한 일입니다. 《사기》에 〈조선열전〉이 나오는 것은 그 이유가 있고, 당시 부여·조선 등의 우리나라도 바다 건너 국제 무역을 활발히 하였다는 생각이 듭니다. 용문, 갈석 넘어 산해관을 경계로 우리 선조들과 한족들이 갈등과 경쟁만 한 것이 아니라 무역도 활발했을 것입니다. 삼한이라고 일컬어지던 마한, 변한, 진한도 나중에 가야연맹으로 발전한 변한이 역사에 기록된 것만 해도 12개국이었다고 하니, 〈화식열전〉 첫머리의 닭 우는 소리와 개 짖는 소리가 들린다는 것이 중국이나 한반도 역시 마찬가지였으리라 생각합니다. 참고로 우리는 마한이 지금의 전라도지역으로 배웠지만, 진한과 변한을 제외한 한반도 북부지역의 고구려영토까지가 마한이라고 고운 최치원 선생은 말씀하셨습니다.

상당히 큰 왜국인 일본은 《사기》에는 나오지 않지만 분명히 많은 사람이 살았을 것이고, 중국에도 자주 왔다 갔다 했습니다. 일본과 관련된 재미있는 영화 중 1984년도에 제작된 〈가라데 키드〉라는 영화가 있는데, 2010년 6월에 〈베스트 키드〉로 다시 개봉되었습니다. 마크 빅터 한센은 《초고속 현찰만들기》라는 그의 책에서 이 영화를 통해 제대로 된 성공은 어떻게 하는 것인지를 설명합니다(이 책의 원제는 *Cash In A Flash*로 삼성증권 PB연구소에서 9월 경 출간할 것입니다).

처음에 다니엘(Daniel)이라는 잘 생긴 소년이 새로운 동네로 이사 가서 여자아이문제로 그 동네 아이들에게 자주 두들겨 맞는 일이 생깁니다. 그 소년은 어느 날 오키나와 출신의 가라테 전문가인 미야기라는 사람을 만납니다.

이 영화의 가르침은 미국 사람들이 좋아하는 90일 만에 100만 달러 벌기 혹은 《시크릿》 같은 책에 자주 나오는 '실체화'라는 것을 보여줍니다. 사실 이 실체화라는 것은 동양에서는 관법(觀法)수행이라고 하고, "모든 것은 마음이 만들어 낸 그림이다(心想事成)."라는 사상입니다. 그리고 기체 상태의 돈을 버는 방법이기도 합니다. 그 영화에서 처음으로 분재를 본 다니엘은 마음으로 자기가 만들고 싶은 분재의 영상을 그립니다. 그 다음에 스스로의 할 수 있다는 마음을 믿고, 의심함이 없이 처음 해보는 소나무 분재를 만드는 작업을 해보는 장면이 나옵니다. 집중할 수 있어야 하고 내가 할 수 있을까? 하는 의심과 두려움이 절대 있어서는 안 되는 수련입니다. 사실 제 개인 생각으로는 이 영화의 이론적 근거를 보여주는 장면이 아닐까 싶습니다.

그 후 친구들에게 괴롭힘을 당하던 소년 다니엘은 미야기에게 자신을 방어할 수 있도록 빨리 배울 수 있는 몇 가지 가라테 기술을 가르쳐달라고 합니다. 다니엘은 열의가 넘쳐서 곧바로 가라테 동작을 배우고 싶어 하지만, 미야기 선생은 며칠 동안 다니엘에게 허드렛일만 시키자 다니엘은 실망감을 감추지 못합니다.

미야기 선생은 다니엘에게 자동차 몇 대를 세차하고 왁스로 광을 내라고 시킵니다. "왁스를 발라." 미야기 사부는 오른손을 시계 방향으로 돌리며 말합니다. "왁스를 닦아내." 이번에는 왼손을 시계 방향으로 움직이라고 강하게 요구합니다. "숨을 들이쉬고 내쉬어. 그게 아주 중요해."

다음 날 미야기 선생은 제자 다니엘에게 또 다른 일을 시킵니다. 둥근 북처럼 생긴 사포로 거친 마루를 다듬는 일입니다. "오른쪽으로 둥글게, 왼쪽으로 둥글게." 미야기 선생은 이렇게 말하면서 시범을 보여줍니다. 그 다음 날에는 다니엘에게 울타리를 위아래로 칠하라고 시킵니다. "위로, 아래로. 위로, 아래로. 숨 쉬기 잊지 말고."

참다못한 제자가 그처럼 무의미하고 쓸데없는 일을 더 이상 못하겠다고 반발하고 나서자, 미야기 선생은 자신의 숨은 뜻을 밝힙니다. 무의미해 보이는 반복적인 동작을 통해 다니엘의 근육에 각인된 감각이 바로 가라테의 방어 동작들을 연결하는 뼈대임을 밝힌 것입니다. 이것은 아주 중요한 가르침입니다. 머리로 배우는 것이 아니라 몸으로 배우게 하는 것입니다. 그것은 늙어도 잊어버리지 않습니다. 이런 재능은 타고나기도 하지만, 사실 반복된 훈련으로 가능합니다. 주식시장에서의 감, 바둑에서의 승부수, 축구에서의 문전처리능력 등이 다 포함됩니다. 제가 여러분에게 역사 말씀을 드리는 것은 1차적 단계입니다. 2차적 단계는 '마음의 작용을 몸에 심는 훈련'이 따로 필요합니다. 그런 것을 '돈 냄새 맡는 법'이라고 합니다.

十九年之中三致千金(십구년지중삼치천금) : 19년에 걸쳐 세 번 엄청난 재산을 모았고

再分散與貧交 昆弟(재분산여빈교소곤제) : 다시 그 돈을 가난할 때 사귀었던 친구들과 형제 동생들에게 나누어 주었다.

此所謂富好行其德者也(차소위부호행기덕자야) : 이것이 소위 군자가 부를 이루면 그 덕을 베풀기를 좋아한다는 것이다.

後年衰老而聽子孫(후년쇠노이청자손) : 말년에 늙어서 쇠약해지자 후손들에게 자신의 Know-how를 잘 들려주어

子孫脩業而息之(자손수업이식지) : 자손들이 그 업을 잘 수행하여 이득을 많이 남겨서

遂至巨萬(수지거만) : 매우 많은 재산을 이룩하였다.

故言富者皆稱陶朱公(고언부자개칭도주공) : 그래서 이른바 부자라고 하면 모두 도주공을 칭하는 것이다.

　복리의 법칙은 아무리 강조해도 지나치지 않습니다. 사실 여러분이 하시는 적립식 저축이나 월납변액보험 등도 다 복리의 법칙이 적용됩니다. 그러나 제 경험으로 비추어 보면 3년 미만일 경우에는 손해 볼 확률이 높고, Gathering Money하면서 농사짓는 마음으로 해야 할 상품을 Hunting Money 식으로 하니 사람들이 실패하는 것입니다.

　이 개념을 모르고 3년 미만으로 하면 주식이 내릴 때 복리로 내린다는 사실 때문에 크게 손해를 볼 수도 있습니다.

　최고의 과학자 아인슈타인도 '복리(複利)야말로 인간의 가장 위대한 발명'이라고 하며, '세상의 여덟 번째 불가사의'라고 말했습니다.

　복리(Compound Interest)가 있기 때문에 비록 지금은 얄팍한 월급봉투를 가지고 근근이 생활하는 처지라 해도 적절한 투자를 통해 어느 정도 시간이 흐르면 안정적인 자산을 이룩해 낼 수 있는 것입니다. 그럼 복리의 마술을 알아볼까요?

　옛날 옛적 욕심은 많지만 어수룩한 주인과 비록 가진 것은 없지만 똘똘한 머슴이 있었습니다. 물론 욕심 많은 주인은 머슴을 아침 일찍부터 밤늦게까지 부려먹으면서도 품삯을 한 푼도 제대로 주지 않았습니다.

　그러던 어느 날 똘똘한 머슴이 조심스럽게 주인에게 열심히 일한 대가를 달라고 했지만 주인은 "때가 되면 품삯을 줄 터이니 하던 일이나 계속하라."며 오히려 호통을 쳤답니다. 그렇다고 무작정 일만 할 수 없었던 머슴은 며칠간 주인을 골려 줄 머리를 짜낸 후에 이렇게 말했습니다.

"주인님, 그 동안 주인님 말씀을 거스르는 일 없이 정말 열심히 일을 했으니 오늘부터는 품삯을 주셨으면 합니다. 오늘은 품삯으로 쌀 한 톨만 받고, 내일은 두 톨, 그 다음날은 네 톨, 이런 식으로 매일 두 배씩만 늘려주세요."

머슴이 이렇게 말하자 어수룩한 주인은 '이런 못난 놈! 쌀을 한 되도 아니고, 한 말도 아니고, 몇 톨씩 받아서 어쩌겠다고······. 쌀 몇 톨쯤이야 줘도 아까울 거 없지'라고 생각하면서 흔쾌히 머슴의 제안을 받아들였습니다. 품삯도 못 받고 고생을 실컷 해 본 머슴은 주인이 나중에 딴소리하지 못하게 계약서를 작성하고 동네사람들에게 공증을 하는 것도 잊지 않았습니다.

주인은 품삯을 주기 시작한 두 달 만에 전 재산을 모두 머슴에게 주어야 하는 상황이 되었습니다.

이 이야기는 지어낸 것이지만 그 사실이 가능하다는 것을 아셔야 복리의 법칙을 이해할 수 있는 것입니다.

머슴이 짜낸 작전이 바로 복리의 마술을 활용한 것입니다. 복리 72법칙이 우리에게 주는 메시지는 결국 네 가지입니다.

1. 꾸준하게 장기적으로 투자하라.

2. 100억 이상의 부자는 하루아침에 태어나지 않으나, 100억 이하의 부자는 농사짓는 사람처럼 하면 된다.

3. 100억 이하의 부자는 사람이 만들어 주는 것이 아니라 자연과 시간이 만든다.

4. 세상과 자신에 대한 믿음 부족은 세상 이치를 모른다는 소리다.

그럼에도 불구하고 세상의 이치를 모르는 투자자들은 복리로 돈을 모으기는커녕 복리로 손해를 봅니다.

대부분 세상의 이치에 졸(拙)한 투자자들은 대출이나 신용으로 올라갈 때는 무조건 뒤따라 사고, 내려갈 때는 대출금이나 신용 상환을 해야 하기에 무조건 팔아서라도 원금과 이자를 함께 갚아야 합니다. 그래서 대부분 복리에 복리로 손해를 보는 비극을 맞이합니다. 〈화식열전〉을 공부하신 독자 여러분들은 그 비극의 과정에서 이제는 벗어나실 때가 되었습니다.

기원전 494년 월왕 구천은 회계산에서 오나라에 참패하여 포로가 됩니다. 그리고 기원전 478년 오왕 부차를 자살하게 만들고 패자가 됩니다. 그야말로 17년의 세월입니다. 범려는 큰 사이클인 6년 단위로 큰일을 도모했으며, 그래서 이번에는 19년 동안 돈벌이를 합니다. 그렇게 돈벌이를 할 무렵 위나라에서 있었던 일입니다. 부를 일구되 삿된 방법을 쓰지 않았고, 부를 이룰 때 어떠한 방법으로 사람을 모으고 돈을 모았는지 알 수 있는 단서가 되는 이야기입니다. 정답은 후(厚)입니다. '후'라는 것은 자연은 불균형을 균형으로 만들고, 인간은 균형을 다시 불균형으로 만들려고 하는데, 오직 우주의 이치, 자연의 이치대로 불균형을 균형으로 만드는 것이 후고, 그 후를 위해서 덕이 필요하다는 것이 사마천의 가르침입니다. 범려의 성공요인은 다른 사람은 그렇게 하지 않았는데 했기 때문이고, 그것이 차이를 볼 줄 알고 차이를 만들 줄 아는 도인이기에 그렇다는 것입니다.

12. 가르침을 받는 이치

子贛旣學於仲尼(자공기학어중니) : 자공은 중니에게서 학업을 마친 후
退而仕於衛(퇴이사어위) : 물러나 위나라에 가서 벼슬을 살았다.
廢著鬻財於曹·魯之間(폐저죽재어조노지한) : 노나라와 조나라 사
이에서 재물을 내어놓고 저장하고 하면서 재물을 늘렸다.
七十子之徒(칠십자지도) : [공자의] 문도 70명 중에
賜最爲饒益(사최위요익) : 사가 가장 요익하게 살았고,
原憲不厭糟糠(원헌불염조강) : 원헌은 거친 찌꺼기 음식조차도 구하
기 힘들었으며
匿於窮巷(익어궁항) : 궁벽한 구석에 숨어 살았다.
子貢結駟連騎(자공결사연기) : 자공은 4륜마차와 기병을 끌고
束帛之幣以聘享諸侯(속백지폐이빙향제후) : 비단 꾸러미 선물 공세
로 제후들을 초빙하여 향연을 베푸니
所至(소지) : [자공이] 이르는 곳마다
國君無不分庭與之抗禮(국군무불분정여지항례) : 국왕과 군왕을
불문하고 마당으로 뛰어 내려와 몸소 예를 표하지 않는 이가 없었다.

夫使孔子名布揚於天下者(부사공자명포양어천하자) : 무릇 공자의 이름을 천하에 널리 퍼지게 만든 것은

子貢先後之也(자공선후지야) : 자공이 선후에서 작업을 했기 때문이다.

此所謂得勢而益彰者乎?(차소위득세이익창자호) : 이것이 소위 세력을 얻으면 이익이 더욱 번창한다는 것이 아니겠는가?

공자와 자공이 활약하던 당시의 지도를 다시 참조합니다. 노나라는 참으로 작은 나라입니다.

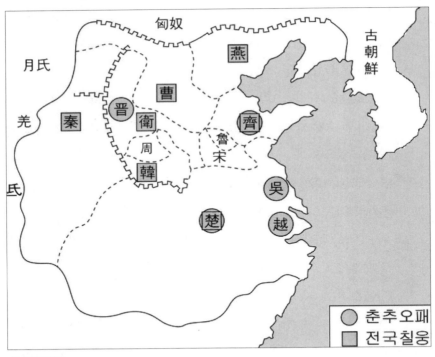

춘추전국시대

〈화식열전〉이 우리 선조들에 의해서 배척당하고, 금서(禁書) 취급을 당한 첫 번째 이유는 위와 같이 공자에 관한 진실을 말하고 있기 때문입니다. 그리고 두 번째 이유는 사람들이 이익을 탐하거나 부자가 되면 양반의 지배사회가 흔들리기 때문에 마키아벨리식 우민정책을 썼던 것이라고 생각합니다. 우리 조상들의 그러한 정책은 조선왕조뿐만 아니다. 오늘날의 북한도 써먹고 있습니다. 일체의 방송이나 인터넷 혹은 신문 등에서 소위 돈 되는 정보를 일부러 차단합니다. 그래야 다스리기 좋기 때문입니다. 그러나 그 결과는 예전의 조선처럼 '나라가 망하더라'입니다. 그러기 전에 어서 북한도 중국이나 우리나라를 배웠으면 합니다. 북한이 잘 살아야 우리도 잘 살게 됩니다. 만약 북한이 가난한 채로 통일이 된다면 그것이야말로 비극입니다. 예를 들어 한 달에 500만원으로 한 가구 5명이 잘 살다가 갑자기 한 달에 500만원으로 한 가구 8명이 산다면 얼마나 괴롭겠습니까? 남북한이 통일된다면 북한이 최소한 동서독 통일 당시의 동독보다는 잘 살아야지 할 텐데 참으로 걱정입니다.

사마천은 말합니다.

"공자여, 서민들이 당신 말대로 하면 당신처럼 혹은 당신 제자들처럼 밥 굶기 딱 좋소! 그럼에도 불구하고 당신 말이 여기저기에 알려지게 된 것은 당신 제자 중에 재주 좋고 돈 많이 번 자공이라는 제자가 앞뒤에서 당신을 홍보하고, 심지어 그 이름을 팔고 다녔기에 가능한 일이지 당신 이론이 맞았기 때문이 아니라오."

공자(孔子) 스스로 언급한 것처럼, 그의 문하에서 학문을 닦아 통달한 사람이 70명 있었으니 모두 재능이 뛰어난 선비들이었습니다. 그 제자들 중에 전혀 존재감을 못 느끼고 있었던 사람이 있었는데, 그 대표적인 사람이 원헌입니다. 원헌(原憲)의 자(字)는 자사(子思)로, 어느 날 자사가 공자에게 부끄러운 것이 무엇이냐고 물으니 공자께서 이렇게 말씀하셨습니다.

"나라에 도(道)가 있을 때 벼슬하여 도리를 다하지 못하고 다만 봉록이나 먹고 있는 것과, 나라에 도가 없을 때 물러가서 몸을 깨끗하게 가지지 못하고 봉록이나 먹고 있는 것은 다 부끄러운 일이다."

아마도 춘추전국시대가 나라에 도가 없었던 때라고 판단하였는지, 원헌은 공자가 돌아간 다음에 세상을 피하여 풀이 우거진 소택지대(沼澤地帶)에 살고 있었습니다. 원헌은 노(魯)나라에 살았는데, 작은 오두막은 생

원헌

풀로 지붕을 이었고 쑥대로 엮어 만든 문은 온전치 못했다고 합니다. 옹기 창이 달린 방 두 칸은 누더기로 막았는데, 위로는 빗물이 새고 바닥은 축축했는데도 바르게 앉아 비파(琴)를 연주하고 있던 중 자공(子貢)이 위(衛)나라의 재상이 되어 준마 네 필이 끄는 훌륭한 수레를 타고 수풀을 헤치며 누추한 마을로 들어갔는데 길이 좁아 수레가 들어갈 수 없었다고 합니다. 그가 원헌을 찾아가니 원헌은 가죽 갓에 짚신을 신은 채 명아주 지팡이를 짚고 대문에서 그를 맞았는데, 자공이 "아! 선생은 무슨 병이라도

있소? 왜 당신이 이렇게 살고 있단 말이오?"라고 하자 원헌은 이렇게 대답하였다고 합니다. "내가 듣기로 재물이 없는 것을 가난이라 하고, 도(道)를 배우고도 행하지 못하는 것을 병이라 하더군요. 그러니 나는 가난한 것이지 병든 것이 아닙니다." 이에 자공은 물러나 머뭇거리면서 부끄러운 기색을 띠었으며, 평생 동안 자기가 한 말의 잘못을 부끄러워하였다고 합니다.

이렇게 공자님의 가르침이 우리에게 전해졌습니다. 사실 위의 이야기에서 중요한 것은 마지막입니다. '부끄러워하였다'는 그 구절입니다. 공자님은 '염치가 있어야 하고, 하늘에 부끄러워 할 짓은 하지 말라!'고 가르치신 것입니다. 그런데 사람들은 가난하면 부끄럽지 않고 부자면 부끄럽다고 생각합니다. 그래서 돈을 좋아하면서 부자를 싫어하고, 부자가 되고 싶다고 하면 천박한 사람으로 매도합니다. 그러나 생각해 보십시오. 새도 강아지도 난초도 나무도 미워하면 자기에게서 멀어져 갑니다. 사랑하면 가까이 옵니다. 자신은 돈을 좋아하면서 부자를 미워한다면 어찌 돈이 내게로 가까이 와서 내가 부자가 되겠습니까? 돈도 자연계에 존재하는 물질이기에 세상의 이치대로 움직이는 하나의 물질입니다. 물론 부자가 될 필요는 없습니다. 그러나 세상의 이치에 졸해서 부족한 사람이 됨과 동시에 물질적으로도 가난하다면 그야말로 사마천이 가장 경계하는 부끄러운 사람이 되는 것입니다. 저는 평생 월급쟁이로서 세상의 이치에 졸해서 항상 부족하게 산 사람입니다. 그래서 이 〈화식열전〉을 공부해서 여유 있게 살고 싶어서 이 공부를 하게 되었습니다.

그러면 공자님 같이 천하의 스승에게서 공부한 이들이 각기 사는 바가 달랐던 이유는 무엇일까요? 사주팔자가 달랐기 때문일까요? 전생의 복력 차이 때문일까요? 하늘의 가피가 서로 달랐기 때문일까요?

사마천은 말합니다.

"부자라고 해서 교자가 아니고, 빈자라고 해서 졸자가 아니다. 잘살고 싶은 사람은 잘 살 수 있는 행동을 하면 되고, 행복하게 살고 싶은 사람은 행복하게 살 수 있는 행동을 하면 된다. 그러나 범부중생들의 희망은 다 잘 먹고 잘 사는 것이니 잘 먹고 잘 살고 싶으면 세상 이치에 교하게 그렇게 생각을 하고 행동을 그렇게 하라."

사마천은 위정자에게 묻습니다.

"그대들은 백성들에게 어떻게 살라고 할 것인가? 어떻게 살라고 가르쳐야 그들이 그대들의 말을 잘 따르고 목숨을 걸고 싸우게 하고, 힘써 번 재산을 군소리 안 하고 세금을 내게 하겠는가?"

노자처럼 살라고 하겠습니까? 공자의 가르침처럼 인의예지를 따르라고 하겠습니까? 자로(子路)처럼 개죽음 당하게 하겠습니까? 원헌(原憲)처럼 청빈낙도하게 살라고 하겠습니까? 아니면 자공처럼 살라고 하겠습니까?

사실 사마천의 백성들에 대한 진실한 바람은 노자의 가르침대로 살되, 그 가르침으로 교자가 되어 〈화식열전〉의 주인공처럼 살라는 것입니다. 〈화식열전〉의 주인공과 달리 《사기》의 다른 열전에 등장하는 주인공들의 삶은 노자를 따르지 않아서 불행해진 면이 많습니다. 노자의 가르침은 전 세계 현인들의 공통된 지혜입니다.

1. 먹고 입고 살기에 조금은 부족한 듯한 재산
2. 모든 사람이 칭찬하기에는 약간 부족한 외모
3. 자신이 생각하는 것의 반밖에 인정받지 못하는 명예
4. 남과 겨루어 한 사람은 이겨도 두 사람에게는 질 정도의 체력
5. 연설했을 때 듣는 사람의 반 정도만 박수를 치는 말솜씨

위의 글은 플라톤의 '행복하게 사는 5가지 방법'입니다. 노자《도덕경》의 가르침과 똑 같다고 생각합니다.

노자의 가르침과 유사한 글이 있습니다. 바로 더글라스 맥아더 장군의 '아버지의 기도' 입니다. 이 글은 맥아더 장군이 큰 아들을 잃은 후 대학에 재학 중인 둘째 아들에게 보낸 편지로 알려져 있습니다. 한국에 여러 번역이 있지만 대부분 backbone과 wishbone을 잘못 해석되어 있습니다. 지금은 작고하신 조선일보 선우 휘 선생님이 30년 전에 번역했던 글을 참조해 보면 아래와 같습니다.

A Father's Prayer (아버지의 기도)

Build me a son, O Lord, who will be strong enough to know when he is weak, and brave enough to face himself when he is afraid; one who will be proud and unbending in honest defeat, and humble and gentle in victory.

신이시여! 나의 아들이 이런 아들이 되게 하소서.

그가 약할 때 그가 약하다는 것을 충분히 자각할 수 있는 강인함을 주시고,

그가 두려움을 느낄 때 그 자신을 직시할 수 있는 용기를 주소서.

아울러 정직한 패배에 굴하거나 부끄러워하지 않는 아들이 되게 하여 주시고,

승리에 겸허하고 온유한 인간이 되게 하소서.

Build me a son whose wishbone will not be where his backbone should be; a son who will know Thee and that to know himself is the foundation stone of knowledge.

용기(backbone)를 필요로 하는 곳에

요행수(wishbone)를 바라지 않는 아들이 되게 하여 주시고,

다른 사람들의 마음을 잘 헤아리고 자기 자신을 아는 것이야말로

참된 지식의 초석이라는 것을 아는 그러한 아들이 되게 하소서.

Lead him, I pray, not in the path of ease and comfort, but under the stress and spur of difficulties and challenge. Here let him learn to stand up in the storm; here let him learn compassion for those who fail.

내가 기도하건대, 그를 이러한 길로 인도하소서.

편안함과 안락함의 길로 인도하지 마시고,

도전과 고난이라는 박차와 억압의 길로 인도하소서.

그리고 그 폭풍우 속에서도 일어설 줄 알며,

패배한 사람들에 대해서도 연민을 느낄 줄 알게 하소서.

Build me a son whose heart will be clean, whose goal will be high; a son who will master himself before he seeks to master other men; one who will learn to laugh, yet never forget how to weep; one who will reach into the future, yet never forget the past.

그의 마음은 항상 맑게 하시고,

그의 목표는 높게 하시고,

다른 사람을 다스리기에 앞서 그 자신을 다스릴 줄 알게 하시며,

웃을 줄 알되 우는 것이 어떠한 것이라는 것을 절대로 잊지 말게 하소서.

미래를 지향하면서도 과거를 절대 잊지 않는 그러한 아들이 되게 하소서.

And after all these things are his, add, I pray, enough of a sense of humor, so that he may always be serious, yet never take himself too seriously. Give him humility, so that he may always remember the simplicity of greatness, the open mind of true wisdom, the meekness of true strength.

내가 덧붙여 기도하건대

그가 이러한 모든 것을 다 지니게 하여 주소서.

충분한 유머감각을 가지고 그래서 늘 진지하면서도

결코 그 자신을 너무 심각하게 몰아가지 않는 현명함을 갖게 하소서.

그에게 겸허함을 갖게 하시고,

그래서 참으로 위대한 것은 단순함에 있다는 것과

참된 지혜는 열린 마음에서 온다는 것과

참된 힘은 연약함에서 온다는 것을 알게 하소서.

Then I, his father, will dare to whisper, "I have not lived in vain".

그리고 그의 아버지인 나로 하여금 나직이 속삭일 줄 알게 하소서.

"나 역시 인생을 헛되이 살지는 않았노라"고.

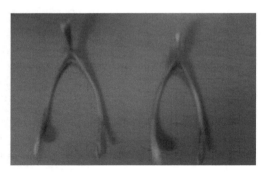

삼계탕에서 나온 wishbone

이것으로 〈화식열전〉 제1권을 마칩니다. 세상의 이치와 자연의 이치에 순응하면서도 부자의 원칙을 말하는 것은 여기까지입니다. 2권에 나오는 백규(白圭)는 중국 상인들이 《삼국지》의 관운장과 더불어 장사의 신으로 모시고 사당을 지어 항상 향을 올리고 절을 하는 사람입니다. 관운장에게 는 재산을 지켜달라고 기도를 하고, 백규에게는 돈을 벌어달라고 기도하 는 재물의 신입니다. 그 이유는 백규가 범려와 달리 단기적인 투자도 했기 때문입니다. 범려는 병법(兵法)과 법도와 절제와 규율을 갖추어 크게 성 공을 합니다. 마치 GE 그룹을 크게 성장시킨 잭 웰치가 대규모 구조조정 도 생산성과 효율을 위해서는 눈 하나 깜짝하지 않고 냉정하게 했던 방식 과 유사하다고나 할까요? 그는 말했습니다. "아무에게나 돈 버는 법을 가 르쳐주지 않겠다. 설사 자식이라도 그렇다!" 정말로 그렇다고 생각합니다. 돈과 칼은 그 성질이 같아 어떻게 쓰는가에 따라 그 결과가 완전히 달라집 니다. 자고로 재물이란 덕 있는 자가 사용하면 활인검(活人劍)이 되고, 덕 없는 자가 사용하면 자신과 남을 동시에 상하게 하는 살인검(殺人劍)이 될 수도 있기 때문입니다. 혹자는 백규는 천기누설이기에 말하지 않았고, 가르쳐 주지 않았다고 합니다. 이런 경우를 선가(禪家)에서는 '낙처(落處) 를 알아라!' '말끝에 휘둘리지 말라!'고 합니다.

예를 들어 다시 설명하면 이렇습니다. 대전의 둔산 지역이 모래논으로 땅 값이 형편없던 1980년대 초 이야기입니다. 당시 대통령이던 분에게 자 기 딴에는 과거에 크게 도움을 준 것이 있다고 생각한 어느 분이 그 대통령 을 찾아가 "당신이 이제 대통령도 되고 했으니, 나 좀 도와주게! 내가 힘들어 못 살겠네!" 라고 말했습니다. 대통령은 그 이야기를 듣고 "당신이 이제 와서 하기는 무엇을 한다는 말인가? 내가 보기에는 당신 고향이 충청도니 어디 둔산 지역에 가서 고물상이나 폐지수집상을 하면 좋을 것이오!"라고 대답했습니다. 지난 날 자신이 크게 도와 준 친구에게 무시 받은 기분이 들은 그는 화가 나서 집으로 돌아와서는 어디에 가나 그 대통령 욕을 바가지로 하고 다니면서 "은혜도 모르는 네까짓 놈이 잘 되면 얼마나 잘 되나 보자!" 하였습니다. 얼마 후 정부에서 대전 둔산 지역의 신도시 개발계획이 발표되고 땅값은 엄청나게 치솟았습니다. 그렇게 둔산 지역에 아파트 상가 투기 붐이 일어나고 땅값이 뛰자, 그때서야 그 분은 땅을 치고 후회했다고 합니다.

그 이치는 이렇습니다. 고물상이나 폐지수집상을 하려면 많은 땅이 필요합니다. 그래서 고물상이나 폐지수집상을 했으면 땅값이 쌀 때 엄청나게 샀을 것이고, 개발이 발표되고는 원금의 수십 배, 수백 배는 벌었을 것입니다. 결국 그 대통령은 천기누설(天機漏洩)을 안 하는 범위 내에서 은혜를 갚으려고 하였으나 받는 사람이 그 말하는 사람의 낙처를 몰라서 받지 못한 것이었습니다. 그래서 말끝에 놀아나면 하나도 되는 일이 없는 것입니다. 저도 평생 그렇게 멍청히 살았습니다. 회사에서도 부하직원을 회의석상에서 야단치는 경우는 그 사람에게 다시 한 번의 기회를 주기 위해서 혹은 그 사람의 능력을 인정하여 무엇인가를 기대해서 하는 경우가 많습니다. 그런데 야단맞은 사람이 그 뜻을 모르고 원한을 갖거나, 자신을 여러 사람 앞에서 망신을 주었다며 윗사람의 비위를 조사해서 복수를 위한 투서를 하는 경우도 있습니다. 그래서 정말 미운 놈이나 세상 이치에 졸(拙)하거나 부족한 사람은 사실 혼내지도 않습니다. 그냥 칭찬만 하거나 떡을 줍니다. 미운 놈 떡 하나 더 주는 이치가 그것입니다. 이러한 것을 '말이 떨어지는 낙처(落處)를 알아야 한다'고 하는 것입니다. 세상의 이치라는 것은 말하면 천기누설이 되기에 아는 자는 말하지 않습니다. 그러한 이치를 가르쳐 준 책이 보통의 역사책이고, 저희들이 경제와 돈을 공부하기에 앞서 〈화식열전〉을 공부해야 하는 이유입니다. 2권에서 케이스 스터디를 하면서 상세히 말씀드리겠습니다.

부록

〈화식열전〉 2권, 3권의 내용
〈화식 열전〉 원문

〈白圭〉, 〈周〉人也. : 〈백규〉는 〈주나라〉 사람인데

當〈魏文侯〉時 : 그때는 〈위문후〉 시절이었다

〈李克〉務盡地力 : 〈이극〉은 농사의 효율을 높이기 위해 애를 썼고

而〈白圭〉樂觀時變 : 반면 〈백규〉는 시세변화를 살피기를 좋아했다

故人弃我取 : 사람들이 버릴 때는 취하고

人取我與. : 사람들이 취할 때는 내다 팔았다

夫歲孰取穀, : 무릇 풍년이 들면 값이 싸진 쌀은 사서 모으고

予之絲漆 : 시세가 좋은 비단과 옻은 내다 팔았다

蠶出取帛絮 : 흉년이 들면 거꾸로 그런 것을 사서 모으고

與之食 : 값이 오른 식량들을 내다 팔았다

太陰在卯, 穰 : 태음이 '묘'에 들면 그 해는 풍년이지만

明歲衰惡. : 다음 해는 흉년이 들고

至午, 旱 : 태음이 '오'에 들면 그 해는 가뭄이 들지만

明歲美. : 그 다음 해에는 작황이 좋아지고

至酉, 穰 : 태음이 '유'에 들면 풍년이 들지만

明歲衰惡. : 그 다음 해에는 작황이 나빠진다

至子, 大旱 : 태음이 '자'에 들면 큰 한발이 들지만

明歲美 : 다음 해엔 작황이 좋지만

有水. : 비가 많이 내린다

至卯, : 태음이 '묘'에 들면

積著率歲倍 : 그 축적은 해마다 2배로 늘었다

欲長錢, 取下穀 : 돈을 불리고 싶으면 값이 싸진 것을 거두어들이고

長石斗, 取上種. : 수확을 늘리고 싶으면 좋은 종자를 써라

能薄飮食, : 거친 음식을 감내해가면서

忍嗜欲, : 자신의 욕망을 탐함을 억제해가며

節衣服, : 의복을 절제하며

與用事僮僕同苦樂, : 일하는 사람들과 고락을 같이 하라

趨時若猛獸摯鳥之發. : 세상의 흐름을 잡을 때는 마치 맹수가 새를 잡듯이 재빠르게 움직여라

故曰 : 그러므로

吾治生産, : 내가 돈을 버는데 능숙해지는 데는

猶〈伊尹〉 = 〈呂尙〉之謀, : 마치 〈이이〉와 〈여불위〉가 일을 도모하듯이 했고

〈孫吳〉用兵, : 〈손자〉와 〈오자〉가 군사를 부리듯이 했다

〈商鞅〉行法是也. : 또한 〈상앙〉이 법을 쓰듯이 엄격하게 했으며

是故其智不足與權變, : 그래서 그 지모가 권세를 바꾸기에 부족하거나

勇不足以決斷, : 용기가 없어 결단을 내리지 못하거나

仁不能以取予, : 인의가 잡았던 것을 도로 놓아줄 줄 아는 정도가 되지 않거나

彊不能有所守, : 강단이 능히 수비하거나 지킬 정도가 되지 못하면

雖欲學吾術, : 누가 나의 돈 버는 기술을 배우고 싶어 해도

終不告之矣. : 끝내는 가르쳐 주지 않겠다고 했다.

蓋天下言 : 그래서 천하사람들이 말하기를

治生祖〈白圭〉. : 돈을 버는 데는 〈백규〉가 그 시조라고 하는데

〈白圭〉其有所試矣, : 〈백규〉가 몸소 그 시범을 보여주었기 때문이다

能試有所長, : 능히 실제의 돈 버는 방법을 보여준 바가 있으므로

非苟而已也. : 구차하게 이론으로 말한 것이 아니라 대단한 것이라 할 것이다

〈倚頓〉用鹽鹽起. : 〈의돈〉은 소금호수의 소금으로 일어났고

而〈邯鄲郭縱〉以鐵冶成業, : 〈감단의 곽종〉은 야철업을 하여 가업을 성취
하였다

與王者埒富. : 둘 다 왕자들과 어깨를 나란히 할 정도의 부를 이루었다

〈烏氏倮〉畜牧 : 〈오씨라〉는 목축업을 하였는데

及衆, 斥賣, : 가축이 불어나면 내다 팔고

求奇繒物, : 기이하게 새로이 짠 비단으로 만든 물건을 구하여

間獻遺〈戎王〉. : 간간히 〈융왕〉에게 바치려고 보냈다

〈戎王〉什倍其償, 與之畜, : 〈융왕〉은 그 열배의 값어치에 해당하는 보상
으로 가축을 주었다

畜至用谷量馬牛. : 가축은 말과 소의 수를 셀 때 골짜기의 수를 셀 정도까
지에 이르렀다

〈秦始皇帝〉令〈倮〉比封君, : 〈진시황〉은 〈오씨라〉를 봉건국의 군에 비할
정도로 칭하여

以時與列臣朝請. : 때가 되면 열국의 신하들과 더불어 조정에 초청하였다

而〈巴〉(蜀)寡婦〈淸〉, : 그리고 〈파〉(촉 지역) 땅에 사는 〈청〉이라고 하는
과부는

其先得丹穴, : 그 선조가 주사를 캐는 동굴을 획득하여

而擅其利數世, : 몇 년에 걸쳐 그 이익을 자기마음대로 독차지하여

家亦不訾. : 그 집안 재산이 한정할 수 없이 많았다

〈淸〉, 寡婦也, : 〈청〉은 과부였지만

能守其業, : 능히 그 가업을 잘 지키고

用財自衛, : 재물을 활용하여 자신의 위치를 잘 지켜

不見侵犯. : 사람들에게 침범 당하지 않았다

〈秦皇帝〉以爲貞婦而客之, : 〈진시황〉도 과부 청을 정숙한 부인으로 인정하고 손님으로 대접하며

爲築〈女懷淸臺〉. : 〈여회청대〉라는 건물을 지어 주었다

夫〈倮〉鄙人牧長, : 무릇 〈오씨라〉는 비루한 사람으로 목장의 주인이었고

〈淸〉窮鄕寡婦, : 〈청〉은 궁색한 지방의 과부에 불과했지만

禮抗萬乘, : 예는 만 대의 수레를 그는 제후와 겨룰 정도로 받았으며

名顯天下, : 그 이름을 천하에 드러내게 된 것은

豈非以富邪 : 어찌 부의 힘이 아니라고 그러겠는가

〈漢〉興, : 〈한나라〉가 일어나자

海內爲一, : 바다와 육지가 한나라로 통일이 되고

開關梁, : (사람과 물자의 교역을 가로막았던) 다리와 관문을 열고

弛山澤之禁, : 산과 호수의 출입금지를 풀자

是以富商大賈周流天下, : 부유한 상인들과 대상인들이 천하를 두루 다니게 되었고

交易之物莫不通, : 교역하는 물자는 막힘이 없이 흐르게 되어

得其所欲, : 원하는 바를 다 얻을 수 있게 되었다

而徒豪傑諸侯彊族於京師 : 그러자 호걸들이나 제후, 강족의 무리들을 경도로 이주시켜서 살게 했다

〈關中〉自〈汧〉=〈雍〉以東至〈河〉=〈華〉, : 〈관중〉은 〈병〉=〈옹〉 땅으로부터 시작하여, 동으로는 〈하수〉와 〈화〉산에 이르는 지역이다

膏壤沃野千里, : 기름진 토양과 비옥한 땅이 천리에 걸쳐 이어지고

自〈虞夏〉之貢以爲上田 : 〈우하시대〉로부터 공물로서는 최고의 땅이었다

而〈公劉〉適〈邠〉, : 그래서 〈공류〉는 빈을 부인으로 맞이했고

〈大王〉=〈王季〉在〈岐〉, : 〈대왕〉인 〈왕계〉는 〈기〉에 머물렀다

〈文王〉作〈豐〉, : 〈문왕〉은 풍에 새로운 도시를 건설하고

〈武王〉治〈鎬〉, : 〈무왕〉은 〈호〉에서 국가를 다스렸다

故其民猶有先王之遺風, : 그래서 그 백성들은 선왕의 유풍이 그대로 남아 있어서

好稼穡 : 곡물 농사짓기를 좋아하고

殖五穀 : 오곡을 번식시켜

地重 : 고장을 중히 여겨

重爲邪 : 잘못됨이 없도록 소중히 다루었다

及〈秦文〉=〈孝〉=〈繆〉居〈雍〉, : 아울러 〈진나라 문왕〉, 〈효왕〉, 〈목왕〉이 〈옹〉에 거주할 때는

隙〈隴蜀〉之貨物而多賈. : 이웃한 〈농촉 지역〉의 화물과 대상인들이 모여

236

들었다

〈獻(孝)公〉徙〈櫟邑〉, : 〈헌공, 효공〉은 〈역읍〉으로 이주했고

〈櫟邑〉北卻戎翟, : 〈역읍〉은 북의 융적을 물리치기에 좋은 지역이었고

東通〈三晉〉, : 동으로는 〈삼진〉과 통해서

亦多大賈. : 큰 상인들이 많았다

(武)[〈孝〉] = 〈昭〉治〈咸陽〉, : 무왕 〈효공〉과 〈소왕〉은 〈함양〉에서 다스렸고

因以〈漢〉都, : 그러한 이유로 〈한〉나라의 도읍이 되었고

〈長安〉諸陵, : 〈장안〉에는 여러 개의 능이 있어서

四方輻湊並至而會, : 사방에서 한군데로 집중되어 모여들게 되었고

地小人衆, : 땅은 적고 사람은 많아

故其民益玩巧而事末也. : 그래서 사람들은 이익을 추구하고, 서로 희롱하고, 간교해져서 갈 때까지 가게 되었다

南則〈巴蜀〉. : 관중의 남쪽은 〈파촉〉이다

〈巴蜀〉亦沃野, : 〈파촉〉 역시 비옥한 들이다

地饒巵 = 薑 = 丹沙 = 石 = 銅 = 鐵 = 竹 = 木之器. : 땅은 풍요롭고, 치자나무·생강·주사·돌·구리·철·대나무·다양한 목기가 생산된다

南御〈滇僰〉, : 파촉 지역은 남쪽의 〈전족 오랑캐〉를 거느리고 있다

〈僰〉僮. : 〈오랑캐〉를 노예로 부리고

西近〈邛笮〉, : 서쪽은 〈공착〉과 인근해 있다

〈笮〉馬 = 旄牛 : 〈착〉에서는 말 그리고 모우가 난다

然四塞, : 그래서 사방이 요새처럼 되어 있지만

棧道千里, : 잔도가 천리에 이르고

無所不通, : 통하지 않는 곳이 없다

唯〈褒斜〉綰轂其口, : 오직 〈포사 지역〉의 관곡이 그 입구여서

以所多易所鮮. : 이곳에서 많은 교역이 이루어져, 활발한 곳이다

〈天水〉＝〈隴西〉＝〈北地〉＝〈上郡〉與〈關中〉同俗, : 〈천수〉, 〈농서〉, 〈북지〉, 〈상군〉 등은 관중과 같은 풍속을 가졌고

然西有〈羌中〉之利, : 그래서 서쪽으로는 〈강중〉과 교역하기에 좋고

北有〈戎翟〉之畜, : 북으로는 〈융적〉의 풍부한 가축이 있다

畜牧爲天下饒. : 목축하기에는 천하제일의 장소라 할 것이다

然地亦窮險, : 그러나 그 땅은 궁벽하고 험해서

唯京師要其道. : 오직 경도로만 그 길이 통했다

故〈關中〉之地, : 그러므로 〈관중〉의 땅은

於天下三分之一, : 천하의 1/3 밖에 안 되고

而人衆不過什三, : 인구는 3/10에 불과했지만

然量其富, : 그 부를 측량해보면

什居其六. : 거의 6/10이 되었다

昔〈唐〉人都〈河東〉, : 옛날 〈당〉 사람들은 〈하동〉에 도읍을 정하고

〈殷〉人都〈河內〉, : 〈은〉나라는 〈하내〉에 도읍을 정하고

〈周〉人都〈河南〉. : 〈주〉는 〈하나라〉에 도읍을 정하고

夫〈三河〉在天下之中, : 무릇 〈3하〉는 천하의 중심이었다

若鼎足, : 마치 솥발처럼 3가지로 나뉘어져 있어

王者所更居也, : 왕자들이 번갈아 가면서 일어나던 곳이다

建國各數百千歲, : 각 나라는 수백천 년을 이어져 왔지만

土地小狹, : 땅은 협소하고

民人衆, : 사람은 많았다

都國諸侯所聚會, : 모든 국가의 제후들이 모이고 만나는 곳이어서

故其俗纖儉習事. : 그 풍속은 알뜰하고 검소함이 습관적인 일이 되었다

〈楊〉=〈平陽〉陳西賈〈秦〉=〈翟〉, : 〈양〉과 〈평양〉은 서쪽으로 〈진〉, 〈적〉
과 거래를 하고

北賈〈種〉=〈代〉. : 북쪽으로는 〈종〉과 〈대〉와 거래를 했다

〈種〉=〈代〉, : 〈종〉과 〈대〉 지역은

〈石〉北也, : 〈석〉의 북쪽이다

地邊〈胡〉 : 종과 대 주변은 오랑캐 〈호족〉이 있고

數被寇. : 자주 도적에게 피해를 당했다

人民矜懻忮, : 주민들은 강직하고 공격적이어서

好氣, : 호기를 부리고

任俠爲姦, : 사내답고 용감함을 도둑질 하는 데 쓰곤 했으며

不事農商. : 농사와 상업에는 종사하지 않았다

然迫近北夷, : 그러나 북으로 오랑캐와 딱 붙어 있어서

師旅亟往, : 군사들이 자주 왕래했으며

中國委輸時有奇羨. : 제후국은 기이하고 탐낼 만한 물자들을 보낼 것을 요
구하기도 했다

其民羯羠不均 : 그 주민들은 거세한 양들처럼 그 기질이 일정하지 않았다

自全〈晉〉之時固已患其儁悍, : 〈진나라〉가 갈라지기 전부터 진나라가 3진인 한·위·조로 갈라질 때까지 그 지역사람들의 급하고 사나움이 골칫거리였다

而〈武靈王〉盆厲之, : 그러나 〈무령왕〉이 그 지역에 혜택을 주고 장려함으로써

其謠俗猶有〈趙〉之風也. : 그 지역의 풍속에는 〈조나라〉의 풍속이 남아 있다

故〈楊〉＝〈平陽〉陳椽其間, : 그러므로 〈양〉과 〈평양 지역〉 주민들은 그러한 틈바구니를 잘 이용하여

得所欲 : 원하는 바를 얻었다

〈溫〉＝〈軹〉西賈〈上黨〉, : 〈온〉과 〈진〉은 서쪽으로는 〈상당〉과 거래하고

北賈〈趙〉＝〈中山〉. : 북쪽으로는 〈조〉와 〈중산〉과 거래한다

〈中山〉地薄人衆, : 〈중산〉 땅은 척박하고 인구는 많아서

猶有〈沙丘紂〉淫地餘民, : 여전히 〈사구주〉에는 음탕한 사람들이 남아있다

民俗懁急, : 주민들의 풍속은 성급하고 서두른다

仰機利而食. : 오직 사기와 이익을 숭상하여 먹고 산다

丈夫相聚游戲, : 남자들은 서로 어울려 모여서 놀고 희롱하길 좋아하고

悲歌忼慨, : 비분강개하는 슬픈 노래를 부른다

起則相隨椎剽, : 활동을 하면 쇠몽둥이를 들고 협박도 하고

休則掘冢作巧姦冶, : 쉴 때는 무덤을 도굴하여, 간사하고 간악할 일을 꾸민다

多美物, : 아름다운 물건(악기)들이 많아서

爲倡優. : 노래를 하고 연극을 하는데 사용하기도 하며

女子則鼓鳴瑟, : 여자들은 북을 치고 비파를 타며

跕屣, : 신을 사뿐히 신고서

游媚貴富, : 귀인들과 부자들과 놀며, 꼬리쳐서

入後宮, : 후궁으로 들어가기도 하는데

徧諸侯 : 어느 제후에게든지 널리 알려져 있다

然〈邯鄲〉亦〈漳〉=〈河〉之間一都會也. : 한편 〈감단〉 역시 〈창〉과 〈하〉 지역 사이에 있는 큰 도회지다

北通〈燕〉=〈涿〉, : 북으로는 〈연나라〉와 〈탁 지역〉에 통하고

南有〈鄭〉=〈衛〉. : 남으로는 〈정나라〉와 〈위수 지역〉이 있다

〈鄭〉=〈衛〉俗與〈趙〉相類, : 〈정〉과 〈위〉의 풍속은 〈조나라〉와 유사하다

然近〈梁〉=〈魯〉, : 그리고 그 인근에 〈양나라〉와 〈노나라〉가 있는 연고로

微重而矜節. : 약간의 중후함 그리고 자긍심과 절도가 있다

〈濮上〉之邑徙〈野王〉, : 〈복상〉의 마을들은 〈야왕〉으로 이주했는데

〈野王〉好氣任俠, : 〈야왕〉 사람들은 호기를 잘 부리고, 남자답게 용감한데

〈衛〉之風也 : 이것은 〈위〉의 풍속이다

夫〈燕〉亦〈勃〉=〈碣〉之間一都會也. : 대저, 〈연나라〉는 〈발해〉와 〈갈〉 사이에 있는 큰 도읍이다

南通〈齊〉=〈趙〉, : 남으로는 〈제나라〉와 〈조나라〉와 통한다

東北邊〈胡〉. : 동북으로는 〈오랑캐〉들과 접하고 있어

〈上谷〉至〈遼東〉, : 〈상곡〉에서 〈요동〉에 이르고 있다

地踔遠, : 땅은 멀리 떨어져 있어서

人民希, : 사람들의 수는 적고

數被寇, : 오랑캐들에게 자주 침범을 당하였다

大與〈趙〉=〈代〉俗相類, : 대부분은 〈조나라〉나 〈대〉의 풍속과 유사하다

而民雕捍少慮, : 그래서 주민들은 독수리처럼 사납고 사려 깊지 못하다

有魚鹽棗栗之饒. : 이 지역에는 물고기, 소금, 대추, 밤이 많이 난다

北鄰〈烏桓〉=〈夫餘〉, : 북으로는 〈조환〉과 〈부여〉와 인접해 있고

東綰〈穢貉〉, : 동으로는 〈예맥〉과 얽혀 있고

〈朝鮮〉=〈眞番〉之利. : 〈조선〉 그리고 〈진번〉과 교역해서 이익을 취한다

〈洛陽〉東賈〈齊〉=〈魯〉, : 〈낙양〉은 동쪽으로 〈제나라〉와 〈노나라〉와 장사를 하고

南賈〈梁〉=〈楚〉. : 남으로는 〈양나라〉와 〈초나라〉와 장사를 한다

故〈泰山〉之陽則〈魯〉, : 그러므로 〈태산〉의 해 뜨는 곳은 〈노나라〉이고

其陰則〈齊〉. : 태산의 해떨어지는 곳이 〈제나라〉이다

〈齊〉帶山海, : 〈제나라〉는 산과 바다에 널리 걸쳐 있다

膏壤千里, : 기름진 땅이 천리에 이르고

宜桑麻, : 뽕나무와 삼을 재배하기에 좋다

人民多文綵布帛魚鹽. : 사람의 수는 많고 아름다운 문양의 포나 비단 그리고 물고기와 소금이 많이 난다

〈臨菑〉亦海〈岱〉之閒一都會也. : 〈임치〉 역시 동해와 〈대〉 사이에 있는 큰 도회지이다

其俗寬緩闊達, : 그 풍속은 관대하고 느긋하며 활달하다

而足智, : 아울러 자족할 줄 알고, 지혜롭다

好議論, : 의논하고 토론하는 것을 좋아하고

地重, : 땅을 소중히 여겨

難動搖, : 함부로 여기 저기 다니는 것을 하지 않는다

怯於衆鬪, : 집단으로 싸우는 것은 꺼려 하지만

勇於持刺, : 1:1의 칼싸움엔 용감하다

故多劫人者, : 그래서 사람들을 위협하는 사람이 많다

大國之風也. : 전반적으로 대국의 풍모이다

其中具五民 : 그 가운데 사·농·공·상·우의 5종 부류가 다 산다

而〈鄒〉=〈魯〉濱〈洙〉=〈泗〉, : 〈추나라〉와 〈노나라〉는 〈수〉와 〈사〉에 접해 있다

猶有〈周公〉遺風, : 여전히 주나라 〈주공〉의 유풍이 남아 있다

俗好儒, : 풍속은 유교를 좋아해서

備於禮, : 항상 예를 갖춘다

故其民齪齪. : 그 주민들은 악착같아서

頗有桑麻之業, : 퍽 많은 사람들이 뽕나무와 삼나무를 재배하는 업에 종사한다

無林澤之饒. : 울창한 숲은 없지만 호수가 많아

地小人衆, : 땅은 협소해도 사람은 많다

儉嗇, : 그들은 검소하며

畏罪遠邪. : 죄를 두려워해 사악한 짓을 멀리 한다

及衰, : 추나라와 노나라가 쇠퇴한 다음

好賈趨利, : 장사를 좋아하고 이익을 추구하는 것이

甚於〈周〉人. : 심지어 〈주나라〉 사람들에게 버금갈 정도다

夫自〈鴻溝〉以東, : 대강 보아서 〈홍구〉의 동쪽으로부터

〈芒〉=〈碭〉以北, : 〈망〉과 〈탕〉의 이북으로는

屬〈巨野〉, : 〈거야〉에 속한다

此〈梁〉=〈宋〉也. : 이곳은 〈양나라〉와 〈송나라〉이다

〈陶〉=〈睢陽〉亦一都會也. : 〈도〉와 〈회양〉도 역시 하나의 큰 도읍지이다

昔〈堯〉作(游)[於]〈成陽〉, : 옛날 〈요임금〉은 〈성양〉이라고 하는 호수를 만들고

〈舜〉漁於〈雷澤〉, : 〈순임금〉은 〈뇌택〉이라는 저수지에서 낚시를 했다

〈湯〉止于〈亳〉. : 〈탕임금〉은 〈박〉에 도읍을 정했다. (후에 은나라의 서울)

其俗猶有先王遺風, : 그 풍속에는 선왕의 유풍이 남아 있어서

重厚多君子, : 중후하고 군자가 많았다

好稼穡, : 곡식농사를 좋아하고

雖無山川之饒, : 비록 산과 강에서 나오는 물자는 많지 않으나

能惡衣食, : 의식주를 해결하는 데는 나쁘지 않아서

致其蓄藏. : 재산을 축적하여 간직하였다

〈越〉=〈楚〉則有三俗. : 〈월나라〉와 〈초나라〉는 3가지 풍속이 있는데

夫自〈淮北沛〉=〈陳〉=〈汝南〉=〈南郡〉, : 무릇 〈회수의 북쪽인 폐와진〉, 〈여남〉, 그리고 〈남군〉까지의 땅이다

此〈西楚〉也. : 이 속은 지금 〈서초〉이다

其俗剽輕, : 그 풍습은 사납고 경박하여

易發怒, : 또한 화를 잘 낸다

地薄, : 땅은 척박하여

寡於積聚. : 물자를 저축하기에는 부족하다

〈江陵〉故〈郢都〉, : 〈강릉〉은 〈정나라의 도읍〉인지라

西通〈巫〉＝〈巴〉, : 서쪽으로는 〈무〉와 〈파〉와 통해 있고

東有〈雲夢〉之饒. : 동으로는 〈운몽〉이 있어서 풍요롭다

〈陳〉在〈楚夏〉之交, : 〈진나라〉는 〈초하〉와 교류함에

通魚鹽之貨, : 물고기, 소금 등을 화폐로 교역한다

其民多賈. : 주민들 중에는 장사꾼들이 많다

〈徐〉＝〈僮〉＝〈取慮〉, : 〈서〉, 〈동〉, 그리고 〈취로〉의 사람들은

則淸刻, : 청렴하기는 하나 그 품성이 각박하다

矜己諾. : 개인에 대한 프라이드를 인정한다

〈彭城〉以東, : 〈팽성〉의 동쪽으로는

〈東海〉＝〈吳〉＝〈廣陵〉, : 〈동해〉와 〈오나라〉, 그리고 〈광릉〉이 있다

此〈東楚〉也. : 지금은 〈동초〉이다

其俗類〈徐〉＝〈僮〉. : 그 풍속은 〈서〉나 〈동〉과 유사하다

〈朐〉＝〈繒〉以北, : 〈구〉와 〈증〉의 북쪽으로는

俗則〈齊〉. : 풍속이 〈제나라〉와 같다

〈浙江〉南則〈越〉. : 〈절강〉의 남쪽은 〈월나라〉이다

夫〈吳〉自〈闔廬〉=〈春申〉=〈王濞〉：무릇 〈오나라〉는 〈합려〉, 〈춘신〉, 〈왕비〉

三人招致天下之喜游子弟, ：3인이 천하를 돌아다니면서 노는 젊은 자제들을 초치하였다

東有海鹽之饒, ：동으로는 동해가 있어 소금이 많고

〈章山〉之銅, ：〈장산〉에는 구리가 많다

〈三江〉=〈五湖〉之利, ：〈3개의 강〉과 〈5개의 호수〉에서 나는 이익이 있고

亦〈江東〉一都會也 ：또한 〈강동〉이 대도읍이다

〈衡山〉=〈九江〉=〈江南〉=〈豫章〉=〈長沙〉, ：〈형산〉, 〈구강〉, 〈강남〉, 〈예장〉, 그리고 〈장사 지역〉은

是〈南楚〉也, ：바로 〈남초〉이다

其俗大類〈西楚〉. ：그곳의 풍속은 〈서초〉와 아주 같다

〈郢〉之後徙〈壽春〉, ：〈정나라〉는 후에 〈수춘〉으로 도읍을 옮겼는데

亦一都會也. ：역시 큰 도읍지이다

而〈合肥〉受南北潮, ：또한 〈합비〉는 양자강과 회수의 조류를 받아

皮革=鮑=木輸會也. ：피혁, 포, 목재의 집산지이다

與〈閩中〉=〈干越〉雜俗, ：또한 〈민중〉과 〈간월〉의 풍습이 섞여서

故〈南楚〉好辭, ：〈남초〉 사람들은 말을 꾸며하기를 좋아하고

巧說少信. ：말은 교묘하지만 믿음이 부족하다

〈江南〉卑濕, ：〈강남〉은 지대가 낮고 습기가 많아

丈夫早夭. ：남자들이 일찍 죽는다

多竹木. ：대나무나 목재가 많다

〈豫章〉出黃金, ：〈예장〉에서는 황금이 출산되고

〈長沙〉出連＝錫, ：〈장사〉에서는 연와 주석이 나온다

然堇堇物之所有, ：그런데 너무나 적은 양이어서

取之不足以更費. ：얻는 데 드는 비용이 얻는 것보다 많다

〈九疑〉＝〈蒼梧〉以南至〈儋耳〉者, ：〈구의〉와 〈창오〉의 남쪽에서 〈담이〉에 이르기까지의 땅은

與〈江南〉大同俗, ：〈강남〉과 그 풍속이 대동소이하다

而〈楊越〉多焉. ：그래서 〈양월〉의 풍속이 많다

〈番禺〉亦其一都會也, ：〈번우〉 역시 하나의 큰 도회지로

珠璣＝犀＝瑇瑁＝果＝布之湊 ：진주, 무소 뿔, 바다거북, 과일, 갈포 등이 집결된다

〈潁川〉＝〈南陽〉, ：〈영천〉과 〈남양〉은

〈夏〉人之居也. ：〈하나라〉 사람들의 주거지이다

〈夏〉人政尙忠朴, ：〈하나라〉 사람들의 다스림은 충직하고 소박함을 받들었다

猶有先王之遺風. ：여전히 하나라 우임금의 유풍이 남아 있다

〈潁川〉敦愿. ：〈영천〉 사람들은 정이 도탑고 소박하다

〈秦〉末世, ：〈진나라〉 말기에

遷不軌之民於〈南陽〉. ：말 잘 안 듣는 사람들을 〈남양〉에 이주시키기도 했는데

〈南陽〉西通〈武關〉＝〈鄖關〉, ：〈남양〉은 서로 〈무관〉, 〈운관〉과 통해 있고

東南受〈漢〉=〈江〉=〈淮〉. : 동남으로는 〈한〉이나 〈강〉, 그리고 〈회수〉가 흘러들어 온다

〈宛〉亦一都會也. : 〈완〉 역시 하나의 큰 도읍지이다

俗雜好事, : 지역풍속은 잡다하고 일을 벌이길 좋아하며

業多賈. : 장사를 업으로 삼는 사람이 많아

其任俠, : 남자답게 호기를 부린다

交通〈潁川〉, : 안휘성의 〈영천 지역〉과 통해 있어

故至今謂之〈夏〉人 : 지금도 〈하나라〉 사람들이라고 불리운다

夫天下物所鮮所多, : 무릇 천하의 물자는 적은 것도 있고 많은 것도 있다

人民謠俗, : 사람들은 그 풍속을 노래한다(따라 움직인다)

〈山東〉食海鹽, : 〈산동〉 사람들은 바다 소금을 먹고

〈山西〉食鹽鹵, : 〈산서〉 사람들은 바위 소금을 먹는다

〈領南〉=〈沙北〉固往往出鹽, : 〈영남〉과 〈사북〉에서도 왕왕 소금이 나온다

大體如此矣 : 대체로 보면 이렇다고 할 수 있다

總之, : 총괄해서보면

〈楚越〉之地, : 〈초나라〉와 〈월나라〉 지역은

地廣人希, : 지역이 넓고 사람이 적어서

飯稻羹魚, : 쌀을 먹고 생선국을 먹는다

或火耕而水耨, : 혹은 화전을 경작하기도 하고, 수경농사도 짓는다

果隋蠃蛤, : 과일, 제사 물품, 소라류나 조개류에 이르기까지

不待賈而足, : 장사꾼을 기다리지 않아도 풍족하다

地勢饒食, : 땅은 온갖 조화를 부려 먹을 것이 풍부하므로

無飢饉之患, : 기근 같은 환란은 없다

以故呰窳偷生, : 이런 연고로 먹고, 빈둥대고, 남의 것 손대고 하는 등으로 살아감으로써

無積聚而多貧. : 재물을 축적함이 없고, 가난한 사람이 많다

是故〈江〉〈淮〉以南, : 그런 까닭에 〈장강〉과 〈회수〉 이남에는

無凍餓之人, : 얼어 죽고, 굶어 죽는 사람도 없지만

亦無千金之家 : 역시 천금을 가진 부자도 없다

〈沂〉=〈泗水〉以北, : 〈기주〉와 〈사수〉의 이북은

宜五穀桑麻六畜,: 마땅히 오곡이나 뽕나무, 삼나무, 그리고 6가지 가축을 기르기에 적당하며

地小人衆, : 땅은 협소하지만 사람은 많아서

數被水旱之害, : 홍수와 가뭄의 피해가 자주 들어

民好畜藏, : 사람들은 항상 물자를 저축하고 저장하기를 좋아한다

故〈秦〉=〈夏〉=〈梁〉=〈魯〉好農而重民. : 그런 고로 〈진〉, 〈하〉, 〈양〉, 〈노〉는 농사를 즐겨짓고 농민을 소중히 여긴다

〈三河〉=〈宛〉=〈陳〉亦然, : 〈삼하 지역〉이나 〈완〉, 〈진〉도 그러하나

加以商賈. : 농사 말고도 상업과 상인도 중시한다

〈齊〉=〈趙〉設智巧, : 〈제〉와 〈조나라〉는 지혜와 기교까지 가미하여

仰機利. : 그 기회와 이익을 도모하고

〈燕〉=〈代〉田畜而事蠶 : 〈연나라〉와 〈대 지역〉은 밭농사와 목축 그리고

양잠업도 번성하다

由此觀之 : 이러한 것을 관찰해 보면

賢人深謀於廊廟, : 현인들이 랑(사랑채)과 묘(사당)에서 심오한 계책을 내고

論議朝廷, : 조정에서 논의하는 것이나

守信死節隱居巖穴之士設爲名高者安歸乎? : 믿는 바를 지켜 절의를 지키고, 바위굴에 은거하는 선비들이 그 이름을 높이 드러내고 노후에 편함을 도모하는 것은 무엇을 위하여 그런 것인가?

歸於富厚也 : 모두 다 부유함과 넉넉한 삶을 위해서 그런 것으로 귀결된다

是以廉吏久, : 그러므로 청렴한 관리도 오래 관직에 있다 보면

久更富, : 오래할수록 점점 부유해지고

廉賈歸富. : 폭리를 취하지 않는 상인도 부유하게 되는 법이다

富者, : 부자가 된다 함은

人之情性, : 인지상정이라

所不學而俱欲者也 : 배우지 않아도 모두 이루고자 하는 것이다

故壯士在軍, : 그러므로 장부가 군에 몸을 담으면

攻城先登, : 성을 먼저 공격하여 성벽에 오르고

却陣卻敵, : 적진을 함락시켜 적을 퇴각시키며

斬將搴旗, : 적장의 목을 베고 적군의 깃발을 높이 들어 올리며

前蒙矢石, : 화살과 돌을 앞장서서 무릅쓰고

不避湯火之難者, : 뜨거운 물과 날아오는 불의 난관을 피하지 않는 것은

爲重賞使也. : 그 뜻한 바가 다 중한 상을 받기 위함이다

其在閭巷少年, : 그리고 여항(저잣거리)의 소년들이

攻剽椎埋, : 사람을 공격하고 협박하며 심지어 사람을 쳐서 죽인 다음 땅에 묻어 버리거나

劫人作姦, : 사람들을 겁주고, 간악한 일을 하고

掘冢鑄幣, : 무덤을 도굴하고 돈을 위조하고

任俠幷兼, : 남자답고 호기를 부림과 더불어

借交報仇, : 친함을 핑계 삼아 보복을 하고

篡逐幽隱, : 빼앗고, 쫓아다니고, 어두운 곳과 은밀한 곳에 다니면서

不避法禁, : 법으로 금하는 것을 마다하지 않는 것 등을

走死地如騖, : 마치 달리는 말이 사지를 향해 달리는 것과 같이 덤벼드는 것은

其實皆爲財用耳 : 사실은 모두 돈과 이익을 위한 것이다

今夫〈趙〉女〈鄭〉姬, : 또한 〈조나라〉의 여인들과 〈정나라〉의 무희들이

設形容, : 정성스럽게 화장하고

揳鳴琴 : 비파를 연주하며

揄長袂, : 긴 소매를 휘날리며 남자들을 희롱하며

躡利屣, : 신발이 닳도록 이익을 쫓거나

目挑心招, : 눈짓으로 꼬드기고 마음으로 유혹해서

出不遠千里, : 천리를 마다 않고 집을 나서서

不擇老少者, : 노소를 가리지 않고 남자를 고르는 것은

奔富厚也. : 부유함과 넉넉함을 위해 치닫는 것이다

游閑公子, : 할 일 없는 부잣집 공자들이

飾冠劍, : 화관과 칼로 장식하고

連車騎, : 수행하는 마차와 말을 거느리는 것은

亦爲富貴容也. : 역시 부귀를 과시하기 위해 꾸미는 짓이다

弋射漁獵, : 주살로 고기를 잡고, 사냥을 할 때

犯晨夜, : 새벽이나 한 밤중을 가리지 않는 것이나

冒霜雪, : 서리나 눈도 무릅쓰는 것이나

馳阬谷, : 구덩이나 골짜기로 이리저리 치닫는 것이나

不避猛獸之害, : 맹수의 위험도 무릅쓰는 것이다

爲得味也. : 모두 그 고기 맛을 얻기 위함이다

博戲馳逐, : 도박과 유희와 경마

鬪雞走狗, : 닭싸움과 개 경주

作色相矜, : 얼굴색까지 바꾸어 가며 뽐내며

必爭勝者, : 반드시 이기려고 하는 것은

重失負也. : 돈을 잃거나 승부에서 지기 싫어함이다

醫方諸食技術之人, : 의사나 방중술이나 모든 먹는 장사와 기술자들이

焦神極能, : 모든 힘을 다하고, 온 신경을 다 쓰고 능력을 최대한 발휘하여

爲重糈也. : 많은 보수를 바라기 때문이다

吏士舞文弄法, : 관청의 관리들이 문서를 위조하고 법을 농간해가며

刻章僞書, : 도장을 새기고, 서류를 위조하며

252

不避刀鋸之誅者, : 칼로 목을 베이고 톱으로 사지가 잘리는 형벌마저 피하지 않는 것은

没於賂遺也. : 모두 뇌물을 받기 위함이다

農工商賈畜長, : 농업, 공업, 상업 그리고 장사와 가축을 치는 것은

固求富益貨也. : 모두 무와 이익과 돈을 얻기 위함이다

此有知盡能索耳, : 이렇듯 지모를 다하고 능력을 발휘하여 귀를 쫑긋 세우는 것은

終不餘力而讓財矣 : 결국 있는 힘을 다하여 재물을 남에게 넘기는 일이 없도록 하기 위함이다

諺曰 : 속담에 이르기를

百里不販樵, : 백리 밖에서 땔감을 팔지 말고

千里不販糴. : 천리 밖에서 쌀을 팔지 말라고 하였다

居之一歲, : 일 년을 살려거든

種之以穀 : 종자를 심어 곡식을 얻고

十歲, 樹之以木 : 10년을 살려거든 묘목을 심어 나무를 얻고

百歲, 來之以德. : 백세를 살려거든 덕을 심어라

德者, 人物之謂也 : 덕이라고 하는 것은 사람을 말함이다

今有無秩祿之奉, : 지금 여기 녹봉이 나오는 봉토도 없고

爵邑之入, : 작위에서 오는 수입도 없으면서

而樂與之比者, : 즐거움을 누리는 것이 이러한 작위나 봉토를 가진 자와 같이 누리는 사람들이 있으니

命曰素封 : 이름하여 소봉이라고 한다

封者食租稅, : 봉이라고 함은 사람들이 납부하는 세금을 거두게 되어

歲率戶二百. : 1년에 호당 200번을 거둔다

千戶之君則二十萬, : 1000호를 거느린 봉건영주는 20만전을 얻게 된다

朝覲聘享出其中. : 조정에 들어가 천자를 알현하고, 제후들을 초빙하고, 사람들에게 향연을 베풀고 하는 등의 모든 돈이 다 그 수입에서 나오는 것이다

庶民農工商賈, : 서민으로서 농업, 공업, 상업, 장사에 종사하면서

率亦歲萬息二千(戶), : 역시 1년에 만전으로 2000전을 벌게 되면

百萬之家則二十萬, : 100만전을 가진 사람은 20만전을 벌게 되어

而更傜租賦出其中. : 역시 병역, 부역, 조세 그 밖의 온갖 이름의 부세 등이 다 이것으로 충당된다

衣食之欲, : 입고 먹는 모든 욕구도

恣所好美矣. : 자의대로 좋아하고 아름다움에 따라 자기 맘대로 할 수 있다

故曰陸地牧馬二百蹄, : 그러므로 목장 말 200마리

牛蹄角千, : 소 250마리

千足羊, : 양 250마리

澤中千足彘, : 돼지 250마리를 키울 수 있는 늪지대

水居千石魚陂, : 1000석의 물고기를 키울 수 있는 방죽

山居千章之材. : 1000장의 목재를 벌채할 임야

〈安邑〉千樹棗 : 〈산시성(山西省) 안읍지방〉에

서는 1000그루의 대추나무

〈燕〉=〈秦〉千樹栗 : 〈연〉이나 〈진〉에서는 1000그루의 밤나무

〈蜀〉=〈漢〉=〈江陵〉千樹橘 : 〈촉〉이나 〈한〉이나 〈강릉〉에서는 1000그루
의 굴나무

〈淮北〉=〈常山〉巳南, : 〈회북〉이나 〈상산〉 이남

〈河濟〉之間千樹萩 : 〈황하〉와 〈제나라〉 사이 지역에서는 1000그루의 가
래나무

〈陳〉=〈夏〉千畝漆 : 〈진〉과 〈하〉의 1000그루의 옻나무

〈齊〉=〈魯〉千畝桑麻 : 〈제〉와 〈노〉 지역에서는 1000그루의 뽕나무와 삼
나무

〈渭川〉千畝竹 : 〈위천〉에서는 1000그루의 대나무

及名國萬家之城帶郭 : 그리고 각 국가의 만호의 주택이 있는 성읍에 걸려
있는 외곽지역에

千畝畝鍾之田, : 1000이랑에서 천종의 종자를 심는 밭

若千畝巵茜, : 혹은 1000이랑의 연지와 꼭두서니

千畦薑: 1000그루의 생강이나 부추를 키울 1000이랑의 밭떼기

此其人皆與千戶侯等. : 이 사람들은 각자 1000호의 영지를 가진 제후들과
같다

然是富給之資也, : 그러므로 이러한 부와 공급할 수 있는 자원을 가진 사
람들은

不窺市井, : 시정에서 돈 벌 거리를 찾아 기웃거릴 필요도 없고

不行異邑, : 낯선 고을로 가서 고생할 필요도 없고

坐而待收, : 가만히 앉아서 수입을 기다리기만 하면 되는 것이다

身有處士之義而取給焉. : 몸은 처사와 같이 편안히 의를 지키면서도 들어오는 물자를 취하기만 하면 되는 것이다

若至家貧親老, : 혹자는 집안은 가난하고 부모는 연로하며

妻子軟弱, : 처자식은 아직 어리고 연약한데

歲時無以祭祀進醵 : 철따라 제사를 차릴 음식도 마련하지 못하고

飮食被服不足以自通 : 음식이나 옷도 장만하지 못하여 자기 스스로 변통하지도 못하면서

如此不慙恥, : 이러한 것에 대해 부끄러워하지도 창피해 하지도 않는 것은

則無所比矣. : 어디다 비교할 때도 없는 사람이다

是以無財作力, : 따라서 재물이 없는 사람은 힘써 일을 다 해야 하고

少有鬪智, : 적은 재물을 가진 사람은 지혜를 가지고 남과 경쟁해야 하며

旣饒爭時, : 재물이 풍족한 사람은 때를 기다리기만 하면 된다

此其大經也. : 이것이 재산을 얻는 통상적인 방법이다

今治生 : 그래서 재산을 얻음에

不待危 : 위험을 감수하지 않고

身取給, : 그 몸이 재물을 취하려는 것은

則賢人勉焉. : 모든 현명한 사람들이 애써 힘쓰는 바이다

是故本富爲上, : 그러므로 본부(위의 예처럼 가만히 앉아서 돈이 돈을 버는 사람)가 최상이라면

末富次之, : 말부(장사로 돈을 버는 것)가 그 다음이고

姦富最下. : 간부(간교한 속임수로 돈 버는 것)는 최하라 할 것이다

無巖處奇士之行, : 토굴에 거하면서 기이한 삶을 사는 선비들의 청빈낙도의 행동도 하지 않으면서

而長貧賤, : 오랫동안 빈한하고 천하게 살면서

好語仁義, : 말로만 인의를 좋아하는 것은

亦足羞也 : 역시 부끄러운 일이다

凡編戶之民, : 대개 호적에 편재된 일반 서민들은

富相什則卑下之 : 재산이 자기보다 열 배 많은 사람은 그를 비하하고

伯則畏憚之, : 자기보다 백 배 많은 사람에게는 그를 꺼리어 피하려 하고

千則役, : 천 배가 많으면 그를 위해 그의 일을 하려 하고

萬則僕, : 만 배가 많으면 그의 집에 들어가 하인이 되고자 하는데

物之理也. : 이것이 세상의 이치이다

夫用貧求富, : 무릇 가난한 자가 부자가 되고자 한다면

農不如工, : 농업은 공업을 당하지 못하고

工不如商, : 공업은 상업을 당하지 못한다

刺繡文不如倚市門, : 자수로 문양을 만들어 파는 수입은 시장에서 그것을 만들어 파는 수입만 못하니

此言末業, : 이것이 이른바 장사이며

貧者之資也. : 가난한 사람이 재산을 모으는 방법이다—cash in a flash

通邑大都酤, : 교통이 사통팔달인 대도읍에서

一歲千釀, : 일 년에 계명주 1000 발효통

醯醬千瓨, : 식혜나 간장 천 독

醬千甔, : 젓갈 천 항아리 (漿千甔, : 음료수 천 항아리)

屠牛羊彘千皮, : 천 마리의 소나 양, 돼지 가죽

販穀糶千鍾, : 팔 곡식이나 천 가지 종자의 쌀

薪稾千車, : 천 수레의 땔감과 볏짚

船長千丈, : 나무길이가 천 장이나 쓰여진 큰 배

木千章, : 목재 1000개

竹竿萬个, : 죽간 만 개

其軺車百乘, : 인력거 100대

牛車千兩, : 마차 천 량

木器髤者千枚, : 목기에 칠할 옻 천 가지

銅器千鈞, : 구리그릇 천 개

素木鐵器若巵茜千石, : 질박한 나무그릇, 쇠그릇 그리고 꼭두서니 천 석

馬蹄躈千, : 말 250마리

牛千足, : 소 250마리

羊彘千雙, : 2000마리의 양이나 돼지

僮手指千, : 100명의 노비

筋角丹沙千斤, : 힘줄이나 주사 천 근

其帛絮細布千鈞, : 천 균의 비단 솜과 얇은 포

文采千匹, : 무늬 있는 비단 1000필

榻布皮革千石, : 천 석의 탑포 피혁

漆千斗, : 옻 천 두

蘗麴鹽豉千荅, : 천 합의 누룩이나 메주

鮐鮆千斤, : 천 근의 복어, 갈치

鯫千石, : 천 석의 말린 생선

鮑千鈞, : 천 균의 절인 생선

棗栗千石者三之, : 천 석의 대추, 밤

狐貂裘千皮, : 천 장의 여우, 담비 가죽

羔羊千石, : 천 석의 염소, 양 가죽

旃席千具, : 천 구의 양탄자

佗果菜千鍾 : 기타 천 가지의 과일과 야채

子貸金錢千貫, : 이자를 놓는 돈 천 관

節駔會, : 물건이나 고리대금을 중개하는 상인은

貪賈三之, : 욕심 많은 대부업자는 30%로 이자를 받고

廉賈五之, : 욕심 적은 상인은 20%의 이자를 받는다

此亦比千乘之家, : 이 또한 천승의 마차를 가진 상인과 마찬가지로

其大率也. : 대체로 그 수입이 비슷하다

佗雜業不中什二, : 다른 기타의 업은 ROE(자기자본이익률)가 20%가 안
되니

則非吾財也. : 재산을 잘 굴린다고 할 수 없다

請略道當世千里之中, : 바라건대 내가 당대의 천리 안에 있는

賢人所以富者, : 현명한 사람들이 부를 일군 방법을 말하는 것은

令後世得以觀擇焉 : 후대 사람들이 잘 보고 선택하기를 바라기 때문이다

〈蜀卓氏〉之先,〈趙〉人也, : 〈촉탁씨〉의 선조는 〈조나라〉 사람이다

用鐵冶富 : 철을 다루어 부를 이루었다

〈秦〉破〈趙〉, : 〈진나라〉가 〈조나라〉를 격파하였을 때

遷〈卓氏〉: 〈탁씨〉들을 이주시켰다

〈卓氏〉見虜略 : 〈탁씨〉는 포로가 되어 재산을 약탈당했으므로

獨夫妻推輦, : 홀로 된 부부가 몸소 수레를 밀고

行詣遷處. : 지목받은 이주지로 떠나야 했다

諸遷虜少有餘財, : 다른 이주를 명령 받은 사람들은 약간의 남은 재산을 가지고

爭與吏, : 서로 다투어 관리에게 뇌물을 주고

求近處, : 가까운 곳으로 가려고 했다

〈葭萌〉. : 〈가맹 지역〉이다

唯〈卓氏〉曰 : 오직 〈탁씨〉 만이 이르기를

此地狹薄. : 가맹은 협소하고 척박한 곳이다

吾聞〈汶山〉之下, : 나는 〈문산〉 기슭에

沃野, : 기름진 들이 있다고 들었다

下有蹲鴟, : 그 밑에는 큰 감자가 나기 때문에

至死不飢. : 죽을 때까지 굶는 일이 없으며

民工於市, : 주민들은 무엇인가를 만들어 시장에 나가

易賈 : 사고판다고 들었다

乃求遠遷. : 하며 멀리 이주시켜 줄 것을 요구했다

致之〈臨〉, : 그리하여 〈임공〉에 이르러서는

卬大喜, : 크게 기뻐하며

卽鐵山鼓鑄, : 철관산으로 가서 철을 두드리고 불려서

運籌策, : 꾀를 내어

傾〈滇蜀〉之民, : 〈전촉〉 주민들의 관심을 끌었다

富至僮千人 : 부는 노복 1000명을 두었으며

田池射獵之樂, : 고기잡이를 하고 사냥을 하는 즐거움은

擬於人君 : 군왕에 버금갈 정도였다

〈程鄭〉, : 〈정나라 정씨〉는

〈山東〉遷虜也, : 〈산동지방〉에서 온 포로였다

亦冶鑄, : 역시 철을 주조하여

賈椎髻之民, : 추계지민과 거래를 해서

富埒〈卓氏〉, : 부가 〈탁씨〉와 견줄 만했다

俱居〈臨卬〉. : 함께 〈임공〉에서 살았다

〈宛孔氏〉之先, : 〈완공씨〉의 조상은

〈梁〉人也, : 〈양나라〉 사람이다

用鐵冶爲業. : 야철업을 하는 것을 업으로 해서

〈秦〉伐〈魏〉, : 〈진나라〉가 〈위〉를 쳤을 때

遷〈孔氏〉〈南陽〉. : 〈공씨〉를 〈남양〉으로 이주시켰다

大鼓鑄, : 크게 고주업을 하여

規陂池, : 규모가 큰 저수지를 만들고

連車騎, : 수레를 거느리고

游諸侯 : 제후들과 교류하면서

因通商賈之利, : 그것을 근거로 하여 거래의 이득을 얻었다

有游閑公子之賜與名. : 유한공자가 주듯이 예물을 많이 주어

然其贏得過當, : 그런 연후에 남는 이득은 지나칠 정도로 많아서

愈於纖嗇 : 짜게 구는 장사치들보다 많이 남겼다

家致富數千金, : 집안의 부는 수천 금이었다

故〈南陽〉行賈盡法〈孔氏〉之雍容. : 그러므로 〈남양〉의 장사치들은 〈공씨〉의 옹용을 장사의 최고의 법도로 알았다

〈魯〉人俗儉嗇, : 〈노나라〉 사람들은 검색했다

而〈曹邴氏〉尤甚, : 〈조나라에서 온 병씨〉는 그것이 더욱 심했는데

以鐵冶起, : 그도 야철로 일어섰다

富至巨萬. : 부는 거만금에 이르렀다

然家自父兄子孫約, : 그러면서도 집안의 부모, 형제, 자손들은 약속이나 한 듯이

俛有拾, : 허리를 구부리면 무엇인가 줍고

仰有取, : 위를 우러러보면 얻는 바가 있었다

貰貸行賈徧郡國. : 돈놀이도 하고 행상도 하며 모든 군국을 다니지 않는 데가 없었다

〈鄒〉=〈魯〉以其故多去文學而趨利者, : 〈추나라〉와 〈노나라〉에는 학문을 버리고 돈벌이에 나서는 사람이 많아졌다

以〈曹邴氏〉也. : 이것이 〈조나라에서 온 병씨〉의 영향이다

〈齊〉俗賤奴虜, : 〈제나라〉의 풍속은 노예를 천하게 취급하는 풍속이다

而〈刀間〉獨愛貴之. : 그러나 〈도간〉은 홀로 아끼고 소중히 하였다

桀黠奴, : 사납거나 머리가 약은 노예들은

人之所患也, : 사람들이 꺼리는 부류지만

唯〈刀間〉收取, : 오직 〈도간〉만은 그런 노예들을 취하고

使之逐漁鹽商賈之利, : 그들을 파견하여 생선과 소금장사를 시켜 이익을 취하였다

或連車騎, : 혹은 가마를 끌고 다니며

交守相, : 수문장들이나 제상들과 교류하게 하여

然愈益任之. : 그런 연후에 더 큰 권한을 위임하고

終得其力, : 마침내 그 노예들의 힘에 의지하여

起富數千萬. : 수천만금의 부를 이루었다

故曰 : 그래서 이르기를

寧爵毋〈刀〉 : 작위나 관직을 갖느니보다 〈도간〉의 노공이 낫다고 했다

言其能使豪奴自饒而盡其力 : 이것은 호로들을 잘 대접해주고 스스로 부를 이루게 하여 저절로 최선을 다하도록 하였기 때문이다

〈周〉人旣纖, : 〈주나라〉 사람들은 대개 검소하고 인색한데

而〈師史〉尤甚, : 〈사사〉는 그 중에서도 아주 심했다

轉轂以百數, : 그는 수레 백여 대를 이끌고 돌아다니면서

賈郡國, : 여러 군국과 장사를 했다

無所不至. : 안 가는 곳이 없었다

〈洛陽〉街居在〈齊秦楚趙〉之中, : 〈낙양〉의 거리는 〈제·진·초·조나라〉의
한 가운데 있어

貧人學事富家, : 가난한 사람들도 부를 이루는 법을 배워

相矜以久賈 : 서로 오랫동안 장사한 것에 대해 긍지를 가지고

數過邑不入門, : 자기 고을을 지나가면서도 자기 집에 들르지 않았다

設任此等, : 사사는 이런 사람들에게 일을 맡기어

故〈師史〉能致七千萬 : 〈사사〉의 부는 거의 칠천만금에 이르렀다

〈宣曲〉〈任氏〉之先, : 〈선곡〉의 〈임씨〉의 조상은

爲〈督道〉倉吏. : 〈독도〉의 창고지기였다

〈秦〉之敗也, : 〈진나라〉가 패망하였을 때

豪傑皆爭取金玉, : 호걸들은 모두 다투어 금과 옥을 취하려 하였지만

而〈任氏〉獨窖倉粟. : 〈임씨〉는 홀로 땅굴 속에 곡식을 감추었다

〈楚漢〉相距〈滎陽〉也, : 〈초와 한〉이 〈형양〉에서 서로 싸울 때

民不得耕種, : 사람들은 농사를 지을 수 없어

米石至萬, : 쌀 한 섬이 만전에 이를 정도였다

而豪傑金玉盡歸〈任氏〉, : 그래서 호걸들이 전부 금과 옥을 〈임씨〉에게 내
어 놓고

〈任氏〉以此起富 : 〈임씨〉는 이것을 이용하여 부자가 되었다

富人爭奢侈, : 부자들은 경쟁적으로 사치를 하지만

而〈任氏〉折節爲儉, : 〈임씨〉는 절약을 근본으로 하여

力田畜. : 밭농사와 목축에 힘썼다

田畜人爭取賤賈, : 밭농사와 축산업하는 사람들은 서로 싸게 사려고 경쟁하지만

〈任氏〉獨取貴善. : 〈임씨〉는 홀로 비싼 것을 취하였다

富者數世. : 이러한 부가 수 세대에 이르러

然〈任公〉家約, : 〈임씨〉 집안의 가훈은

非田畜所出弗衣食, : 자신의 전축이 아니면 입거나 먹지 않고

公事不畢則身不得飲酒食肉. : '공적인 일이 마쳐지지 않으면 절대 음주나 고기를 먹지 않는다' 하였다

以此爲閭里率, : 이런 것으로 인해 고을의 솔선수범이 되어

故富而主上重之 : 그 부가 많아지자 주상도 중시하는 집안이 되었다

塞之斥也, : 한 무제가 변방을 개척하였을 때

唯〈橋姚〉已致馬千匹, : 오직 〈교요〉만이 말 천 필

牛倍之, : 소 2천 마리

羊萬頭, : 양 만 마리

粟以萬鍾計 : 곡식 수만 종을 취하였다

〈吳楚〉七國兵起時, : 〈오초〉 칠국의 난이 일어났을 때

〈長安〉中列侯封君行從軍旅, : 〈장안〉의 열후 봉군들이 종군비를 마련하기 위해

齊貸子錢, : 대금업자로부터 돈을 빌렸다

子錢家以爲侯邑國在〈關東〉, : 전주들은 제후들의 영지는 관동에 있는데

〈關東〉成敗未決, : 〈관동〉 지역의 승패를 모른다 하여

莫肯與. : 돈을 빌려주지 않으려 했다

唯〈無鹽氏〉出捐千金貸, : 오직 〈무염씨〉 만이 천만금을 출연하여

其息什之. : 이자를 열 배로 받았다

三月,〈吳楚〉平. : 3개월 만에 〈오초〉 칠국이 평정되고

一歲之中, : 겨우 일 년 만에

則〈無鹽氏〉之息什倍, : 〈무염씨〉의 돈은 10배로 늘어났다

用此富埒〈關中〉 : 그리하여 쌓은 부가 〈관중〉 전체의 부와 맞먹었다

〈關中〉富商大賈, : 〈관중〉의 부상과 큰 장사꾼들은

大抵盡諸〈田〉 : 대체로 〈전〉씨 일족이었다,

〈田嗇〉=〈田蘭〉. : 〈전색〉과 〈전랑〉 등

〈韋家栗氏〉, : 그 밖의 〈위씨 집안과 율씨〉

〈安陵〉=〈杜杜氏〉, : 〈안릉〉과 〈두보씨〉

亦巨萬 : 역시 거만의 부를 이루었다

此其章章尤異者也. : 이 사람들은 부자 중에서도 더욱 독특한 사람들로

皆非有爵邑奉祿弄法犯姦而富, : 모두 작읍이나 봉록을 가진 것도 아니고
법을 농간하거나 간사한 방법으로 부를 이룬 사람도 아니다

盡椎埋去就, : 사물의 감추어진 이치를 추론하여 나아가고 물러서서

與時俯仰, : 아래를 굽어보고 위를 살피어, 때에 부합하여

獲其贏利, : 그 남는 이익을 취하였다

以末致財, : 이렇듯 장사를 하여 재물을 모으고

用本守之, : 근본을 잘 활용하여 재산을 잘 지켰다

以武一切, : 강력한 수단으로 일체를 삼고

用文持之, : 배움을 활용하여 재산을 지켰다

變化有槪, : 세상의 변화에 절도 있게 잘 대처하여

故足術也 : 그래서 족히 재산을 모으는 기술이라 할 것이다

若至力農畜, : 혹자는 농업과 축산업

工虞商賈, : 공업과 산택업 그리고 사업이나 장사에 힘을 써서

爲權利以成富, : 임기응변으로 이익을 남겨 부를 이루고

大者傾郡, : 크게는 하나의 군을 능가하고

中者傾縣, : 중간으로는 하나의 현을 능가하고

下者傾鄕里者, : 아래로는 하나의 고을을 능가하는 사람은

不可勝數 : 그 수를 다 헤아릴 수 없다

夫纖嗇筋力, : 무릇 부지런히 아끼고, 열심히 일하는 것은

治生之正道也, : 생활하는 정도이다

而富者必用奇勝 : 그런데 부자는 필히 독특한 방법으로 부를 이룬다

田農, : 원래 농사는

拙業, : 구차한 직업이지만

而〈秦陽〉以蓋一州. : 〈진양〉은 일개 주를 다 덮을 정도의 규모였고

掘冢, : 무덤을 파서 도굴업을 하는 일은

姦事也, : 간사한 일이지만

而〈曲叔〉以起. : 〈곡숙〉은 그 일로 일어났다

博戲, : 도박하고 유흥업을 하는 것은

惡業也, : 사람들이 싫어하는 직업이지만

而〈桓發〉用(之)富. : 〈환발〉은 이것을 이용하여 부를 이루었다

行賈, : 행상을 하며 물건을 장사하는 것은

丈夫賤行也 : 장부에게는 천한 일이라 여겨졌지만

而〈雍樂成〉以饒 : 〈옹락성〉은 그것으로서 부를 이루었다

販脂, : 기름장사는

辱處也, : 부끄러운 일이었지만

而〈雍伯〉千金. : 〈옹백〉은 그것으로 천금을 벌었다

賣漿, : 간장, 된장을 파는 일은

小業也, : 아주 작은 일이지만

而〈張氏〉千萬. : 〈장씨〉는 장을 팔아 천만금을 이루었다

洒削, : 칼 가는 일은

薄技也, : 천박한 기술이지만

而〈郅氏〉鼎食. : 〈질씨〉는 호사로운 식사를 할 정도로 부자였다

胃脯, : 이른바 포를 뜨는 것은

簡微耳, : 간단하고 미천한 일이지만

〈濁氏〉連騎. : 〈탁씨〉는 그것으로 마차를 거느리고 다녔다

馬醫, : 말을 돌보는 수의는

淺方, : 천박한 일이지만

〈張里〉擊鍾. : 〈장리〉는 집안에서 종을 쳐서 사람을 부를 정도였다

此皆誠壹之所致 : 이는 모두 다 한결 같은 마음으로 목적한 바를 이룬 사람들이다

由是觀之, : 이렇게 관찰해 보건대

富無經業, : 부를 이루는 데는 일정한 업이 정해져 있는 것이 아니라

則貨無常主, : 재화는 항상 한 주인이 있는 것이 아니다

能者輻湊, : 능력 있는 사람에게 재물이 모이고

不肖者瓦解. : 재능이 없는 자에게는 재물이 와해되는 것이다

千金之家比一都之君, : 천금을 가진 집은 한 도읍의 군왕과 같고

巨萬者乃與王者同樂. : 거만금을 가진 집안은 왕자들과 같은 즐거움을 누린다

豈所謂素封者邪非也 : 어찌 소위 소봉이라고 하는 자들이 사악하며, 그릇된 방법으로 그렇게 되었겠는가

貨殖列傳第六十九　史記一百二十九

老子曰至治之極鄰國相望雞狗之聲相聞民各甘其食美其服安其俗樂其業至老死不相往來必用此為務輓近世塗民耳目則幾無行矣

大史公曰夫神農以前吾不知已至若詩書所述虞夏以來耳目欲極聲色之好口欲窮芻豢之味身安逸樂而心誇矜勢能之榮使俗之漸民久矣雖戶說以眇論終不能化故

▶史記列傳六十九　一

善者因之其次利道之其次教誨之其次整齊之最下者與之爭夫山西饒材竹穀纑旄玉石山東多魚鹽漆絲聲色江南出柟梓薑桂金錫連丹沙犀瑇瑁珠璣齒革龍門碣石北多馬牛羊旃裘筋角銅鐵則千里往往山出棊置此其大較也皆中國人民所喜好謠俗被服飲食奉生送死之具也故

待農而食之虞而出之工而成之商而通之此寧有政教發徵期會哉人各任其能竭其力以得所欲故物賤之徵貴貴之徵賤各勸其業樂其事若水之趨下日夜無休時不召而自來不求而民出之豈非道之所符而自然之驗邪周書曰農不出則乏其食工不出則乏其事商不出則三寶絕虞不出則財匱少財匱少而山澤不辟矣此四者民所衣食之原也原大則饒原小則鮮上則富國下則富家

▶史記列傳六十九　二

貧富之道莫之奪予而巧者有餘拙者不足故太公望封於營丘地潟鹵人民寡於是太公勸其女功極技巧通魚鹽則人物歸之繦至而輻湊故齊冠帶衣履天下海岱之間斂袂而往朝焉其後齊中衰管子修之設輕重九府則桓公以霸九合諸侯一匡天下而管氏亦有三歸位在陪臣富於列國之君是以齊富彊至於威宣也故曰倉廩實而知禮

節衣食足而知榮辱禮生於有而廢於無故君
子富好行其德小人富以適其力淵深而魚生
之山深而獸往之人富而仁義附焉富者得勢
益彰失勢則客無所之以而不樂夷狄益甚諺
曰千金之子不死於市此非空言也故曰天下
熙熙皆為利來天下壤壤皆為利往夫千乘之
王萬家之侯百室之君尚猶患貧而況匹夫編
戶之民乎

◀史記列傳六十九▶

昔者越王勾踐困於會稽之上乃用范蠡計然
計然曰知鬭則修備時用則知物二者形則萬貨之情可
得而觀已故歲在金穰水毀木饑火旱
旱則資舟水則資車物之理也六歲穰六歲
旱十二歲一大饑夫糶
二十病農九十病末末病則財不出農病則草不辟矣
上不過八十下不減三十則農末俱利平
糶齊物關市不乏治國之道也積著之理

〔三〕

以物相貿易腐敗而
食之貨勿留無敢居貴論其有餘不足則知貴
賤貴上極則反賤賤下極則反貴貴出如糞土
賤取如珠玉財幣欲其行如流水

◀史記列傳六十九▶

務完物無息幣

修之十年國富厚賂戰士士赴矢石如渴
得飲遂報彊吳觀兵中國稱號五霸

范蠡既雪
會稽之恥乃喟然而歎曰計然之策七越用其
五而得意既已施於國吾欲用之家乃乘扁舟
浮於江湖變名易
姓適齊為鴟夷子皮之
陶為朱公朱公以為陶天
下之中諸侯四通貨物所交易也乃治產積居
與時逐而不責於人故善治生者能擇人而任時
十九年之中三致千金再分散與貧交疏昆弟
此所謂富好行其德者也後年衰老而聽子孫

〔四〕

子孫脩業而息之遂至巨萬〔徐廣曰萬萬也〕故言富者
皆稱陶朱公

子贛既學於仲尼退而仕於衛廢著鬻財於曹
魯之間〔貯○徐廣曰子贛傳云發居著居積也著讀音如貯○索隱曰漢書亦作貯說文云貯積也〕七十
子之徒賜最為饒益原憲不厭糟糠〔索隱曰匿於〕
窮巷子貢結駟連騎束帛之幣以聘享諸侯
所至國君無不分庭與之抗禮夫使孔子名布揚
於天下者子貢先後之也此所謂得勢而益彰
者乎

白圭周人也當魏文侯時李克務盡地力〔史記列傳六十九 五〕〔索隱曰案〕而白
圭樂觀時變故人棄我取人取我與夫歲孰取〔謂穀也〕
穀予之絲漆蠶出取帛絮與之食〔索隱曰大陰〕
在卯穰〔正義曰太陰歲在太陰也〕明歲衰惡至午旱明歲美
至酉穰明歲衰惡至子大旱明歲美有水至卯〔所〕
積著率〔律二音〕歲倍欲長錢取下穀長石斗取
上種能薄飲食忍嗜欲節衣服與用事僮僕同
苦樂趨時若猛獸摯鳥之發故曰吾治生產猶
伊尹呂尚之謀孫吳用兵商鞅行法是也是故
其智不足與權變勇不足以決斷仁不能以取

子贛不能有所守雖欲學吾術終不告之矣蓋
天下言治生祖白圭白圭其有所試矣能試有
所長非苟而已也
倚頓用盬鹽起〔孔叢曰猗頓魯之窮士也耕則常飢桑則常寒聞朱公富往問術焉朱公告之曰子欲速富當畜五牸於是乃適西河大畜牛羊於猗氏之南十年之間其息不可計貲擬王公馳名天下以興富於猗氏故曰猗頓○索隱曰案猗頓鹽魯之人自說文云鹽鹹也河東鹽池袤五十一里廣七里周百十六里古者宿沙初作煮海鹽河東鹽池是號鹽盬又河東有鹽池或如綿或白或青黑又云蒲州鹽池水鹹上生鹽若于鹽不可共食池水東西七十里南北十七里紫色澄渟潭而不流水出石鹽自然印成大小不等其味甘美味出於地蓋自然也正義云盬音古河東鹽池是畦鹽作畦若種韭一畦二尺余以水灌之分入灌畦中候日曝頃刻而成五色白花池中鑿井深一二尺方圓一尺亦入五方細色井北方味純醎凡作鹽方五斗七分各出五色鹽畦中水色正赤白成鹽色正青黑味鹹苦唯河東一色正白味和不鹹〕而邯鄲郭縱以鐵冶
成業與王者埒富

烏氏倮〔韋昭曰烏氏縣名倮安定縣人也音力果反〕畜牧及衆斥賣求奇繒物間獻
遺戎王〔索隱曰謂以時奇物間獻遺戎王也〕戎王什倍其償與之畜
畜至用谷量馬牛〔韋昭曰音贖○索隱曰漢書作谷則音欲其畜牧至多以谷量牛馬之數故言谷量〕秦始皇帝
令倮比封君以時與列臣朝請而巴蜀寡婦清〔索隱曰巴寡婦名清正義曰蜀寡婦清〕其先得丹穴〔徐廣曰涪陵出丹○正義曰括地志云寡婦清臺山俗名貞女山〕

賜清臺山俗名魚筏山在溢州永安縣東北七十里也 而擅其利數世家亦不訾 能守其業用財自衛不見侵犯秦皇帝以為貞婦而客之為築女懷清臺夫倮鄙人牧長清窮鄉寡婦禮抗萬乘名顯天下豈非以富邪

漢興海內為一開關梁弛山澤之禁是以富商大賈周流天下交易之物莫不通得其所欲而徙豪傑諸侯彊族於京師

關中自汧、雍以東至河、華膏壤沃野千里自虞夏之貢以為上田而公劉適邠大王、王季在岐文王作豐武王治鎬故其民猶有先王之遺風好稼穡殖五穀地重重為邪

及秦文、孝、繆居雍隙隴蜀之貨物而多賈獻公徙櫟邑櫟邑北卻戎翟東通三晉亦多大賈武、昭治咸陽因以漢都長安諸陵四方輻湊並至而會地小人眾故其民益玩巧而事末也南則巴蜀巴蜀亦沃野地饒卮、薑、丹沙、石、銅、鐵、竹、木之器南御滇僰僰僮西近邛笮笮馬、旄牛

然四塞棧道千里無所不通唯襃斜綰轂其口以所多易所鮮

天水、隴西、北地、上郡與關中同俗然西有羌中之利北有戎翟之畜畜牧為天下饒然地亦窮險唯京師要其道

故關中之地於天下三分之一而人眾不過什三然量其富什居其六

昔唐人都河東殷人都河內周人都河南夫三河在天下之中若鼎足王者所更居也建國各數百千歲土地小狹民人眾

都國諸侯所聚會故其俗纖儉習事楊、平陽陳掾其間得所欲溫、軹西賈上黨北賈趙、中山

種、代石北也地邊胡數被寇人民矜懻忮好氣任俠為奸不事農商然迫近北夷師旅亟往中國委輸時有奇羨其民羯羠不均自全晉之時固已患其僄悍而武靈王益厲之其謠

俗猶有趙之風也。故楊平陽陳掾其間，得所欲。溫軹西賈上黨，北賈趙中山。中山地薄人眾，猶有沙丘紂淫地餘民，民俗懁急，仰機利而食。丈夫相聚游戲，悲歌忼慨，起則相隨椎剽，休則掘冢作巧姦冶，多美物，為倡優。女子則鼓鳴瑟，跕屣，游媚貴富，入後宮，遍諸侯。然邯鄲亦漳河之間一都會也。

北通燕涿，南有鄭衛。鄭衛俗與趙相類，然近梁魯，微重而矜節。野王好氣任俠，衛之風也。夫燕亦勃碣之間一都會也。南通齊趙，東北邊胡。人民希，數被寇，大與趙代俗相類，而民雕捍少慮，有魚鹽棗栗之饒。北鄰烏桓夫餘，東綰穢貉朝鮮真番之利。

洛陽東賈齊魯，南賈梁楚。故泰山之陽則魯，其

陰則齊。齊帶山海，膏壤千里，宜桑麻，人民多文綵布帛魚鹽。臨菑亦海岱之間一都會也。其俗寬緩闊達，而足智，好議論，地重，難動搖，怯於眾鬥，勇於持刺，故多劫人者，大國之風也。其中具五民。而鄒魯濱洙泗，猶有周公遺風，俗好儒，備於禮，故其民齪齪。頗有桑麻之業，無林澤之饒。地小人眾，儉嗇，畏罪遠邪。及其衰，好賈趨利，甚於周人。

夫自鴻溝以東，芒碭以北，屬巨野，此梁宋也。陶睢陽亦一都會也。昔堯作游成陽，舜漁於雷澤，湯止于亳。其俗猶有先王遺風，重厚多君子，好稼穡，雖無山川之饒，能惡衣食，致其蓄藏。越楚則有三俗。夫自淮北沛陳汝南南郡，此西楚也。其俗剽輕，易發怒，地薄，寡於積聚。江陵故郢都，西通巫巴，

東有雲夢之饒〔徐廣曰在華容〕陳在楚夏之交〔正義曰夏又此〕通魚鹽之貨其民多賈徐僮取慮則清刻矜己諾〔正義 州之永縣言二縣 今徐州彭城縣也 僮音同 取慮音秋閭反 取慮二縣 即泗州 在四州〕

彭城以東東海吳廣陵此東楚也〔徐廣曰彭城紀今海郡 正義 徐州彭城縣也吳蘇州之地 廣陵揚州也言徐州彭城揚州並東楚之地故繪縣反沂縣在沂州〕

其俗類徐僮朐繒以北則齊〔正義 朐音劬 繒音才陵反 朐繒二縣在海州並東北之地〕浙江南則越夫吳自闔廬春申王濞三人招致天下之喜游子弟東有海鹽之饒〔正義 浙江南則越 俗則齊〕章山之銅三江五湖之利亦江東一都會也〔正義 九江 江都勒九江〕

饒章山之銅〔徐廣曰〕豫章〔正義 洪州 豫章郡城是也〕衡山〔徐廣曰 定遠縣西六十五里 故城是也〕江南〔正義 豫州所置江南者丹陽也〕

十一〔史記列傳六十九〕

長沙〔正義 萬里沙祠 在潭州西南 自湘州至萊萬里 故云長沙〕其南楚也其俗大類西楚〔正義 西楚者彭城 江陵九江 二郡也並為南楚〕西楚〔徐廣曰 壽春之徙王二十二年〕郢之後徙壽春亦一都會也而合肥受南北潮〔正義 肥陵縣 肥故城在廬州〕皮革鮑木輸會也與閩中干越雜俗〔正義 閩州建安 建州俱是 南亦言臨淮之閩 與江南俱至廬州〕故南楚好辭巧說少信江南卑溼丈夫早夭多竹木豫章出黃金〔徐廣曰 括地志云 出金〕

長沙出連錫然堇堇〔正義曰 物之〕所有取之不足以更費〔徐廣曰 應劭云言金 少也 更費言金 耳取之 不足以更費故堇堇〕九疑蒼梧以南至儋耳者〔正義曰 中廣州 至儋耳 言廣州 今廣州 海中 地與江南大同俗 而楊越民多焉〕與江南大同俗而楊越多焉番禺〔正義曰 音酋 今廣州〕亦其一都會也珠璣犀瑇瑁果布之湊〔韋昭曰 果謂龍眼 離支屬 布葛布也 正義曰 禺音虞 隱蔚字也 禹貢陽州貢布 陽州皆此地〕

潁川南陽夏人之居也〔徐廣曰 言禹居此 正義 潁川今許州 南陽今鄧州 地云定 西通武關而也〕夏人政尚忠朴猶有先王之遺風潁川敦愿秦末世遷不軌之民於南陽南陽西通武關〔徐廣曰在商州 正義 武關 在商州商 洛縣東也〕東南受漢江淮宛〔正義 為宛 宛音於阮反 漢中關 中謂之郡與宛 相接也〕亦一都會也俗雜好事業多賈其任俠交通潁川故至今謂之夏人川〔正義 在金州 洵水上有關 亦作郇 與郎關〕

夫天下物所鮮所多人民謠俗山東食海鹽山西食鹽鹵嶺南沙北固往往出鹽大體如此矣

總之楚越之地地廣人希飯稻羹魚或火耕而水耨果隋蠃蛤〔徐廣曰 果蓏之實 隋音詑 正義曰 果木實也 蓏草實也 隋揺落之名 言楚越水鄉 少火耕除草 草生水灌之 則草死苗獨 存與蓏 螺蛤 古今字 果隋蠃 蛤為食也〕不待

275

賈而足 地勢饒食無
飢饉之患以故呰窳
偷生無積聚
而多貧是故江淮以南無凍餓之人亦無千金
之家沂泗水以北宜五穀桑麻六畜地小人眾
數被水旱之害民好畜藏故秦夏梁魯好農而
重民三河宛陳亦然加以商賈齊趙設智巧仰
機利燕代田畜而事蠶由此觀之賢人深謀於
廊廟論議朝廷守信死節隱居巖穴之士設為
名高者安歸乎歸於富厚也是以廉吏久久更
富廉賈歸富富者人之情性所不
學而俱欲者也故壯士在軍攻城先登陷陣卻
敵斬將搴旗前蒙矢石不避湯火之難者為重
賞使也其在閭巷少年攻剽椎埋劫人作姦掘
冢鑄幣任俠并兼借交報仇篡逐幽隱不避法
禁走死地如騖者其實皆為財用耳今
夫趙女鄭姬設形容揵鳴琴揄長袂躡利屣
目挑心招出不遠
千里不擇老少者奔富厚也游閑公子飾冠劍

連車騎亦為富貴容也弋射漁獵犯晨夜冒霜
雪馳阬谷不避猛獸之害為得味也博戲馳逐
鬭雞走狗作色相矜必爭勝者重失負也醫方
諸食技術之人焦神極能為重糈也吏士舞文
弄法刻章偽書不避刀鋸之誅者沒於賂遺也
農工商賈畜長固求富益貨也此有知盡能索
耳終不餘力而讓財矣諺曰百里不販樵千里
不販糴居之一歲種之以穀十歲樹之以木百
歲來之以德德者人物之謂也今有無秩祿之
奉爵邑之入而樂與之比者命曰素封

封者
食租稅歲率戶二百
商賈率亦歲萬息二千百萬之家則二十
萬朝覲聘享出其中庶民農工
商賈率亦歲萬息二千百萬之家則二十
萬恣所好美矣故曰陸地牧馬二百蹄
牛蹄角千
千足羊澤中千足彘水居
千石魚陂
山居千章之材

千章之楸　服虔云章材也　孟康亦云言任方章者也　可以為棺者

安邑千樹棗；燕、秦千樹栗；蜀、漢、江陵千樹橘；淮北、常
山已南，河濟之間千樹萩；陳、夏千畝漆；齊、魯千畝桑
麻；渭川千畝竹；及名國萬家之城，帶郭千畝畝鍾之田，
若千畝巵茜，千畦薑韭：此其
人皆與千戶侯等。然是富給之資也，不窺市井，
不行異邑，坐而待收，身有處士之義而取給焉。
若至家貧親老，妻子軟弱，歲時無以祭祀進醵
飲食被服不足以自通，如此
不慚恥，則無所比矣。是以無財作力，少有鬭智，
既饒爭時，此其
大經也。今治生不待危身取給，則賢人勉焉。
故本富為上，末富次之，姦富最下。無巖處奇士
之行，而長貧賤，好語仁義，亦足羞也。
凡編戶之民，富相什則卑下之，伯則畏憚之，千
則役，萬則僕，物之理也。夫用貧求富，農不如工，
工不如商，刺繡文不如倚市門，此言末業貧者
之資也。通邑大都，酤一歲千釀，
醯醬千瓨，
漿千甔，

屠牛羊彘千皮，販穀糶千鍾，
薪藁千車，船長千丈，
木千章，
竹竿萬個，
其軺車百乘，牛車千兩，
木器髤者千枚，
銅器千鈞，
素木鐵器若巵茜千石，
馬蹄躈千，
牛千足，羊彘千雙，
僮手指千，
筋角丹沙千斤，
其帛絮細布千鈞，文采千
匹，榻布皮革千石，
漆千斗，
糱麴鹽豉千荅，
鮐鮆千斤，
鯫千石鮑千鈞，
棗栗千石者三之，

【右半葉・史記列傳六十九 十七】

……裘千皮，羔羊裘千石〔正義〕，旃席千具，佗果菜千鍾〔狐貂〕，子貸金錢千貫，節駔會〔正義曰駔會謂隨物貴賤〕，貪賈三之〔正義曰貪賈未得利少而十一得之〕，廉賈五之〔此亦比千乘之家〕，此其大率也。佗雜業不中什二，則非吾財也〔正義〕。請略道當世千里之中賢人所以富者，令後世得以觀擇焉。

蜀卓氏之先，趙人也，用鐵冶富〔徐廣曰卓一作淖〕。秦破趙，遷卓氏。卓氏見虜略，獨夫妻推輦，行詣遷處。諸遷虜少有餘財，爭與吏，求近處，處葭萌〔徐廣曰今利州縣也〕。唯卓氏曰：「此地狹薄。吾聞汶山之下，沃野，下有蹲鴟〔徐廣曰蹲鴟芋也〕，至死不飢。民工於市，易賈。」乃求遠遷。致之臨邛，大喜，即鐵山鼓鑄，運籌策，傾滇蜀之民〔正義曰滇漢〕，富至僮千人。田池射獵之樂，擬於人君。

程鄭，山東遷虜也，亦冶鑄，賈椎髻之民，富埒卓氏，俱居臨邛。

【左半葉・史記列傳六十九 十八】

宛孔氏之先，梁人也〔正義曰洛陽在宛梁東南〕，用鐵冶為業。秦伐魏，遷孔氏南陽。大鼓鑄，規陂池，連車騎，游諸侯，因通商賈之利，有游閑公子之賜與名〔正義曰言孔氏連車〕。然其贏得過當，愈於纖嗇，家致富數千金，故南陽行賈盡法孔氏之雍容。

魯人俗儉嗇，而曹邴氏尤甚，以鐵冶起，富至巨萬〔徐廣曰〕。然家自父兄子孫約，俛有拾，仰有取，貰貸行賈徧郡國。鄒、魯以其故多去文學而趨利者，以曹邴氏也。

齊俗賤奴虜，而刁間獨愛貴之〔正義曰刁姓名〕。桀黠奴，人之所患也，唯刁間收取，使之逐漁鹽商賈之利，或連車騎，交守相，然愈益任之，終得其力，起富數千萬。故曰「寧爵毋刁」，言其能使豪奴自饒而盡其力。

周人既纖，而師史尤甚，轉轂以百數，賈郡國，無所不至〔正義〕。洛陽街居在齊秦楚趙之中，貧人學事富家，相矜以久賈，數過邑不入門，設任此等，故……

師史能致七千萬

宣曲任氏之先，為督道倉吏。秦之敗也，豪傑皆爭取金玉，而任氏獨窖倉粟。楚漢相距滎陽也，民不得耕種，米石至萬，而豪傑金玉盡歸任氏，任氏以此起富。富者數世。然任公家約，非田畜所出弗衣食，公事不畢則身不得飲酒食肉。以此為閭里率，故富而主上重之。

史記列傳六十九　十九

塞之斥也，唯橋姚已致馬千匹，牛倍之，羊萬頭，粟以萬鍾計。

吳楚七國兵起時，長安中列侯封君行從軍旅，齎貸子錢，子錢家以為侯邑國在關東，關東成敗未決，莫肯與。唯無鹽氏出捐千金貸，其息什之。

三月，吳楚平，一歲之中，則無鹽氏之息什倍，用此富埒關中。

關中富商大賈，大抵盡諸田，田嗇、田蘭。韋家栗氏、安陵、杜氏亦巨萬。此其章章尤異者也。皆非有爵邑奉祿弄法犯姦而富，盡椎埋去就，與時俯仰，獲其贏利，以末致財，用本守之，以武一切，用文持之，變化有概，故足術也。若至力農畜，工虞商賈，為權利以成富，大者傾郡，中者傾縣，下者傾鄉里者，不可勝數。

夫纖嗇筋力，治生之正道也，而富者必用奇勝。田農，掘業，而秦陽以蓋一州。掘冢，姦事也，而田叔以起。博戲，惡業也，而桓發用之富。行賈，丈夫賤行也，而雍樂成以饒。販脂，辱處也，而雍伯千金。賣漿，小業也，而張氏千萬。洒削，薄技也，而郅氏鼎食。胃脯，簡微耳，濁氏連騎。馬醫，淺方，張里擊鍾。此皆誠壹之所致。由是觀之。

之富無經業則貨無常主能者輻湊不肖者瓦

解千金之家比一都之君巨萬者乃與王者同

樂豈所謂素封者邪非也

索隱述贊曰

貨殖之利　工商是營　廢發甚善積

倚市邪贏　白圭富國　計然彊兵

保釐朝請　艾綵懷清　素封千戶

卓鄭齊名

史記列傳六十九

二十一